금강경묘해

금강경묘해

All rights reserved.
All the contents in this book are protected by copyright law.
Unlawful use and copy of these are strictly prohibited.
Any of questions regarding above matter, need to contact 나녹那碌.

이 책에 수록된 모든 콘텐츠는 저작권법에 의해 보호받는 저작물이므로 무단전재와 무단복제를 금합니다.
나녹那碌 (windmillwindow@yahoo.com)으로 문의하기 바랍니다.

금강경묘해
金剛經

펴낸 곳 | 나녹那碌
펴낸이 | 형난옥
지은이 | 묘봉
기획 | 형난옥
편집 | 박해진
디자인 | 김용아
초판 1쇄 인쇄 | 2016년 5월 5일
초판 1쇄 발행 | 2016년 5월 14일
등록일 | 제 300-2009-69호 2009. 06. 12
주소 | 서울시 종로구 평창 21길 60번지
전화 | 02- 395- 1598 팩스 | 02- 391- 1598

* 좋은 책은 좋은 독자가 만듭니다.
나녹은 늘 독자 여러분의 의견에 귀기울이겠습니다.

ISBN 978-89-94940-35-9   93220

금강경묘해
金剛經 묘봉 지음

묘봉
스님의
금강경
한글
풀이

나녹
那碌

The Diamond Sutra

머리말

처음이자 끝인 글

부처를 뵙고
관음觀音을 듣는다.
그리하여
성聖을 얻는다.

듣고 보니
알고 깨우쳐
성태聖胎를 얻어
스스로 제 안이 조촐하다.

비롯하는 말이 있어야 한다. 무엇을, 왜, 무엇이, 어찌 설할 것인가? 설명이나마 가하련만 도리어 제 변명 될까 되레 걱정이다. 아는 체는 꼴이 우습고, 남다른 깊이로 간파한 것이라면 그렇고, 무엇이 다르다 말하려니 끊긴다. 그래 끊긴 그곳에서 나름대로 출발하리라.
『금강경』이라 읽고 또 읽지만 아는 듯싶어 되돌아보면 감감했다. 『금강경오가해설의金剛經五家解說誼』도 막상 뒤쳐 닥치면 천박해졌다.
하루는 예수교인을 자처하는 이 있어 『금강경』이 무엇이냐 물었다. 스스럼없이 대답한다는 것이 그만 "입 없고 귀 없는 경經"이라 했다. 한 술 더 떠서 내친 김에 "석가모니도 설하지 못하는 경이다."고 불렀다

화장 끝내고 다시 분칠한 격이지만 불설佛說은 설說이 각覺이기에 그랬다. [모니牟尼는 본래 muni이지만 무니無尼나 다른 글자를 쓰지 않고 큰 암소의 울음으로 무牟나 모哞를 빌려 썼다.]

『금강경』은 "최초에도 없는 말이요; 각에 무슨 처음이!
지금도 없으며 미래에도 결코 없는," 끝은 더더욱!

들으니 diamond이지만 만질 수도 볼 수도, 어디에도 없는
"말씀 그대로이기 때문이다."
아무도 모르니 빛나고, 가진 채 온몸 숨었다.

이 뭣꼬?
부처님이 설하신 바 없고, 그 이전은 말보다 없고, 말하는 부처를 듣는 중생이 어찌 알아 들으랴? 시간의 흐름조차 멈추니 보도 듣도 못한 소리다. 그렇다면 금강의 말씀이 어디서 왔을까? 태초太初, 위음왕威音王, From The King before Beginning이다. 나와 네가 세상에 오기 전이니 우리를 되돌아본 이전의 한 임금이니 이 나라 모든 백성들은 선근善根이 한없이 깊어 돈독敦篤한 신심을 빠짐없이 내어 끝없는 공덕을 쌓는다.

그 국토에 계신 임금의 명호는 남녀노소가 없고, 빈부나 신분의 고하가 전혀 없었으며 생로병사가 없고 고집멸도나 삼법인三法印도 없다. 불법의 이름이 없으므로 모두 부처님이요, 모두 백성이지만 아무도 다툴 것이 없었으므로 임금의 이름도 무위정광無爲正光, 무심법륜無心法輪, 무위대왕無位大王이었다.

세 가지 무無가 금강경의 종지宗旨로 되었다. 그리하여 자세히 묻고자, 알고자 하면 할수록 격외格外의 일구一句를 취할 수밖에 없게 되었다. 공부한 이야 알거니와 독학獨學하며 해독解讀을 즐기던 이 그만 경악하고 부정否定하여 이르되 허망한 일뿐이다. 아무나 할 공부는 아니다. 혹은 쉽지만 무진장 비밀이 속에 들었다 하나 이 모두 허망한 말질이다.
모르거든 입 다물고 귀나 닦을 일이로되, 실상 어려운 것이 말보다 귀로 듣기다.[그래서 희랍인들도 양구良久를 απουώπησις 라 불렀다.] 세간의 말조차 들을 줄 알기가 어려우니 오죽하면 관세음觀世音 보살이 삼세三世에 으뜸이랴!

"없다"는 말이 수없이 나온다. 말할 수 없기 때문이요, 말하기 때문이다. 자신의 무無를 무화無化하지 않고는 못 배기는 놈이다.
첫째, 금강金剛이다.

둘째, 말씀이다.
셋째, 법문法門이다.
넷째, 범성凡聖이다.
다섯째, 영육靈肉이다.
여섯째, 언문言文이다.

순수는 곧 무구無垢이며 광채는 바로 무비無比,
말씀은 곧 무언無言이며 소리는 바로 무애無礙,
법문은 곧 무득無得이며 이해는 바로 무체無體,
중생은 곧 무불無佛이며 부처는 바로 무심無心,
영혼은 곧 무념無念이며 육신은 바로 무사無私,
언어는 곧 무형無形이며 문자는 바로 무상無相이다.

무無를 없다는 뜻으로 알면 이미 무가 아니고, 무無는 없는 것이므로 있다고 말할 수 없으며 말할 수 없다 하여 무無를 유무有無에 상관없다 못하며, 없는 것을 없다고 부르는 것도 있을 수 없다.

무무무무무무무無無無毋无繹無
없는 것은 없다고 이를 수 없다.
없다고 하는 그 무無도 없어야 없음이다.

'모든 존재'라는 말을 쓰지만 이는 있을 수 없는 말이다. 존재도 일체자一切者인 '모든'도 쓸 수 있는 말이 아니다. 개별적인 유有로서의 나무·돌·하늘 따위가 활용과 달리 자신의 identity를 주장할 수 없기 때문이다. 나는 이것을 아상我相[Iness]으로 본다. '나'는 단순히 주체가 아니라 자기 확신이다. 내가 본 나는 자기분열이 아니기 때문이다. 왜냐하면 자기의식을 통하여 존재를 구성하므로 자기부정[self-negation] 속에서 얻는 확신이다. Human-being은 이처럼 남 속에서 찾는 소위 자신이다.

소위 man의 정체正體를 지탱할 수 없는 행동, 따라서 자신의 동일성을 보지保持하지 못하는 무無로서 곧 부정否定과 부정된 것의 명제命題는 서로를 구분할 수 없다. 나는 나 아닌 인간으로부터만 설정이 가능하다. 나의 존재를 실증實證하는 것은 자기부정이기 때문에 그리하여 나는 곧바로 나 없는 우리로 행세하며 Being-in-general에 떨어질 수밖에 없으며 common-being이라 불릴 수밖에 없게 된다.

부정否定과 부정된 것에서의 자기부정은 동질성을 회복하고 자기무화自己無化로부터 해방되기 위하여 필경 Superior Being 즉, 수자상을 설정한다. 이것은 존재의 윤회하는 모습이다.

나무가 아닐 때 소나무가 태어난다.
소나무로 명명 되자마자 소나무는 없다.

나무도 아닐 때 도리어 없는 것이 드러난다.
드러난 그곳에 소나무는 새 살림을 산다.

부처는 중생을 의지하여 이름을 얻는다.
부처를 부처로 보자 부처는 존재를 그만둔다.
중생이 본래 없으므로 부처 없음이 이와 같다.
본래 없는데 부처라 부르는 것은 빌림이다.

일체 존재는 존재한다면서 존재가 없으니 존재하지 않는다는 것조차 불가능하게 한다. 존재는 명분名分을 잃고 얻되 얻은 것이 없으니 마음대로 유무有無라 불러도 무방하다는 것이다. 일차적으로 우리는 불전佛典과 불경佛經 혹은 불설佛說과 법설法說을 심리적 논리적 전개를 통하여 심오深奧함과 광대함을 어떻게 정립시키고, 포괄적이고 면밀綿密함이 독립된 경안에서 가능한가를 밝힐 수 있어야 한다.

1. 이것은 책이다. 반대로 묻고 있다. 이것이 책인가? 제기된 "이 무엇?"을 위한 진정한 설명과 상식적 소통에서 본래 책이 수행할 일이 아니기 때문이다. 진정한 설명이 도리어 쑥스럽고 상식적 소통이 도리어 자신을 더욱 불확실케 하고 나아가 곡해曲解를 야기한다.
부처님 말씀이다. 그러나 말씀은 책이 아니다. 상식적 단언

斷言과 불설佛說의 비서적성非書籍性은 설명할 수는 있으나 거꾸로 주체를 밝힐 수는 없기 때문에 스스로 무지無知라 단언해야 하기에.
부처는 상식을 위하여 [상식 속에 불설이요, 불설 안에 말씀 없다.] 상식을 초월한 이 말씀을 자기 것이라 주장할 수 없으므로 상식에 반하여 설하지 않는다. 수긍하면 더욱 어긋난다. 상식이 듣지 못하는 것은 불설佛說이 아니기에.

2. 부처님 말씀을 경經이라 부른다. 부처님은 머리나 입으로 이 책을 쓰지 않았다. 입도 마음도 아니로되 뜻이 깊어 부처님 말씀이라 일컬어도 무방하리라. 무방하다는 말은 이 책을 이해하는 데 특별한 도구가 없기 때문이다.

3. 책과 경에 대한 논란은 끝이 없다. 종이에 쓰인 글을 책이라 부르지만 서술敍述과 의도意圖는 서술되어진 것과 이해를 동시에 충족시킬 언어는 없다. 종이에 쓴 것은 쓸 수밖에 없는 것과 쓸 수 없는 것 때문에 완전을 지향함은 결국 스스로 반증된 비非 충족이다.
중생을 위하는 말씀이 인간의 손과 입을 통해서 나온다는 것은 문체와 해석이 필연인만큼 절대 공허다. 말씀의 실증實證이 경이고, 경의 현현顯現이 책이어야 하기에 부처님과 말씀은 하나도 아니고, 둘도 아니며 진가眞假도 아니다.

4. 경이 말씀이기 위해서는 부처님이 영육靈肉과 상호相號를 갖춘 여실如實한 객관적 실체로서 존재해야 한다. 부처님이 객관적 존재라면 이는 인간의 주관적 견해다. 주관적 존재가 객관적 타당성을 획득하려면 감관에 의지해야 한다. 그 어느 감관적 존재도 그 자체에 있어서 감각적이지 않으므로 예상된 객관성을 빙자하여 삼자인 "그 이"라고 불러서는 안 된다.

5. 부처를 남이라 부를 수 없듯이 나도 나라 부를 수 없다. 나라는 실제가 없고, 너라는 대상도 없는 것을 우리는 없음을 빌미삼아 마음이라 부름으로써 감각적-초감각적 상相을 포용하려 한다. 부처를 마음이라 부르는 것은 실체 없는 감각에서 배운 자기 소외된 의식의 초월적 회기回歸이고, 마음이 아니라 부르는 것은 감각적 존재가 이미 감각을 떠난 초감각적 형이상학적 idea일 뿐인 까닭이다.

6. 금강경과 모든 큰 수레로 움직이는 부처님 말씀은 해탈의 논리에 의하여 수행된다. 사성제四聖諦[Satya]는 일체개고一切皆苦에서 시작, 마침내 도[道, 能達, Marga]에서 쉬니 이것이 휴게休憩다.
사구게四句偈는 사상四相을 두드려 스스로 정등각正等覺에 이르나 도달到達이 없으므로 격외格外를 통하여 불립문자不立文

字하여 여여如如한 지도至道에로 나아간다. 사성제, 삼법인三法印[dharmamudra]이 모두 이 까닭에 불법佛法의 수다라修多羅의 기반이 되며, 해탈解脫에로의 논리인 것이다.

7. 인간의 육체에 신神의 정신을 불어넣거나 혹은 그 반대로 인간의 정신에 신의 육신을 불어넣음으로써 종교는 완성을 꾀한다. 완성에의 추구는 불완전을 미덕으로 삼고 인간화하려는 신들의 타락을 부추긴다. 성스러운 진리와 진실한 성聖은 스스로 혼돈되어 인간의 사사로운 욕망을 용서하고, 자유를 표방하는 열쇠를 내어준다. 쉬고 또 쉬라 이르시니 육체는 형상을 내어주고, 정신은 이념을 뱉어내 다시는 서로에 의지하지 말게 하라.

해는 서산에 떨어지고, 달은 동산에 뜬다.[無二無異]

2016년 4월 동사東寺에서

묘봉

차례

머리말
처음이자 끝인 글 4

1. 어찌하여 법회인가 [法會因由分]

1. 글로 볼 수 없는 금강 24
2. 천지 나누기 이전 그 때 29
3. 부처라 부르거든 때려라 32
4. 잦은 풍파의 거점 36
5. 아무 것 없지만 편한 곳 39
6. 아무도 없으나 모두 모인 곳 42
7. 이도 저도 아닌 그 때 47
8. 앞 뒤 곁에 같이 있는 이 49
9. 즐거운 밥 51
10. 어깨 드러내 신나게 먹는 식사 54
11. 먼저도 나중도 아닌 분과 나들이 56
12. 부처의 장사 밑천, 걸식 58
13. 배부른 공복, 정반淨飯 60
14. 처음 끝 없는 제 자리 62
15. 앉아 일어나다 64

2. 선현善現하여 여쭙다 [善現起請分]

1. 입의 혀로 묻지 못할 말씀 70
2. 귀로 듣지 못하는 법 73
3. 희귀하니 모두 그리 안다 77
4. 발심하여 모두 그치라 82
5. 깨달음은 그것조차 없다 84

6. 부처님 땅을 훔친 자의 고백　88

3. 대승의 핵심[大乘正宗分]

1. 볼 수도 말할 수도 없는 한 마디　92
2. 깨치면 그 놈도 없다　94
3. 나룻배 없는 중생　97

4. 오묘한 행은 주함이 없다[妙行無住分]

1. 가득히 텅 비었다　100
2. 남쪽 향한 북두　102
3. 마음 같은 허공　105
4. 다다르자 처음 떠난 곳　107
5. 하늘에 그려진 반달 미소　109
6. 머무르지 않는 베풂　111

5. 여여히 이理와 사事에 맞추어 보다[如理實見分]

1. 눈 없는 마음 속 공생空生　114
2. 보지도 듣지도 못한 세존　116
3. 산이 산, 물이 물이야　118

6. 바른 믿음은 참으로 드물다[正信稀有分]

1. 본래 없고, 마침내 없다　122
2. 스승이 제자 되다　126
3. 부처의 집 자리　129
4. 복덕은 가늠되지 못한다　131
5. 몸도 마음도 소유할 수 없다　137
6. 앎이 스스로 지옥이고 천당　145

7. 부름과 대답이 불교의 일체사 148
8. 돌이키면 제 자신도 없다 150

7. 증득함 없어 설함도 없다[無得無說分]

1. 무엇을 지니고 외울 것인가 154
2. 무상 정등이 없는 이름에서 왔다 156
3. 마음대로 오가는 158
4. 할 일 없는 이 160

8. 법에 의지하여 일어난다[依法出生分]

1. 곳집 없이 베품 164
2. 성품에 주고 받음 없다 166
3. 사구게가 주는 것 169
4. 하나 얻어 여럿을 가늠한다 173
5. 얼음 있기 전에 무엇인가? 175

9. 상에는 상이 없다[一相無相分]

1. 의심 않고 내는 믿음 180
2. 대답이 가능 181
3. 지금은 무엇인가? 183
4. 한번 떠나 돌아옴 없다 185
5. 간 곳 오는 곳 없다 187
6. 하나같이 하나인 몸 189
7. 버리면 산다 191

10. 정토의 장엄[莊嚴淨土分]

1. 금강 속에 반짝이는 법화와 화엄 194

2. 없다면 없는 줄 알라 196
3. 함부로 떠들지 말라 198
4. 머물지 말 곳 199
5. 없음이 없는 까닭 202
6. 마음 없으면 부처님 땅 204

11. 수승한 무위의 복덕[無爲福勝分]

1. 하나가 일체, 많음이 하나 208
2. 수보리의 혀를 훔친 세존 211
3. 칭찬하여 무엇을 얻는가? 213
4. 바퀴 없는 보시 215
5. 목숨줄인 말씀 217

12. 준엄하고 바른 가르침[尊重正敎分]

1. 책 없음을 알리는 일 222
2. 말 함이 없는 앎 225

13. 여법하게 수지하라[如法受持分]

1. 글도 문자도 없는 경 228
2. 아닌 것의 이름 230
3. 깊이도, 높이도 없는 무엇? 232
4. 지금 어디에 있는가? 235
5. 부처는 중생의 눈 237
6. 부처를 아는 것은 부처 아닐 때 239
7. 묻게 한 뒤 대답해 주는 맛 244
8. 색동저고리, 일곱가지 한 색깔 246

14. 상 여의니 적멸[離相寂滅分]

1. 무언의 말씀   250
2. 들은 적 없는 경   252
3. 작위는 스스로 지음   254
4. 여실한 상은 비상非相   256
5. 구멍 없는 귀   259
6. 신심信心, 견성과 성불의 모태   262
7. 같고 다름이 본래 하나   265
8. 똑같은 어제, 오늘, 내일   267
9. 무엇을 인욕하는가?   270
10. 나의 고통과 아픔은 기쁨   272
11. 생각은 흐르지 않는다   274
12. 머물지 못하는 머무는 마음   276
13. 보시하며 다 빼앗은 날도적   278
14. 안팎이 같은 물건   281
15. 있는 것은 없고, 없는 것은 생생   284
16. 어찌 뜰 앞의 잣나무인가?   286
17. 보시 없이 다 베푸는 이   290

15. 말씀 지니는 공덕[持經功德分]

1. 경의 안과 밖에 없는 경   294
2. 최상의 수레   297
3. 빼어난 끝없는 공덕   299
4. 이름도 없는 텅 빈 마음   302
5. 삿된 견해와 형상으로 묶지 말라   305
6. 빼어나기 이전에 일러라   307

16. 능히 업장을 조촐케 한다 [能淨業障分]

1. 무념無念, 무생無生, 무주無住 310
2. 헛됨 없이 지내옴 314
3. 배고픈 비유 317
4. 생각으로 의논할 수 없는 경 320

17. 구경究竟은 무아 [究竟無我分]

1. 머무는 곳 어디인가? 324
2. 삶과 죽음이 없는 곳 326
3. 진흙소를 타고 329
4. 깨닫지 않았어도 연등 부처님 332
5. 동녘 하늘의 석가모니 334
6. 돌아보면 꿈 속의 일 337
7. 뜻과 실재가 같은 여래 339
8. 무엇이 위, 무엇이 아래? 342
9. 비워도 비워지지 않는 금강 345
10. 장엄이 아닌 장엄 347
11. 마침표를 모르는 통달 349

18. 한 몸 같은 줄 관하라 [一體同觀分]

1. 육안肉眼이 보고 듣는가? 352
2. 하늘 눈 354
3. 안과 밖의 눈 356
4. 보지만 못 보는 것 358
5. 천의 눈 달린 부처 360
6. 산 위에 흐르는 강 363
7. 가득 차 텅 빈 그릇 365
8. 부를수록 개운한 마음 367

9. 벌써 코 앞, 등 뒤에서 부른다   370

19. 법계에 두루 나투다[法界通化分]

1. 칠보를 가득 쥔 텅 빈 손   378
2. 복 없는 복   381

20. 색과 상을 여의다[離色離相分]

1. 색과 상은 눈과 귀의 여래   386
2. 하나도 아니고 둘도 없음   390

21. 설할 법이 있는 설이 아니다[非說所說分]

1. 있음과 없음의 심상心相   396
2. 모름과 앎   400
3. 법을 설하지 않는 불타   403
4. 지워버린 최고의 이름   406

22. 증득할 법이 없다[無法可得分]

1. 증득할 바 없는 얻음   410
2. 소리없는 박수   412

23. 마음 조촐한 것이 선[淨心行善分]

1. 진짜 이름은 가짜   416
2. 무생無生이 곧 선법善法   419

24. 복과 지혜에 견줄 것이 없다[福智無比分]

1. 활구活句, 부처의 해와 달   424

25. 나투나 나툼이 없다 [化無所化分]

1. 중생의 건넴, 반야바라밀 430
2. 홀연 보이는 듣는 이 435

26. 법신은 상이 없다 [法身非相分]

1. 불상佛像은 사바세계 출입하는 비자 438
2. 32상호, 한 얼굴이며 한 몸 451
3. 경은 중생의 헤아림, 불의 무언 454
4. 본 것과 보는 물건이 없다 457

27. 끊고 멸할 것도 없다 [無斷無滅分]

1. 어디에서 온 것인가? 462
2. 타고 흐르는 불과 물 465

28. 받지도 탐하지도 않다 [不受不貪分]

1. 천 강에 흐르는 달빛 470
2. 복과 덕은 마음의 속과 겉 473

29. 위의가 그윽하고 고요하다 [威儀寂靜分]

1. 부처의 해탈, 중생의 번뇌 476
2. 올 곳 없고, 갈 곳 없음 479

30. 이치와 사상事相이 둘이 아니다 [一合理相分]

1. 능인能仁의 적묵寂默 482
2. 거꾸로 흐르는 강 485
3. 무쇠나무에 핀 꽃 488

31. 지견을 내지 않음[知見不生分]
1. 세존, 설한 바 없는 여래　492
2. 다만 이와같이 내가 들었다　494

32. 응화는 참이 아니다[應化非眞分]
1. 남북을 오가며 숨긴 거짓말　498
2. 부처의 이름을 묻기 위한 말씀　502

참고문헌　　　511

어찌하여 법회인가
[法會因由分]

1

1
글로 볼 수 없는 금강

이와 같음을 내가 들었다.
【經】 *如是我聞*[1]

보아 후련하고, 들어 쾌활하니 조촐한 부처의 땅이다.
온 백성이 세존世尊이라며 법法의 임금으로 모신다.
싱그러운 뜨락의 적막한 빛살 허공에 가득하고,
울림 없이 억겁을 누벼온 소리 여울져 퍼진다.

뉘 있어 문득 성현이 온 줄 알겠는가?
들은 적 없고, 본 적도 없는 일이다. 무엇을 들었는가?
먼 하늘 구름 가에 차가운 외기러기 대답 없는 울음소리,
귓전에도 생생하니 설說하는 이 그 누구인가?

번갯불처럼 빠르나 홀연 자취도 남기지 않았다.

이와같이 부처는 듣는 자가 간직하며,
여래는 당장 이렇게 보는 이의 몫이다.

---

1 이책의 금강경 원문은 구마라즙鳩摩羅什 역譯본을 사용하였음을 밝힌다.

억겁 위음왕威音王 부처님 이전의 말씀이라고 했다. 없는 귀로 의심하고, 눈 없어 의심한다. 들었다면 마구니, 못 들었다면 천치다. 듣고도 모르던 것을 들었으므로 들은 줄 조차 모른다. 본 적도 없으나 이와 같이 낯이 익으니 바로 이놈이다. 법이라 홀연히 부르지만 오고감이 없으므로 달마達磨라고 했다. 사람이 사람을 찾고, 부처는 부처를 찾지 않는다. 찾은 이가 없는데 사람마다 달리 부르며 보았다 이르고, 이름 없는 이에게 각각 하늘과 부처와 신이라 붙인다.

육조六祖께서 이르시되,

"무상無相의 종宗, 무위無爲의 체體, 묘유妙有의 용用이다."

사람들이 여러 말로 이리저리 가르침을 표방하나 마침내 조사祖師가 서래西來한 의지意旨다. 문자文字로 풀어 쓰나 읽을 수 없고, 해독될 수 없는 밀의密意다. 문자는 자신을 읽을 문자가 없다. 『금강경』은 읽을수록 아직껏 없는 책이다. 부처님 말씀이라 말하는 순간 모자란다. 어느 부처가 세상 말을 굴려 당신의 종지宗旨를 삼겠는가? 존재는 있고자 베푸는 자기언어일 뿐이다.

아난阿難의 서술이라 이름지으면 천박해진다. 존재하는 어떤 재주로 동별同別을 분간할 것이며, 있는 대로 존재한 적 없는 말씀을 뜻풀이할 것인가? 기쁘고 시원하다니? 눈과 귀에 경사 났다. 말하는 이 없고, 들을 이 역시 없다. 부처는 설하지 못하고, 아난은 알아듣지 못한다. 오직 이와 같이 펼치니, 내 있어 듣고 들을 존재일 뿐이다. 아我를 아난이라 지어 부르지 말고, 경희慶喜라 굴려 해결하지 말라.
무엇이 종체용지宗體用旨인가? 달마는 왜 서쪽에서 왔는가? 입은 화의 문[口是禍門]이다. 어떻게 수보리는 아난의 몸을 대신하는가? 왜 태초에 수보리須菩提며, 공생空生은 누구인가?[2] 궁금하여 누구인가 미리 점찍지 말고, 문득 점쟁이를 노려보라.

경계를 펼쳐 늘어놓으니 어지러이 많지만 境上施爲渾大有
안팎중간 남김없이 찾아보면 아무 것도 없다. 內外中間覓摠無

다섯 감관感官이 아무리 모여 모의해도 주인은 모른다. 문득 '나'라고 부르되 서로의 얼굴만 멀뚱멀뚱 치켜본다. 이 부름을 가리켜 아난이라, 즉 '막혀 알기가 어렵다.'고 했다.
'막혀 어려운 놈'을 돌이키면 '많이 듣는 그 놈', '많이 듣고 다시 기뻐하니' '경희'다. 귀로 듣지 못하니 아난이겠고, 기꺼이 알아들으니 경희다.
입으로 설하지 않으니 여래, 파설破說하지 않으니 부처다.
앞길이 난감한 아난, 귀 기울여
님 향한 일편단심 입 다물고[杜口] 마음 준비 단단히 한다.

---

2 공생空生은 부처 10대 제자의 한 사람인 수보리[須菩提, Subhuti]의 한역漢譯 이름. '잘 나타났다'는 뜻의 '선현善現'으로도 번역한다.

가히 정반왕淨飯王의 자식이다. 오늘의 반찬, 지금 이 밥그릇이 남달리 작아 보인다.
그대는 스승이고, 형님인 여래께 비로소 공양 올려 기쁘므로 응공應供인 것이다.

'들었다'니 모두 끝난 것일 터,
못 들었다면 되레 어찌할 것인가?
부처도 존재할 마당이 없고, 중생도 맞아 어우를 곳이 없다.
'마당'과 '어우름', 응당 '내가' 동참해서 바라볼 일이다.

본래 하나의 밝은 정령精靈이	本是一精明
여섯으로 나뉘어 화합되었다.	分爲六和合
어우른 곳에서 잠깐 눈여겨보면	合處如瞥地
보는 곳이 곧 참으로 듣는 것이다.	見處是眞聞

깜짝 놀라 바라보니 그 곳에서 한없이 듣는다. "이와 같이"라니? 고금古今이 한 가닥 줄에 의지했다. 무엇이 한 가닥 끊어지지 않는 줄인가? 세월이 없으니 먼저와 나중이 없고, 부모와 자식이 없으니 낳고 죽는 법이 없다. 돌아보니 내 얼굴, 내다 싶어 바라보니 역시 같은 그 얼굴.

봄소식 따스하게 햇볕 내려앉는 문전의 한 뼘 땅에
참새 가지마다 재잘대고 삽살개 아랑곳없이 뜰 앞에서 존다.

아무도 없는데 귀에 가득하니 참으로 들은 것,
듣지 못한 것을 다 아니 바로 나다.

모든 이름을 무시하고 일러보라. 깨닫는 이 한마디를 무엇이, 어떻게 듣는가? 전대미문의 아무도 알아듣지 못하는 소리를 홀연히 알아들을 수 있는 이 누구인가? 백천 만겁萬劫에 다시 만나기 어렵다[難遭遇]. 내가 지금 듣고 보는 것[聞見]을 얻어서 수지하는 것이다.[3]

원숭이 산줄기 위에 울고	猿啼嶺上
수풀 사이에서 학이 눈물 흘리니	鶴唳林間
끊긴 구름 바람이 거두어	斷雲風捲
물은 세차고 길게 소용돌이친다.	水激長湍[4]

---

3 who is this? 그리고 what am I?가 하나다.
4 야보冶父의 송頌이다. 『금강경삼가해』 권1.

2
천지 나뉘기 이전 그 때

한 때에
【經】 一時

버릇 되어버린 기다림, 뜻밖에 끝나며 님 보인 때다.
같은 오두막집에 태어나 늙은 부모 함께 모셨지만 서로가 서로의 얼굴 몰라본다.
집안 꼴, 말이 아니다. 지금이라니? 다만 낯선 오늘이다.
말이 태어나기도 전에 당나귀 울음소리가 터져 나왔다.

구름 너머 밝은 달 바람일 때 하늘 가려 어둠 탓하고
담장 밖의 덩굴 빨갛게 물들일 때 복사꽃 가득하다.
부처 온 줄 뉘 알며 뉘 있어 저 때의 제 마음 돌아보랴?
사람 면전에 양쪽 눈 위로 눈썹 역시 찢겨 뻗었거늘.

오직 알지 못함을 알면 이 진실로 제 앎이다[但知不知 是眞自知].

벗이 찾아오니 문득 스승이 그 안에 있다.

화기애애하여 말이 오가니 기쁨이 넘쳐흐른다.
텅 빈 하늘에 해와 달이 눈에 없는 별 사이로 다니더라도
빈 하늘 가르며 눈동자 교차하고 빛처럼 투명한 말 시위를
당긴다.

동창이 밝아 오니 노고지리 우지진다.
이때가 무엇인가? 땅거미 뉘엿 서산을 기어 넘으니 제 집으로 돌아온다.
이 무슨 때인가? 앞뒤 가득히 사라지고 헤아림 뎅그러이 없다.
어느 때도 아닌, 되레 한 때다. 때를 모르는 그때가 가장 머리를 사로잡을 때.

한 때 밥도 잊고, 잠도 잊고, 흐름 없어 돌아볼 곳도 없다.
모두 텅 비고 없을 때 문득 이 글 읽으며 스스로 허공과 더불어 담박해진다.
그리하여 허공虛空을 터득한 까닭에
해공解空이라는 부처님 제자가 태어난다.

초조初祖[달마][5]가 일렀다.

---

5 초조初祖 달마達磨(?~528) 대사는 남인도 찰제종刹帝種 향지왕香至王의 셋째 아들로 본명은 보리다라菩提多羅. 양나라 대인 520년 중국 광주로 건너와 선종禪宗의 시조가 되었다. 숭산 소림사에서 하루 종일 벽관壁觀하여 '벽관바라문壁觀婆羅門'이라 불렸다. 혜가慧可에게 법통을 전한 뒤 528년 입적, 웅이산熊耳山에 묻혔다. 양나라 무제

"제 마음이 허공과 같은 줄 알면 문득 도에 닿는다."

해공과 세존이 모두 같은 때 다른 생각에 빠졌다.
'한 때'에 무슨 일이 있었는가? 누가 있어 저 해공과 벗할 수 있을까?
의아해 하지 말라.
의심하여 머뭇거리면 문득 서른 방망이 두들겨 맞게 된다.

그대도 '한 때'는 저 분처럼 부처였다.
그러나 저 '한 때'로 말미암아 그대는 영원히 부처일 수 없다.
하늘땅이 뒤섞여 미처 나뉘기도 전에 일생에 배울 것으로 다 마치어 알았다.[6]
그리하여 중생이 곧 부처일진대 저 부처는 영원히 부처가 아니다.

武帝가 비를 세워 덕을 칭송했고, 당나라 대종大宗은 원각대사圓覺大師라는 시호를 내렸다.

6 乾坤混沌未分前, 以是一生叅學畢.

3
부처라 부르거든 때려라

바가바[婆伽婆]**께서**
【經】佛

세존이라 부르면 곧장 석가모니釋迦牟尼를 지칭하는 줄 알아 밥 잡숫고 발 씻는 데로 좇는 까닭에 넓은 의미로써 바가바[婆伽婆]를 살리어 이름을 드러낸다.

세존의 지금 이름이 당장 여래다.
오는 줄도 모르고, 과거가 없으므로 그리하여 부처다.
떠난 곳 없고, 미래에 다르지 않아 안팎이 없는 응공이다.
소리 내어 부르매 남을 일컫지 말라, 그대여.

부처도 자신을 이름 지어 부르지 않았다. 스스로 저희를 중생이라 지어 부르며 어찌 삼세에 거룩한 이라 부르기에 이르렀는가? 부르고, 대답하니 사람이 아니다. 부처라 부른 그대의 안목을 인가印可한 따름이다. 세존이 무방하지 않음은 그대의 귀가 의심스럽기 때문이다. 대각大覺은 부처를 죽이는 말, 중생을 속이는 감언이설甘言利說이다. 그러므로 "나 이

전에 없으며 나 이후에 아무도 없다."고 이른 것이다.

야보冶父[7]는 다만
"불佛이여!"라고 했다.
본 적도 들은 적도 없는데 무엇을 듣고 부처라 부르는가?
'부처'라 지어 부르는 외람된 자가 누구인가?
제 자신 부처를 포기하고, 기만하려는 것인가?
태초에 없던 놈, 말후未後에 없는 놈이다. 무시무종無始無終은 귀를 속이려는 넋두리다.

부르자마자 이름 짓고 나름대로 모양 그린 이 누구인가?
부르는 자여, 그대의 이름은 무엇이고 모양은 어떠한가?
"이름도 형상도 없다."고 함부로 이르지 말라.
도리어 없는 것 이름되니 있는 것 하나 없는 생병生病 났다.

32상相도 80종호種號도 모두 없지만 다시 "없다."고 이르지 말라.
믿은 도끼에 발등 찍혀 평생 불구를 면치 못하리라.
밥그릇 속에서 굶어 죽고, 말 속에서 바보 된다.

---

[7] 야보 도천(冶父 道川, ?~?)은 중국 남송南宋 임제종臨濟宗의 선승禪僧이다. 속성은 적狄씨, 이름은 삼三. 도겸道謙 선사께 도천道川이라는 호를 받고, 정인(淨因, 1101~1125) 스님께 인가를 받아 임제臨濟의 후손이 되었다. 야보는 『금강경』의 구절에 맞춰 노래를 지어 강연했고, 『천로금강경川老金剛經』으로 널리 퍼졌다.

무엇이 불佛인가? 이도 불가不可하다.

뿌리 없는 나무 이빨에 털만 무성하다. 저도 불가하다.
그림자에 가리어 실체를 보지 못함이다.
평생 지고 다니는 널판때기, 무게를 모른다.
부처라 부르거든 모조리 두들겨라.

무엇이 세존인가?
아는 자 불러내며, 모르는 자 따라 되뇜이다.
세상에 없는 이유로 아무도 몰라본다.
이 분 뿐이다. 엎드려 절하거든 절하며 물어라, "뉘시오?"

널판때기 등에 지고 부질없이 문 앞에서 책이나 읽지 말라.
독약 같은 책 탓하다 혼백조차 흩지 못하고 죽은 줄 알라.
탓하는 그 책 탓에 다시 책 되어
바뀐 물건이 능소能所를 폐기廢棄한 채 따라온다.
뜬금없이 부처를 부르는 그대여. 마귀인 적도 없는데 어찌 부처라 불렀던가?

| 만일 남이 부처라 말하면 | 若言他是佛 |
| 그대 자신은 마귀여야 하리라. | 自己却成魔 |

깨달음, 참으로 허망한 이름이다.

깨달은 자의 호칭이 아니다.
깨닫지 못하고서 깨달음을 구가謳歌하는가?
아난이 어찌 자신의 이름을 버리고 부처를 빌어 수보리로 하여금 묻고, 대답하게 했는가?

손 대신 몽둥이, 말 대신 침묵이다.
방棒도, 할喝도 아닐 때는 지고새 우는 곳에 꽃향기 백태다.[鷓鴣啼處百花香]

4
잦은 풍파의 거점

사위국에 계시더니
【經】 在舍衛國

잽싼 소문에 듣자하니 "삼세에 우러러 가장 거룩하신 분께서 오니 많은 귀 밝은 이들이 그 분을 뵈러 모인다."고 한다. 나를 듣고자 모인 다 같은 아들이여. 서로 '나'라 부르며 '너'를 듣고, 그대가 그대에게 말한다. '들으러 오는 이들'이 숲의 고즈넉한 뜰 앞에 마주앉아 서로 부르고 응답하며 조촐한 땅이라 일컫는다.

슬라바스티[8]성城이라니? 잘 들으라.
중인도를 찾지 말라.
슬라바스티 나라를 찾는가?
부처도 잃고, 그대의 명줄도 보전하지 못하리라, 할喝

듣도 보도 못하던 이가 저들 앞에 문득 이와 같이 몸을 나툰다.
스스로 여래如來라 부르는 것은 그의 허물이다.

---

8 尸羅婆提 sravasti

지금에 이르러 보니, 저들은 도대체 그 누구인가?
오히려 저들이 이와 같이 오지 않았는가?

문득 듣기 위하여 이와 같이 모인다.
설說하는 이가 무색할 따름이다.
할 말이 이렇듯 없으므로 교외별전敎外別傳이겠으나
본래 이곳에는 보고 들은 이가 아무도 없다.

사위국은 부처로 하여금 풍파를 일으키는 근거다.
천축天竺과 동토東土를 만들어
한바탕 꽃피고 새 울게 만든 곳이 여기다.
듣는 이놈, 문득 듣자마자 아는 이 물건!

들어 깨우치니 공덕을 쌓은 곳, 법왕이 머무는 성이다.
마음 깨우쳐 도 닦기를 좋아한다.
모이는 순간 빙 둘러 담쌓는 나라를 이루었다.
무엇이 그리도 좋았는가?

 좋을 손 늦가을 한 밤중, 서리 얽혀 뿌리자　　　最好晚秋霜午夜
 새로 온 기러기 외마디 소리, 차가운 하늘 깨운다. 一聲新雁覺天寒

나라에 백성 있는 줄 모르고, 백성은 같은 나라인 줄 모른다. "고요히 집 안에 앉아 있으니 일이 없다."

1. 어찌하여 법회인가 • 37

나를 위하여 물어 주었다. "외손바닥 물결치며 울지 못한다.[獨掌不浪鳴]"
그대 위해 답하는 자, "모처럼 찾아온 이 간과하지 않아 매맞을 짓 않는 법이다."
비로소 경經을 열어 금강金剛의 나라를 세웠다.

보라. 여기 있는 '주인 중의 주인'을 위하여 '구멍 없는 피리[無孔笛]'를 들어 '겁외가劫外歌'를 불어 젖힌다.
한마당 놀이로 능인能仁의 위용威容을 갖추었다.
야보冶父가 일렀다.
"스승과 제자가 모여 어울려 하나다. 말을 먼저 꺼내면 문득 응하여 화답함이다.[師資合會 方成唱和]"

5
아무 것 없지만 편한 곳

간절한 지혜의 숲, 고독한 이들의 안식처에

【經】 祇樹給孤獨園

기특하고 신실한 파사익 왕자의 이름이 기祇다. 몸과 마음을 다하여 항상 발원하기 좋아하되 지혜와 덕을 성취, 베풀어 쓰는 것이 큰 수림樹林 같았다. 바가범婆伽梵이 "『금강경』이라 지어 부르라."고 이르셨다.[9]

'외로운 이'라니? 무리지어 다니는 중생에게 어찌 이렇듯

---

9 바가범[婆伽梵, bhagavat]은 모든 부처를 일컫는 통호通號다. 보통 세존世尊이라 말하지만 중우衆祐다. 모든 이를 돕기 때문이다. bhaga는 '조촐한 덕德'을 말한다. '능히 분별하여 공덕을 일구는 교묘한 지혜'의 이름이다. 『불지론佛智論』에 따르면 자재自在, 치성熾盛, 단엄端嚴, 명칭名稱, 길상吉祥, 존귀尊貴의 여섯 가지 뜻이 있다.
1. 자재自在 : 스스로 밖을 의지하여 존재하지 않으며 그렇다고 자신을 고집하지도 않는다. 2. 치성熾盛 : 잘 차려 놓은 밥상과 같아 자공慈供하며 공덕을 길러 먹을거리에 덤비지 않고 먹음 자체를 섬기지 않아 먹는 주인을 마땅히 공양 올리어 활력을 주며 환희케 한다. 3. 단엄端嚴 : 같은 자리에 좌정座定하여 부동不動하며 앉음에 자신을 내세움이 없이 모두 받들기 때문에 단아端雅하고 위엄威嚴이 있다. 4. 명칭名稱 : 자신의 이름이 곧 다함없는 법계法界, 다함없는 대지大地다. 수없이 바꾸어 불러도 그르치거나 모자라지 않다. 어느 이름으로도 규정지어 부를 수 없어 맞지 않기 때문에 그대로 부르고, 그대로 이름 지어 부르는 당체當體다. 5. 길상吉祥 : 모자람 없이 밀밀綿密하고 넘침 없이 원만하다. 길상은 본심本心의 징조인 구덕具德이다. 6. 존귀尊貴 : 희유希有하여 세상 어디에도 없으나 사람마다 그 덕성, 모두 갖추었다.

큰 이름 베풀었는가? 자심自心의 크고 넓은 보궁에 넘치는 법은 없다. 누가 무엇을 누구에게 베풀 수 있는가? '안식처'라 일렀으니 본래 같은 집, 수미須彌 산중에 함께 앉은 까닭이다. 궁색하기는 바로 황면黃面 석가 그 이상이 없다. 태초와 종말도 잃고 오로지 '나'만을 내세웠다.

참으로 고독하여 찬 서리에 칠통 같은 어두움뿐
적막을 찢으며 드높은 새 하늘에 기러기 난다.

"나 이전에 태어난 자 없으며, 나 이후에도 태어날 자 없으리라."고 했다.[10] 외롭다는 말 또한 그르치는 소리다. 부처가 자신을 지칭하여 도리어 고독원이라 호명呼名했다.

숲에 들어 길을 잃었네.
문득 나무마다 친하고
잎과 가지에 뿌리 있는 줄 알았고
이 길 잃는 그곳에 홀연, 활로가 있네.

칼과 방패로 타향의 적을 물리치고 고향 밟았다.
전리품으로 어깨와 팔이 더욱 무겁다.
입가에 웃음 띠고 잔치 벌려 이웃 먹이기를 원한다.

---

10 '天上天下唯獨尊'에 대한 빨리어[巴利語] 번역을 바꾸어 본 것이다.

얻음은 본래 버림, 이문 남기는 곳에서 다 잃는다.

외롭고 쓸쓸한 것, 하늘 구석까지 알려졌다.
아담한 새로운 집 지어 사람 불러 모으려 꾀한다.

보리수 아래에서 도를 깨치고 문득 하산했다. 산을 내려가 어디로 향하는가? 궁중에 돌아가 앉을 자리도 못 얻을 터, 돌연 고독원을 빼앗아 자리잡았다. 할 일 없이 하산했다. 무엇을 보았기에 '별을 보곤 마음 본 것[見星見性]'이라 불렀으며, 무엇을 결심했는가?
쓸모없는 몇 마디를 초전법륜初轉法輪이라 부른다. "중생을 제도한다."니? 되레 놀림만 당했다. 법좌를 펼치니 다섯 비구조차 외면하고 쳐다보지도 않았다. 싣달 태자는 얼굴 붉히고 12만 리 서쪽으로 내뺐다. 금강좌金剛座가 부동의 터전이라더니, 적멸마저 사라졌다. 스스로 모진 바람 이기지 못하게 만들었다.

초라하다, 천하의 변재로 해명하되
구차하여 흉을 면치 못할 것,
벌거숭이 대낮에 남의 땅 훔쳐 전리품 삼았고,
텅 빈 땅에 깃발 세워 모진 바람 피할 수 없게 했네.

6
아무도 없으나 모두 모인 곳

**큰 비구 무리와 더불어 계시니
천이백오십인을 두루 갖추었느니라.**

【經】與大比丘衆千二百五十人俱

'사람人'으로 사람을 헤아리니 눈을 씻고 다시 바라보나 다섯 상수上首 비구 위시하여 단 한 명도 여기 없다. 그 많은 인물은 다 어디로 간 것일까? 찾는다면 이미 구담瞿曇이다.[11] 가만히 들여다보니 홀연 천이백오십인을 갖춘 줄 안다. 많으면 많을수록 좋으니 하나를 위함, 하나도 부끄러워 없다 하니 비로소 많음을 안다. 하나가 많음, 많은 것이 하나이거나 하나도 아니고 많은 것도 아닌 줄 알기 위함이다.

있는 대로 설하는 이를 듣고 보이는 대로 다 듣는다. 애초에 구담이 성을 뛰어넘을 제 들어났다. 견성見性과 열반涅槃은 부질없는 소문. 그러나 큰 비구가 다시 비구와 떼를 지어 모이니 밥그릇만 많고, 거둔 음식은 한 양푼도 되지 않았다.

---

11 근심스레 눈을 찡그리고 아무리 애써도 그대 자신의 뭉게구름 밖에 없다. 없다니? 갑자기 돌아보니 모두 내 허물의 구름이 어리석고 오롯하다. 찾는 이 없지만 큰 어른 모시고자 백년이나 청소하여 가꾸고 상 차려 준비한 터에 하루 이틀 더 기다림이 무슨 대수인가?

갈수록 눈만 빠지고 배고픔만 더한다. 그토록 배고픈 무리가 수저를 들 생각조차 못한다.
입에 거미줄 뻗더라도 좌복[참선하는 방석]은 땀에 절고, 냄새가 독하여 산천을 뒤흔든다. 가히 선방禪房이다. 외롭고 쓸쓸하나 오갈 곳 찾지 않으니 납자衲子의 기개, 알고 보면 제 방석 도둑맞고 남의 방석 탐냈다.

십념十念에 각각 머무니 일천一千이다.[12]

이백二百은 선열식禪悅食과 법열식法喜食을 즐기는 두 종류의 무리로 비구比丘들이라 부른 것이다. 듣고 환희歡喜 용약踊躍하는 이가 어찌 일심으로 정려靜慮 사유思惟하는 기쁨에 젖을 것인가? 기쁨을 자처하나, 외롭고 적적함을 여의지 못하니 해제와 결제를 두어 제약制約을 풀고 맺음이 따른 것이다. 수행이 곧 만행萬行, 참구參究함이 공양供養인 까닭이다.

---

12 열 가지 외로움이 각각 백가지로 벌어지니 육신이 부정不淨하고 무아無我이니 '신고身孤', 오관에 애착을 버리니 '수고受孤', 상락아정常樂我淨은 멀리 두고 조촐[청정]함을 좇아 일체고一切苦를 조복받으니 '심념고心念孤', 법을 위하여 온갖 즐거움을 애학害惡하다고 버리니 '법념고法念孤', 탐진 경계를 실유實有가 아니라고 버리니 '경계념고境界念孤', 적정寂靜과 무쟁無諍을 닦는다고 집과 가족을 떠나니 '아란야념고阿蘭若念孤', 세상에 만행하며 술과 계집 노름 가무를 멀리하니 '도읍취락념고都邑聚落念孤', 이득과 명문을 가상假相으로 여겨 버리고 항상 남의 생각으로 자양資養하니 '명문이양념고名聞利養念孤', 항상 정진하고 신심 내어 공부하며 법을 물어 성불하기를 발원하니 '여래학문념고如來學問念孤'를 피할 수 없다. 마지막으로 "모든 번뇌를 단제斷除하겠다."고 발원하며 게으르지 않는 '단제번뇌념고斷諸煩惱念孤'다.

오십五拾은 다섯 종류의 신통력을 갖춘 무리다. 불사의不思議 하게도 하늘의 눈으로 아니 천안통天眼通, 하늘의 귀로 들으니 막히거나 답답함이 없으므로 천이통天耳通이 열렸다. 나아가 숙명통宿命通, 현재의 업을 분명히 앎으로써 과거와 미래의 모든 업까지도 환히 꿰뚫어보는 힘이 있다. 타심통他心通으로 제 마음을 돌이켜 남의 말과 뜻을 분명하고 거침없이 살펴 알며, 신족통神足通이 열려 몸이 여의如意하므로 크고 작은 모습을 자유자재 나투는 신통력 갖춘 비구라는 말이다.

뭉치면 다섯인 줄 알지만 하나하나 살펴보면 곧 같음을 본다.
눈과 귀가 열리자 벙어리 냉가슴 앓고 답답하기 그지없다.
나귀 허리 뒤집어 타고 치달리니 자유인,
방방곡곡 누비며 다녀도 낯설지 않으므로 본향本鄕이다.

외롭다 말하나 의롭다 이르고, 지옥의 고통을 말하나 짐짓 극락에 도달한 것이다. 생각으로 생각에 떨어지니 자구自救도 얻지 못한다. 생각할수록 버리고, 그 생각조차 버리는 바람만 커진다. 아라한이 버릴 수 없는 과보果報다.
"주인과 짝꿍이 뒤섞였다. 말하는 이와 듣는 이가 회동會同한 것이다."

저들을 살리려다 도리어 재갈 물려 입 열지 못하게 만들었다. "내가 들었다."니? 들은 말은 한마디 없고 사람조차 하나도 없어 "내가 이와 같이 들었다."는 허튼 소리만 들릴 뿐이다. 회동해서 무엇 하려는가?
시시하다 하여 다 떠나버리고, 나 몰라라 했다면 외손바닥 물결치며 울지 못한다. 뜻풀이하는 것 더욱 초라하다. 뒷맛 다 잃는다. 큰 비구들이 모두 제 갈 길, 바삐, 뿔뿔이 흩어졌다. 천이백오십인이나 되는 무리, 어디론가 사라졌다.

오는 곳 없이 오니	來無所來
달이 천강에 비치고	月印千江
가는 곳 없이 가니	去無所去
허공 나누어 나라 삼았다.	空分諸刹[13]

오고 감이 없는데 천개의 강이 나뉜 나라는 어떻게 보았는가? 밝은 달 허공에 뜬다. 밝음 보는 이는 본래 없고, 눈초리 닿는 곳마다 옛 도량 아님이 없다.[觸目無非古道場] 도리어 이르는 곳마다 타향의 땅과 강 끼고 새 나라 세운다. 어두울수록 더욱 분명하다. 달은 환할수록 더욱 모르므로 남의 집이다.

묻는 일에 망설이거나 꾀를 내지 않으며

---

13 함허의 설의說誼. 『금강경삼가해』권1.

대답하여 일러줌에 나와 너 두지 않는다.
가진 것 없으니 있는 대로 부유하고,
가질 것조차 없으니 참으로 무소유한다.

무엇이 비구·비구니인가?
내 것도 없고 남의 것도 없으면 중이고,
남 없고 나조차 없으면 비구니,
나와 남이라는 이름조차 없으므로 비구다.

7
이도 저도 아닌 그 때

그때
【經】 爾時

제풀에 소스라쳐 놀란 격이다. 몸 없으니 문전걸식하고 오가는 자취 없다. 끝없이 마시므로 금강 반야다. 옷매무새 고치고 발우를 거두니 하늘과 땅이 스스로 덮고, 펴 상관하지 않는 까닭에 내 집이다. 좌정하고 앉으니 천지도 부끄러워 쥐구멍을 찾는다.

이시爾時, 어느 때인가? 태자도 뒤로 하고 구담 석가모니를 유통시키는 금구성언金口聖言조차 죽은 소리인 줄 알아 내던진 뒤에도 지금 그대 스스로가 단호하게 돌이켜 묻는다. 밖으로 누구에겐가 던지는 물음이 아니다. 이때가 모든 부처와 모든 조사가 한꺼번에 그대를 위하여 설하는 때인 줄 어찌 믿지 않겠는가? 맑고 고요하고, 확연하여 분명하다. 참으로 그르지 않음을 알았다고 할 것인가? 무엇을 안 것인가?

야보의 "개시開示하여 슯슯[惺惺]하다."[14]는 말, 살펴보건대

---

14 '성惺'은 '사무친 지혜', 혹은 '적정(寂靜)'이라고 한다. '성성惺惺'은 '분명히 함, 밝음, 스스로 경계하여 깨달음'의 뜻. 정정과 혜慧가 온전히 밝아서 적寂과 조照가 둘이

조문祖門에 누를 끼쳤다. 어지럽게 후대 사람이 공들이지 못하게 했다. 밤하늘의 별이 또렷하여 분명하다. 끝없는 어둠 덕분이다.

먹고 마신들 배부르지 않고 포만감 또한 없네.
한 조각 금강반야가 호의호식하며 빈둥대는 옛 이야기 거리일 뿐
제집처럼 남의 대문에 걸터앉아 불법을 한담거리로 알게 만들었네.
천하의 둘 없는 명당을 화두로 말질하는 앉은뱅이 자리 가득 메웠네.

아닌 것을 이른다. 『금강경삼가해』 권1의 협주.

8
앞 뒤 곁에 같이 있는 이

삼세에 없는 가장 거룩한 분이시여
【經】 *世尊*

뚜렷하되 눈앞에 결코 보이지 않는다. "이와 같이 왔다." 하는 것조차 허물이다. 아무도 모르는 이다. 뵈면서 모르고, 모르되 나와 너를 던지고 그분이라 불렀다. 말을 즐기지 않으니 오롯한 부처, 말씀을 미워하지 않으니 적적寂寂한 세존이다.

세존 밖에 없으므로 생각 밖을 지난 과거라고 불렀다.
미래가 올 수 없으므로 세존이 존재를 뭉개 버렸다.
모를 그 이 덕분에 지금을 현세라 낚아챈다.
가난한 집안에 공양거리 걱정 잘 날 없다.

누군가 나 이전에 있었다면 그의 이름도 세존,
누구든 나 이후에 존재할 것이라면 그도 세존.
뉘 있어 호들갑 떨며 "그 분 누구냐?" 묻거든,
"이와 같이 오고, 이와 같이 온다."

사십 구년을 설하고도 『금강경』은 없고, 세상에 강림하기 전에 『금강경』을 끝냈다. 불佛과 세존世尊, 분별하여 쓰면 허공 속 아궁이에 불 집히는 쏘시개. 세존께서 모습을 드러내신다. 그대의 의심이 잠잘 때 도리어 득실이 있다. 잃은 부처는 그대 곁 떠난 적 없다. 얻은 부처는 멀고 멀어 눈 안에 선하다.

누구나 항상 소중히 지니면서 싸게 괄시받고, 천대받는 이 놈이 바로 그 양반이다. 절에 들러 쇳조각 동상에 절하는 이는 많다. 진짜 여래가 당장 몸을 드러낸다면 어떤가? 돌과 쇠를 잘못 알지말라. 이 뭐꼬?

실물을 들추어 금물 대신 똥물 뿌린다. 문득 머리 숙여 예배하니 돌장승이 웃는다. 고금에 이 일 아는 이 과연 몇이나 될까.[진신眞身, 부르는 순간 허망한 몸이 갸우뚱]

몸을 드러낸다, 정말 뉘 있어 알아볼까?
드러내나 어디에도 드러난 것 없다.
알아보는 이 두려우니 이미 존중제가 이 아니며
세상 없이 존귀한 어른 제 몸 감추기 되레 꺼린다.

9
즐거운 밥

밥 때가 되어
【經】食時

맛과 멋은 본래 엎치락잦히락. 기쁘고, 반가움이 다 함께 신바람 나는 먹음이다. 밥 때인 줄 어떻게 알까. 대중에 참여하고, 해解와 결結을 함께 방붙여 내거니 공양이다. 주인은 손님의 안색顔色 살펴 축배를 제창한다. 한바탕 잔치 벌리며 귀한 손님맞이 하여 맛에 맛을 더하니 멋있는 비구가 되었다. 중은 밥 때[食時]에 무엇을 먹거리로 삼는가? 하늘이 입을 열고, 땅으로 곱씹는다. 야단법석이다.

먹는다며 손과 이빨만 바쁘게 부리고,
그릇 없는 귀와 눈은 먹는 것 없이 헛수고만 한다.
탐욕貪慾은 수라修羅, 손과 이빨의 주인이고자 한다.
한번 맛을 본 뒤로는 쉬어 그치니 보살의 자손이다.

마음은 다섯 개의 입을 가지고도 만족을 모르고,
하나밖에 없는 입이 열 몫을 함께 한다.

저 다섯은 어디에서 왔는가?
예부터 부처다.

발우 들고 가사 챙겨 어깨 위로 수하고, 동네방네 중생들 집 집마다 빼지 않고 두드리며 "다 같이 불조佛祖와 함께 밥 먹자." 권하고, 이른다. 건네주어 복 짓고 밥 한 톨 구경 못한 이뿐이다. 황금 망아지가 밥통째 두드리며 깔깔대고 웃는다. 시방의 모든 밥그릇, 다 비어버린 까닭이다. 저 금선金仙과 더불어 밥 한 술 먹을 것인가? 장단 맞추어 같이 노래 부르지만 때는 이미 늦었다.
황금소[金牛] 화상에게 엎드려 참문參問하라. 빌어먹고, 베풀어 고맙다. 먹는 일이 곧 동서남북이다. 때를 알아 성으로 납시었다니? 모름지기 먹지 않겠다는 철부지 아이에게 때 맞추어 이름 부르며 억지 밥 먹이는 부모의 모습. 분명하게 준 만큼 받았고, 받은 만큼 주었다. 받은 것은 밥, 아무도 먹을 수 없다.
"선열禪悅로써 스스로 이롭게 하고, 법열法悅로써 남을 이롭게 한다."
밥을 먹는 이 물건이 상 치우고 말도 한다. 몸 안팎을 뒤져보나 남의 것 아님 없고, 있는 대로 다 베풀었다. 비로소 모두 내 것. 선정禪定과 지혜에 "오고감이 본래 없다."고 했다. 오고감이 이렇듯 분명하다. 정혜定慧 일반一飯이다.

부처는 무엇을 먹는가?
먹으면 사람, 먹지 않으면 사람 아닐 터.
다시 물으면 그대 또한 영영 밥 구경 못할 것이다.
잔치 열어 주인과 함께 마음 나눈다.

공양供養이다. 발우 비워 닦아 거둔다. 차담茶談이 없을 수 없다. 황면 늙은이의 푸짐한 이야기 권하지 않을 것인가? 시도 때도 없이 아무 때도 아닌 적절한 때 거저 주어도 먹을 사람 없고, 먹으며 먹는 줄 모른다. 나무토막과 쇳물 부어 빚은 허상에 등촉 밝히고, 같은 얼굴 없고 두 얼굴 없는 금선金仙에게 절한다.

10
어깨 드러내 신나게 먹는 식사

가사를 수하고 발우를 지니시고

【經】 著衣持鉢

"먹고 입고 자리 펴는 것이 도다."고 함부로 이르지 말라. 무심과 무상無相, 무위와 무주無住로 근본을 삼는다. 어찌 먹고 입고 자리 펴는 것을 일러 얼버무리려 하는가? 먹을 마음이 어디 있으며, 생각꺼리가 무엇인가?

몸이 이미 없는데 무엇을 입는다는 것인가? 불의佛衣가 가사이므로 소수의消瘦衣·무구의無垢衣·인개忍鎧·공덕의功德衣로 부른다. 소消는 몸을 태우고 타니 남은 재조차 없음, 수瘦는 마음이 텅 비어 바랄 것이 없고 바람과 낙심落心 없어 무심으로 본을 삼는 까닭이다. 소수消瘦는 가진 것이 없으므로 무소유다. 세상의 고통을 떠안고, 복수극으로 치닫지 않는다. 몸과 마음이 수용受容하거나 수용收用하지도 않으므로 불의佛衣다. 인개는 인욕忍辱의 갑옷, 자신의 지혜가 자신의 몸을 의지한다.

선정禪定이 지혜를 빌미로 무구하여 청정함을 얻는다.

아뿔싸, 천하의 세존이 가사 수하고 공양을 받는다.

옷 입자 사방이 활통(豁通)하고, 가득하여 텅 비었다.
기어이 옷 벗고, 편히 먹을 날 없다.
설익힌 밥 한 술에 모래 뿌려 던져준다.
밑 없는 발우라도 태자의 체면, 말이 아니다.

11
먼저도 나중도 아닌 분과 나들이

사위의 큰 성으로 납시어
【經】 入舍衛大城

도가 높고 풍요로워 덕 쌓은 이들이 모였다. 이름 없는 잡초는 몸 눕혀 자리를 마련했다. 큰 나무 양산 되어 솔바람 실어 나른다. 오고 또 온 그 수효, 아까워 셀 수 없다. 듣고 또 듣지만 남순동자 듣는 덕을 모른다.

이전에도 이후에도 계시지 않는 분이다.
사위舍衛 대성大城에 드신다니?
도를 알고자 하는가?
성에 앉기 억겁이거늘 되돌아 성으로 걷는다.

제 부처 잃고 치달려 밖으로 찾는다더니 없는 중생 억지로 조성하여 부처에게 맡긴다. 어찌 부처와 중생이 형제 같은가? 이상한 일이다. 조달調達과 석가도 이상한 일이다. 멀쩡한 사람이 무리지어 동냥 얻으러 다니니 아무도 눈여겨 바라보지 않는다. 예전의 왕자인 줄 알았다면 더더욱 낭패 보기 안성맞춤. 차라리 저들이 제 발로 찾을 때까지 기다림이 옳지 않을까? 할喝.

생명 던져
어느 곳에서 휴식을 얻을 것인가?
길에서 무엇을 잃고,
무엇을 얻었는가?

12
부처의 장사 밑천, 걸식

걸식하기 위함이었나니
【經】 乞食

한 집, 한 집 찾아다니며 "믿으라, 천국이 문 앞에 있느니라." 병 주고 약 준다. 차라리, "때가 되었다. 스스로 가진 것을 모두 내보이라."고 외치며 손과 주먹이 부끄러워 감추는 것이 옳았다.

칼자루 하나 없는 소년이 삼십 년 심검객尋劍客을 희롱하고, 갈 길도 잊은 채 땅 밑을 홀연히 가리킨다.[15] 망망한 하늘 위에 굶주린 매의 떼 맴돌고, 구름 떠난 자리엔 자취 없는 노인의 짚신 한 짝. 양족兩足[16]한 이가 밥을 비니 천하의 빈민이 다 모였다. 밖으로 받고, 안에서 주니 부처의 속내가 드러났다. 사는 이도 없다.

부처의 장사 밑천이 얼마인가?

---

15 소산疏山이 투자投子 선사를 찾아갔다. "그대가 검산劍山에서 왔다니 그 칼을 내게 내놓아 보라." 소산은 아무 말도 하지 않고, 다만 손가락으로 투자의 면전面前의 땅을 가리키기만 했다. 이 무슨 도리인가?

16 부처님의 이름이 양족兩足이다. 양극을 만족시키는 존귀한 분.

이문利文 없이 다 주어 버렸다.
아까울 것 하나 없다.
콧구멍으로 숨 고르며 동문서문 바쁘게 드나든다.

걸식乞食을 하신다니? 비구는 중생의 부처를 그 양식으로 삼고, 중생은 부처의 몸을 양식으로 삼는다. 하늘과 사람은 자연自然하여 받아먹는 것이 업이다. 남을 기대 제 지위를 세워 선악과 대소를 아나 오직 부처만이 진정한 비구, 본래 불식不食이다.
중생의 번뇌를 얻어먹지 않으며, 인과의 업보도 전혀 삼키지 않으며, 보리菩提 가진 줄로 여기지도 않는다. 가르치고 제도할 먹이 따로 없다. 개과천선할 병든 중생이 있는 줄로 보지 않는다. 그로 인하여 마음을 상하는 일도 없다. 이름 지어 무엇이라 부를 것인가? 거둠과 베풂 없는 정식淨食이라고 부르지도 못한다.

밥 때라 닥치는 대로 문 두드리며 "열라."고 아우성치지 말라.
아무도 대답 않고, 오가는 이들 낄낄 대며 비웃네.
바쁜 사람 붙잡고, "재미있으니 앉아 들으라." 이르기 전에 잔칫상 사물놀이 한마당 흥겹다고 나팔부터 불 일이다.

13
배부른 공복, 정반淨飯

그 성안에 들어 차례차례 구걸하기를 마치고
【經】 於其城中 次第乞已

무식無食의 『금강경』이다. 생사와 중류衆流는 본래 한 몸통, 열반과 해탈을 아울러 관장한다. 검은 구름 북산에 끼기도 전, 남산에 벌써 비를 뿌린다. 성안에 누가 살기에 없는 밥을 빌러 가는가?

금선金仙은 다만 눈과 입이 남달라 배고픔도 남다르다. 차례대로 밥을 달라고 한다. 눈치껏 주는 마음 오죽하랴? 굶다 빌어먹지만 배부르고, 퍼내 주고도 배곯는다. 문 안팎이 똑같아 예전에 다름없는 식구다. 뒤늦게 내 집에는 무슨 일이 생겼는가?[17]

---

17 세상에는 '일곱 가지의 집[七家食]'이 있다. 칠류七流는 성문聲聞·연각緣覺·보살菩薩·일승一乘 등이 수행 중 끊어야 할 일곱 가지 번뇌다. 생사生死의 흐름이다. 이 흐름은 색色과 심心을 나누어 칠루七漏의 성향을 가진다. 1. 보는 것마다 믿는 욕계의 견혹見惑을 끊는다.[見諦所滅流] 2. 생각하는 것마다 참인 줄 아는 욕계의 사혹思惑을 끊는다.[修道所滅流] 3. 아라한이 사제四諦를 관觀하여 의혹疑惑을 끊는다.[遠離所滅流] 4. 5온, 12처, 18계가 공적空寂한 줄 알아 삼계의 고품를 끊는다.[數事所滅流] 5. 삼계의 고품가 공공하다는 관觀 역시 공한 줄 알아 버린다.[捨消滅流] 6. 이미 무학無學의 과果를 얻었으나 퇴전退轉하여 안주하지 않아 수호한다.[護消滅流] 7. 육신을 돌보아 이사理

객지에서 공부 마친 아들,
지난 이야기 듣자 가족 모두 의아해
귀를 기울이며 눈만 휘둥그레 뜬다.
잊지 말라. 싣달 태자의 아비 이름은 정반왕淨飯王

事로써 보리菩提를 호지護持하고 공덕을 쌓는다.[制伏所滅流]

14
처음과 끝 없는 제자리

제자리로 돌아오시어
【經】 還至本處

본처本處가 어디인가? '한 발자국도 옮기지 않고 집에 이른 것[不移一步卽到家]'이라면 앉은 자리는, 외출하는 자리는 어디인가? 본래 안팎이 없다면 제 자리부터 없어야 옳다.
"사위성舍衛城으로 들어가셨다."고 이르지 말라. 사위국은 바로 이 사바세계의 본명本名이다. 부처님이 세상에 현화顯現, 응화應化하기 전부터 사바세계에는 그대와 같은 수없이 많은 무리가 귀를 기울이고 입을 모아 저 이의 탄강降誕함을 부지불식간에 앙망仰望하고 사자같은 위용으로 '세상에 가장 존귀'한 법을 펼칠 줄 알았기 때문이다.

나라 안팎으로 지금도 마음 훔치는 도둑 쫓는 도둑이 즐비하다.
공적영지空寂靈知에 거래去來는 없다.
어디를 갔다 돌아온 것인가?
촌보寸步를 띠지 않았는데 홀연 10만 리를 다녀왔으므로 환

지본처還至本處다.

들었는가? 한 생각 굴리기 전,
다시 듣는 그 자리로 돌이키라.
반드시 무엇인가?
책 읽는 소리 낭낭하다.

어찌 이 자리에 아무도 없는가?
있다면 무엇이 이 자리,
한 자리도 모자라 천하 주유했다면
세존께 본래 항하사 같은 중생 없으리.

15
앉아 일어나다

**잡숫기를 마치더니 가사와 발우를 거두고, 발 씻은 다음
좌구를 펴 앉으시니**

【經】 飯食訖 收衣鉢 洗足已 敷座而坐

눈과 귀로 거두어 들여 배불리 먹으나 막힘이 없고 안팎으로 넘나들며 매무새를 다듬으니 멋 부려 갖추었다. 지나침을 경계하는 구차한 모습은 흔적 없는 자리에 절로 드러나는 허물로 나중 사람에게 책을 잡히지 말라는 배려다.

먹은 대로 토해내니, 마치 남의 얘기 듣는 듯 생경하다. 알고 보니 늘 하던 그대로다. 무슨 다른 일을 지을 것인가? '먹는 대로'라니? 무엇이 궁금하여 귀 기울이는가? 온 사바세계가 먹지 못하여 굶은 이들로 가득 찼다. 먹기를 그쳤다니? 먹을 게 없음은 예나 지금이나 똑 같다. 아버지 정반淨飯은 가장 '조촐한 끼니'이고, '하늘이 올리는 공양'이다. 어머니 마야摩耶는 '조화부리는 꾀'이고, 세상이 벌리는 무궁한 책략策略이다. 티 없는 밥 얻어 잡숫고, 힘내어 일구어 밭 갈고 거두니 자재自在한 싣달悉達, 빌되 결손缺損이 없어 구족具足이며 앞뒤로 한 치의 오차도 없다.

중생은 미혹한 만큼 깨닫고,
부처는 깨달은 만큼 미혹迷惑하다.
보리菩提와 번뇌에 둘이 없다.
법음法音은 허공을 삼키어 소리를 토하니 존재의 목소리다.

존재를 다시 삼켜 허공을 토하여 내니 존재의 이름이다. 산, 바다, 인간, 중생이라 부르니 비로소 "있다."고 하므로 곧 법문法門이다. 말씀으로 실어 나르니 법륜, 이름으로 이끌어 금강역사金剛力士다. 이 모두가 부처의 부모다. 평상平常의 세상에서 가장 존귀한 어른, 세존의 응화應化다.
종경宗鏡[18]이 송頌했다.

걸식한 뒤 돌아와 급고독원에 모이니	乞食歸來會給孤
옷매무새 고치고 자리 펼쳐 편안히 머무시니	收衣敷座正安居
진실한 자비는 법도를 넓혀 삼계 건너뛰고	眞慈弘範超三界
하늘과 사람 고르고 다스림 스스로 만족한다.	調御人天得自如

발을 내어 여여한 모습 드러낸다. 이것이 바로 모든 성인이 자재自在하는 모습이라 이르지 말라. 밤은 고요한데, 물은 차고 차서 고기조차 마시지 않는다.[夜靜水寒魚不食]

---

18 예장 종경(豫章 宗鏡, ?~?)은 송나라의 선승禪僧이다. 남아 전하는 행장은 거의 없다. 『금강경』의 핵심을 노래로 지어 부른 『제송강요提頌綱要』만 남아 있다.

1. 어찌하여 법회인가

부대사傅大士가[19] 이르되,

법신은 본래 먹음 없다.	法身本非食
대응된 몸, 나툰 몸도 그렇다.	應化亦如然
오래도록 인천 요익케 하고자	爲長人天益
자비로 복전 지으니	慈悲作福田
발 씻어 티끌 인연 여의고	洗足離塵緣
세 가지 공한 도리 모두 이르고자	欲說三空理
가부좌 틀고 입선 보이는 것	跏趺示入禪

야보가 "살피고 살피라, 평지에 파도 일렁인다."고 긁어 부스럼을 만들었다.

진지 자심을 마치시고 발 씻음 다하시고	飯食訖兮洗足已
자리를 깔고 앉으심에 누가 함께 알겠는가.	敷座坐來誰共委
아래를 향해 글월 긴 것을 아느냐, 모르느냐?	向下文長知不知

---

19 부대사(傅大士, 497~569)는 중국 양梁나라 때의 재가 거사. 성은 부傅, 이름은 흡翕. 자는 현풍玄風이다. 16세에 결혼, 두 아들을 낳았으나 24세에 인도 스님 숭두타嵩頭陀를 만나 불도에 뜻을 두고 송산의 쌍도수 쌍도수 사이에 암자를 짓고 스스로 '쌍수림하래해탈선혜대사雙樹林下來解脫善慧大士'라고 했다. 낮에는 품을 팔고, 밤에는 아내 묘광妙光과 함께 대법大法을 7년 동안 설說했다. 소문이 사방에 떨쳐 천하의 명승들이 모여 들었다. 535년(대동 1) 중운전重雲殿에서 『반야삼혜경』을 강설했다. 548년(태청 2) 단식분신공양斷食焚身供養의 서원을 세웠으나 제자들의 만류로 그만 두었다. 561년(천가 2) 송산정松山頂에 가서 7불佛께 참배했다. 73세에 졸했다. 세상에서 쌍림대사雙林大士·동양대사東陽大士라 일컫다. 일체의 경을 넣어두는 전륜장轉輪藏을 창안했다. 저서로 『부대사록』(4권), 『심왕명』(1권)이 있다.

보고, 보아라. 평지에 물결이 이는구나.　　　　看看平地波濤起[20]

평지는 이미 고요한데 풍파를 어디에서 살핀다는 것인가? 파도 없어 여여如然 간간看看인 줄 알 수 있을까? 알고 일러도 모자란다. 함부로 남 흉내 내어 입을 여니 화문禍門으로 들어 곧바로 불조佛祖를 죽였다. 밥 먹고 움쩍하는 일, 모두 도의 근본이다. 신심信心 짧아 단정斷定하고 계戒를 파破하며 공력을 허비하지 말라.
자신自信을 외면하는 가지가지 악도惡道가 있다. 천당에서 소란피우고, 지옥에서 예배 찬양한다. 부처를 사서 탐욕에 팔고, 조사를 길러 우치愚癡로 바꾼다. 억지로 속을 눅여 진한嗔恨으로 허가虛架를 세운다.

신과 부처라 모시나 모두 외도外道,
부처와 하늘의 가르침 아니네.
먼지 중에 먼지가 부처,
때 중의 때가 하나님이네.

세존의 범어梵語는 바가범[婆伽梵]이다. 모든 덕[諸德]을 성

20　『금강경삼가해』권1. "자리를 깐 곳에서 만일 알지 못하거든 언설言說의 바다를 향하여 알아야 옳을 것이다. 이런 까닭으로 이르되, '보고, 보아라. 평평한 땅에서 물결이 일도다'고 한 것이다.[敷座處에 如未薦得이어든 向言說海ᄒ야 薦取ᄒ야ᅀᅡ 始得ᄒ리라 所以道看看平地波濤起라 ᄒ니라.]"

취한 까닭이다. 인도印度에 인도 사람이 있는 것 아니다. 인도에 사는 이가 인도 사람인 줄 알지 못하니 부처가 세존이 아닌 것과 같다. 모든 덕을 성취하는 순간, 모든 덕을 다 잃었다. 덕은 이미 저들의 입에서 놀아나고 공功이 다하여 제 생각마저 주체할 힘이 없다. 이름 이는 그때, 때와 먼지가 시방十方을 덮었다.

자리 펴고 앉아 잔치 벌인다. 함허[21]가 한 마디 했다. "드높여 조사의 영을 올리니 뿜는 빛 차갑기 그지없어, 곧장 비야리 성벽에 입을 매달았다.[高提祖令發光寒 直得毗耶口掛壁]" 야보가 "숨숨하다.[惺惺著]"고 일렀다. 또렷또렷 홀로 밝고 밝아 분명히 마음속에 새긴 까닭이다. 불 속에도 불, 물 속에도 물뿐이다. 선현善現은 수보리, 물을 줄 아는 이가 드디어 왔다.

---

21 함허득통 기화(涵虛得通 己和, 1376~1433)는 조선 초기의 스님. 법호는 득통得通, 당호는 함허涵虛. 충주 출생으로 21세에 관악산 의상암義湘庵에서 출가했다. 이듬해 양주 회암사檜巖寺에서 무학대사를 뵙고 법요法要를 들은 뒤 여러 곳으로 다니다 다시 회암사로 돌아와 크게 깨달았다. 공덕산 대승사大乘寺, 천마산 관음굴觀音窟, 운악산 현등사懸燈寺 등에서 학인學人을 가르쳤다. 1414년(태종 14) 황해도 자모산 연봉사烟峰寺에 작은 방을 마련, 함허당涵虛堂이라 이름하고 3년을 부지런히 닦았다. 이곳에서 1415년(태종 15) 6월,『금강경오가해설의金剛經五家解說誼』를 저술하고, 강의했다. 1420년(세종 2) 오대산으로 들어가 여러 성인에게 공양했다. 월정사에 있을 때 세종의 명으로 경기도 대자암大慈庵에 들어 4년 동안 머물렀다. 1431년(세종 13) 문경 희양산 봉암사鳳巖寺를 중수하고, 1433년(세종 15) 입적했다. 세수 58세, 법랍 38세. 저서로『금강경오가해설의』(2권),『현정론顯正論』,『원각소圓覺疏』(3권),『반야참문般若懺文』(2질) 등을 남겼다. 부도浮屠가 현등사, 봉암사, 강화도 정수사淨水寺, 황해도 연봉사에 있다.

선현하여 여쭙다
[善現起請分]

1
입의 혀로 묻지 못할 말씀

그때 장로 혜명慧命 수보리는 대중과 더불어 있다가 곧 자리에서 일어나 소매를 걷어 올리어[偏袒] 오른쪽 어깨를 들어내고[右肩] 무릎 오른쪽을 땅에 꿇고 합장하며 예의를 갖추어 공손히 경배하고 부처님께 사뢰어 말했다.

【經】 時 長老須菩提在大衆中 卽從座起 偏袒右肩 右膝著地 合掌恭敬而白佛言

무리들 중에 뛰어난 이가 있고, 그 뛰어난 이들 위에 다시 빼어난 이가 있다니? 그 위에 아무도 없거늘 어찌 아래를 두겠는가? 아래를 모르시는 분이 위에 높다면, 그리하여 세존이라니? 세상에 가장 존귀한 이가 이렇듯 아랫것들도 없이 초라하다.

혀를 놀려 찬탄 제불諸佛 함은 그대의 항명인가?
내뱉은 말과 어언語言은 스스로의 족쇄,
부처 또한 무슨 한 그리 많아 소처럼 긴 혀 놀려
사십구년 동안 장광설長廣舌하고도 무진無盡이라 했던가?

혜명慧命으로 무릎을 꿇고 가사를 걷어 올리며 공경스레 여쭈니 다시 얻을 지혜는 어디에 있는가? 지혜로써 지혜를 버리니 여쭐 도리도 모르나, 합장하곤 앙첨仰瞻하니 안팎의 손 따로 없다. 장로는 무엇이며 혜명은 어떤 것인가? 지위도 둘러보지 않고 허공을 질타하니 수보리는 모름지기 큰 고목나무다. 하늘을 덮고 땅을 뒤흔든 흔적이 역력하다.[22]
무엇이 수보리를 허공에 매달아 다그치는 것인가? 혜명으로 목숨 걸고 물으니 모든 지혜가 소진消盡했고 대각大覺의 명예를 걸고 답하니 일자一字도 설한 법 없다. 해공解空과 세존은 무엇 때문에 서로 일을 바꾸어 맡았을까? 각본 없는 연극에, 하나인지 둘인지 원?

수보리를 짐짓 해공 제일이라 부르는 세존,
석가모니를 세존 혹은 바가범이라 칭송하는 제자들.
비친 얼굴 서로서로 칭송하며 한마당 잘 어우르니
부름과 불린 이름 서로를 거꾸로 잡아타고 달리네.

대중의 무리 속에 어울려 앉아 있다가 홀연 자리를 박차고 일어나니 그때 알아보았다. 번거로움도 마다하고 위의威儀

---

[22] 보통 뜻 번역으로는 선현善現·선길善吉·선업善業이다. 공생空生은 '빌 공' 자 하나로 살림 차려 '空'을 터득했다. 불러 수자須字를 보리菩提와 합성했다. 세존께서 "해공제일解空第一이다."고 칭찬함과 같다. 이렇듯 번역은 마땅히 음미하고 천착穿鑿하는 창작의 활동임을 여실히 증명한다. 증명하고 나니 드디어 올 것이 왔다. 차라리 뜬금없는 소리로 혜명 스스로 목숨을 잃었다.

를 갖추어 오른 쪽 어깨를 살점 속까지 드러냈다.

장한 일인가, 아니면 우스운 일인가?
공손히 예의를 갖추어 경배하니
이로부터 부처는 본신을 감추었나니
불상佛像으로만 사바세계에 떠돌게 되었네.

천박한 신심信心으로 짐작하건대 곧 우상偶像에 다름없이 되었다. 그대들은 저 수보리의 의중意中을 아는가? 저 장로들로 아난阿難과 더불어 "무식無識하라."
기쁘고 기쁜 일, 그 이름도 공적空寂이다. 수보리가 제 몸을 뒤져 적나라하게 드러냈다. 허공을 때려 부수어 뼈를 발라 냈다[打碎虛空出骨].
적묵寂黙의 입 다문[杜口] 신선神仙을 문득 돌아 앉혔다.

2
귀로 듣지 못하는 법

참으로 있을 수 없는 일이옵니다. 세상에 가장 존귀하신 이여. 이와 같이 오시니 모든 발심하는 보살을 잘 호지護持하여 생각하며 모든 정신正信하는 보살에게 두루 분부하여 맡기나이다.

【經】 希有世尊 如來善護念諸菩薩 善付囑諸菩薩

"희유希有하다."는 것은 본래 없지만 문득 돌이켜 하심下心하고 바라보는 까닭이다. 공생空生은 천하의 조화를 다 부리나 아지랑이일 뿐이다. 능인能仁.해인海印은 무진無盡 설법할지라도 적묵寂默일 뿐이다.
새가 날자 털 빠지고, 고기 노니 물이 탁하다.[23]

무엇이 나무, 무엇이 풀인가?
한 번도 본 적 없는데 갑자기 이름 지어 부르네.
모두 제 어릴 적 어미 품 떠나던 날 떠올린다.
모르므로 이름이 태어나고, 알면 도리어 이름 없다 이르네.

부처와 세존이 도망치니 홀연히 여래가 나타났다. 어찌하

---

23 鳥飛毛落, 魚行水濁.

여 여래인가? 본 대로 들은 대로다. 어떻게 보고 어떻게 들었는가? 거기는 어디인가? 아무도 보이지 않는데 벽호劈毫마다 팔만 사천이다.

밤에는 우러러 달 속에 별들을 담아 먹고,
낮이면 한가로이 빛도 잊고 삼라만상 구경하네.

육조六祖[24]께서 대시對示하여 일렀다.
"보살이 제 마음 잘 다스리니 애증愛憎 일어남 없고, 육진에 물들어 생사의 바다에 떨어지지 않고 생각 생각에 사특한 마음 일으키지 않아 자성여래自性如來를 항상 염두에 두기 때문에 선호념善護念이다. 전념前念 청정에, 후념後念이 청정하여 끊어짐 없는 것을 위곡委曲히 보여주니 '잘 당부하신다[善付囑]'고 했다."[25]

---

24 육조 혜능(六祖 惠能, 638~713)은 중국 당나라의 스님. 선종禪宗의 육조六祖. 땔나무를 팔아 홀어머니를 모시던 어느 날, 『금강경』의 한 구절인 "어디에도 머물지 않고 마음을 낸다[應無所住 而生其心]"는 대목을 듣고 오조五祖 홍인弘忍을 만나러 갔다. 홍인은 그가 미천한 신분이지만 예사롭지 않음을 간파하고 여덟 달 동안 방앗간에서 쌀을 찧게 한 뒤 은밀하게 법을 전했다. 그로써 혜능은 육조가 되었다. 남쪽으로 내려가 오랜 세월 은둔한 뒤 광주廣州 법성사法性寺에서 삭발하고 정식 출가, 선풍을 드날렸다. 제자들이 설법을 엮은 『육조단경六祖壇經』이 전한다.

25 대시對示와 위곡委曲은 무엇인가? 생각이 반듯하니 자명自鳴이다. 산하의 새소리는 저마다 다르나 노래는 하나, 아비의 자상함이 지극하여 자식마다 수용이 다르되 웃음과 울음은 똑 같다. '호념護念[parigraha]하고'는 응공應供[arhat]에 대對한다.
응수공양應受供養은 "인천人天의 공양을 받을만하다."는 말이 아니다. "마땅히 인

문처問處 분명에 답처答處가 친親하다. 명료하게 여쭈면 대답도 맞아 떨어진다. 만에 하나 묻는 것이 분명하지 않으면 선하고 어진 이의 모든 공덕은 끊기고 의혹과 번뇌의 회오리를 맞아 대답마다 매昧하여 생사가 목전에 다다르기 때문이다.

의심이 간절하면 활로가 보이고,
물음이 정확하면 대답 또한 한 치의 어김이 없다.

야보가 송頌했다.

담장 너머 뿔을 보니	隔牆見角
소인 줄 알고	便知是牛
산에 연기 피어오르니	隔山見煙
불 지피는 줄 안다.	便知是火

함허가 가늠하여 바로잡아[說誼] 보였다.
"서로 만나 끌어당겨 내놓지 않아도 뜻을 들면 문득 있는 줄 안다. 이 무슨 경계인가? 도가 같은 이라야 비로소 안

천의 공양에 부응副應하여 여쭈어 오는 대로 응답한다." 부촉付囑은 정변지正遍知 [anuttara-samyak-sam-bodhi]에 대응한 말이다. 같은 아미타를 뜻으로 내세운 『무량수경』에 부촉일념付囑一念이라는 말이 끝자락에 나온다. 구하면 얻을 것이고, 얻음에 스스로 넘친다. 있는 대로 베풀어도 끝이 없으므로 변법계遍法界다. "있는 곳마다 두루 한다." 고 했다. 당부하건대 스스로 알므로 부촉付囑, "두루두루 분부해서 맡기셨다."

다."[26]

인천人天이 이렇듯 공양 올려 여래가 받고, 귀 기울여 응했다. 응공이라 듣는 순간에 깨달았다. 안팎 없는 정변지正遍知다. 착하고 어진 이의 능사能事다.

이문 남겨 값 치루나 산 이가 더 기쁘다.
없는 물건 구하는 대로 얻어 받음이 잘 베풂이다.

『아미타경』의 다른 이름이 『호념경護念經』이다. 마음 내는 대로 맞추어 응하여 주니 생각을 호지護持한다는 것이다. 신실信實하니 선善하다고 한다. 무엇이 신실인가? 마음에 일어나는 모든 의심을 제 본성으로 겪어 스스로 대답하니 마음 속에는 아무 비밀도 없는 것이되 의심할 줄 모르므로 비밀이다. 스스로 거두면 아는 것이므로 제 성품을 본다고 이른다.[27]

---

26 相逢不拈出 舉意便知有 是何境界 同道方知.
27 생각을 두호斗護하는 것은 일으키는 생각에 제불諸佛의 화현化現이 들어 있기 때문이다. 보리유지菩提留支는 '응공應供'으로 대꾸하게 한 것이다.

3
희귀하니 모두 그리 안다

삼세의 가장 존귀한 이시여. 선남자·선여인이 아뇩다라삼보리에 발심하고자 하거든 어디에 마땅히 머무르며 또 어떻게 그 마음을 조복받아야 하오리까?

【經】 世尊 善男子善女人 發阿耨多羅三藐三菩提心 應云何住 云何降伏其心

묻는 것은 물음이 아니라 청법講法이다. 그리하여 "법을 여쭈었다."고 이른다. 그렇다면 무엇이 물음인가? 이미 법이 선현했는데 다시 무엇을 보이기에 이를 것인가?

수산首山이 묻고, 답했다.

"제일 긴요한 일은 물음으로 물어 오지 말 일이다. 어찌 그러한가? 물음에 이미 답이 있으며, 답이 곧 물음이다[問在答處 答在問處]. 만일 뉘 있어 물음으로 묻는다면 이 늙은 중은 그대의 발 아래 있는 것이다."

요즘 사람들은 풀어 해석하기를 요구한다. 해석이 답이면 궁금하여 당황한 끝에 인간이 죽는 법이다. "네가 누구냐?"고 묻는 것은 이름과 사람과 일[事相]과 인간성, 영원한 문

제와 당체當體를 넘나들 뿐이다.[28]

투자投子가 송頌하여 이른 까닭이 여기 있다.

"말해서 표현할 때 그 마음이 드러났다.[發言方表赤心人]"

바로 물음 그 자체를 보살이라 부르고, 설명하는 이를 중생이라 일컫는다.

어제는 중생이로되 지금 여래하시니 문득 선하다.

가장 가까우며 요긴한 것이고,

생사고락을 양단하는 지름길은 무엇인가?

이를 모르면 그 어느 것도 소용없고 있더라도 무용지물이다.

세상에 가장 존귀하신 분 앞에 선 이는 그리하여 가장 착하고 보배로운 이다. 한결같아 남자도 여자도 아니다. 몸 매무새가 각각이요, 옷과 장신구가 저마다 다르다.

관세음觀世音과 지장地藏 대성大聖이 남자인가 여자인가? 마군을 물리치는 위용은 어느 장군보다 근엄하고 용맹하여 사자師子이며, 간절한 자식을 가엽게 여기매 마치 위대한 자모慈母다.

---

28 필자 동욱東旭이 동방의 빛과 무관하지만 그 이름 덕분에 동방의 빛이 되었다. 묘봉妙峯은 묘고봉妙高峰에서 따왔다. 나의 이름이라 말하고, 묘한 것이 없다. 이름 덕에 묘함을 자기自己로서 소지所持한다. "네가 누구냐"고 묻는 것은 나 자신에 의해서가 아니라 대답하는 자의 보답으로 아我를 얻을 수밖에 없다. 이제 누가 있어 이와 같이 물음 그 자체를 보아 대답할 것인가?

보고 싶거든 다만
그대의 옷매무새를 챙겨 다시 둘러보라.
그대는 남녀 중 어느 것이더냐?
문득 둘로 나누니 한 가닥 선함이 근본 잃는다.

낮에는 '구름이 끼었다' 부르니 아직 밝음이 있기 때문이지만 밤에는 '구름에 가려 어둡다' 이르니 어둠이 밤과 같이 크기 때문이다. 선하면 남녀가 무관하고 둘이 미묘하지만 악하면 선명하게 대조를 이루고, 상대를 빌미삼아 누명을 벗으려 한다.
위없는 법에 남녀가 등장하고 정등正等에 차별을 내건다. 각覺은 둘[二]과 다름[異]을 빌려 자명自明함을 찾기 때문에 이異와 이二를 여의었다고 말하는 까닭이 여기 있다.

다를 것이 없고 둘이 아니라면
어찌 각覺이라 부르리.
거룩한 인물들이니 저들은
상관하지 않고 옷 서로 바꿔 입네.

관冠과 비녀가 머리카락을 다듬어 모양을 차려주니 비로소 생긴 것이 남녀다. 부처의 마음을 내는 이는 바로 부처이어야 하지만 부처가 부처를 근심하지 않으므로 업식業識을 핑계 삼아 중생이라 불렀다. 남녀라는 것이 또한 이러하다.
공생空生은 쇠나무[鐵樹] 가지에 꽃핀 것이다.[29] 스스로 이름을 보살 대중에 물으니 '나'로서 살지 않고 '우리'로서 사는 중[僧]의 언변이다. 무상정등각無上正等覺을 내었다는 것은 부처가 소유하는 주인 아닌 것과 같다.

남녀가 한꺼번에 보리심 내니
읽고 또 읽어 비록 금석金石이긴 하나
마침내 녹여야 하고 다시 거푸집에 넣어
형상을 갖춤으로써 당 안에 모심과 같네.

부처는 형상 없으므로 다시 형상을 모시어 양족兩足하다. 선하다는 것은 진리의 몸이라는 말이다. 천상천하에 유아唯我라 독존獨尊인 까닭이다. 세존은 우러러 보니 하나뿐, 굽어보되 모두 다를 이 없는 당신當身이다. 향상向上하더라도 하늘, 향하向下에 두루 내려가더라도 '오직 나'라고 했다.
홀로 존귀하다니? 위와 아래가 다 귀일歸一하여 여래인 것이다. 남자와 여자는 나투는 몸은 다르되 움직임 없는 마음은 근본이 같으므로 무이無二를 표방하는 것, 육진六塵의 몸과 이 몸을 굴리는 심식心識이 해탈을 구하되 구하는 마음뿐이고 구하는 해탈이 제 마음의 본성인 줄을 모르기 때문에 머

---

29   공생空生은 수보리의 이름이다.

물 곳과 조복調伏을 생각함이 가장 우선 된다. 보살은 생각처럼 부처와 중생의 다리가 아니다.

부처가 중생과 다름이 없듯 보살도 곧 중생과 둘 아니다.
그렇다면 어찌하여 보살이란 이름 붙었는가?
실제로는 부처와 보살의 차이점이다.
중생은 더불어 중생일 터, 보살은 이름을 위한 존재다.

명상名相의 실체다.[30]

---

30 보리류지는 선남자·선여인을 '보살 대승의 무리'라 불렀다.

4
발심하여 모두 그치라

부처님께서 말씀하셨다. "훌륭하고 훌륭하다, 수보리야. 그대가 말하는 바와 같으니라. 여래如來했으므로 모든 보살을 잘 호지護持하여 생각하며 모든 보살로 하여금 잘 호지하도록 두루 분부하여 맡긴다. 너는 이제 잘 듣거라. 마땅히 너를 위하여 설하리라.

【經】佛言 善哉善哉 須菩提 如汝所說 如來善護念諸菩薩 善付囑諸菩薩 汝今諦聽 當爲汝說

제 스스로 제 이름을 지어 부르며 공생空生을 작법作法했다. 해공解空이 대중 가운데 없었다면 금강金剛은 나오지 않는다. 대혜大慧가 나오면 능가楞伽, 선재善材가 나오면 화엄華嚴이다. 금강이 해공을 부르고, 능가가 대혜를 부른 것이다. 오고 감에 한 치도 어긋남이 없으니 무량 공덕, 그리하여 선하다. 설하는 이가 듣는 이와 추호도 어긋남이 없으므로 부촉하여 마친 것이라 불렀다.

제 마음을 조복調伏받고 마음의 행로를 여쭙는 것은 일상의 역행이다. 없는 세상 두어 세상살이한다니? 세인의 얘깃거리가 아니라는 그 자체만으로도 가장 진실한 비구比丘의 자격 요건을 갖춘 셈이다.

질의를 던져 문득 자신을 무너뜨릴 제 부처는 세인들 속에 피어난 흰 연꽃[白蓮] 꺾는다. 세간의 일체 중생을 모조리 빼앗고, 홀연 큰 보살 마하살과 무상정등각無上正等覺을 토각吐却한다. 이는 부처 자신의 양 발[兩足]이다.

누가 누구를 두호斗護하며,
누구에게 무엇을 맡긴다는 것인가?
올 때는 빈 수레에 근심 가득 실어 나르더니
갈 적에는 빈손에도 홀가분하다며 기꺼워 돌아가네.

엉뚱한 질문에 엉뚱한 대답으로 사람과 하늘을 놀라게 했다. 무릇 일체 중생이 사바세계에 몸 둘 바를 모른다. 일체 주꾸미 같은 중생은 이제 본 적도 들은 적도 없으니 없는 중생 앞에 누구를 대보살이라 일렀는가? 여래는 이와 같이 와서 이와 같이 가는 것이다. 가고 오되 아무 것도 온 것과 간 것이 없으므로 추호다. 빌리고 준 것이 없으며 맡겨둔 것도 찾을 것도 없으므로 본래 있는 그대로다. 이를 착하다고 부른 것이다.

그대로 있는 대로 있다니 조사들이 웃는다.
무엇이 있는 대로 그렇듯 있다는 것이냐?
단 한 가지라도 있는 것이라 했다면
어찌 동산東山의 물 지금도 거꾸로 흐르는가?

5
깨달음은 그것조차 없다

선남자·선여인이 아뇩다라삼보리를 발심했거든 마땅히 이와 같이 머물러 수행하며 이와 같이 그 마음을 항복받아야 하느니라."
【經】 善男子善女人 發阿耨多羅三藐三菩提心 應如是住 如是降伏其心

육조께서 일렀다.
"평직平直과 선정禪定이 곧 선한 남자, 지혜로 간곡히 여쭈어 보리菩提를 낳으니 선한 여인이다."
남녀의 무리로 들었으되 물음 하나가 한 회중會中을 이루고, 해와 달이 허공을 삼키어 밤과 낮을 토하기 때문이다. 부처님께서 "선래善來 비구여."라고 처음 묻는 이를 호칭하는 것과 같은 경우다.

누가 머물고, 누가 떠나는가?
오는 이와 가는 이가 다 한가로운 무리.
오는 해와 간 달이 다 같이 하늘에 걸렸지만
하늘에 걸림이 그대로 걸림 없는 것인 줄을 뉘 알랴?

장부만 있고 남자나 여자가 없기 때문이다. 무엇이 착하다는 것인가? 해공을 의지하여 자신을 돌아보니 착하며, 물음에 의지하여 자신을 버리니 선하며, 자신을 버리어 정변지正徧知를 여래시키니 이로써 선남자와 선여자가 되었다.
야보가 "이 질문이 어디에서 왔는가?"라고 물은 것이다. 남녀가 문득 제 본래의 성품을 홀연히 들어내니 곧 불성佛性이라 부를 수 있는 근거를 제공한다.

간단히 이르리라, 부르면 화답하고 물으면 대답하네.
누구냐고 묻지 말라.
아무 것도 물은 적 없는데 무엇을 답하리.
동쪽 집으로 가 나귀가 되고, 서쪽으로 가 말이 되네.

속된 사견邪見을 주인으로 알아 주住하더니 문득 간절히 여쭈어 의지처를 찾는다. 삼계三界의 탐진치貪瞋痴가 삼취정계三聚淨戒를 갖추어 불국토를 이룩하고, 다시 나아가 '최선最善'이 되어 유아독존唯我獨尊하기 때문이다.
유아독존은 과거에도 없고, 미래에도 없음으로 이것을 '나'라 부른 것이다. '어디'와 '어떻게'를 물어 장소와 방법을 여쭙는데 오직 '이와 같이'만을 고집하여 대답하니 부처는 꺼리고 피한 것인가? 아니면 장소와 방법이 없는데 엉뚱히 물어오므로 말을 들으며 스스로 터득하라는 말씀이었는가?

머무르는 장소는 일념一念 생멸하는 곳,
수행하는 방법은 생멸이 그친 것.
할방喝棒으로 대처해도 그르다.
어찌 혀끝을 대어 가부를 논할 것인가?

부처가 스스로 제 이름을 부르며 스스로 대답하니 천하의 웃음거리가 되었다. 거룩하고 빼어난 인물들이 모두 거꾸로 걸어 다닌다. 이미 무상정등각이다. 다시 밝음을 드러내고자 하여 보리심을 낸다니? 허물이 없을 수 없다.

통보리·찰보리·육모보리로 보리菩提의 종류 다 들어도
여전히 같은 보리가 아니냐 이를 버릴 수도 없다.
모두 가지고 다니나 도무지 만질 수 없으니
거울 보며 비친 제 눈 속의 티를 다시 거울 속에서 잡아 빼는 격이다.

정변지正知라고 이름 지었다. '바른 것'이 무엇이며, 무엇이 '두루하며' 앎에 어디 '안다'고 내세울 것이 있는가? 보잘 것 없는 이름일 뿐이다. 차라리 이름 없는 공생空生으로 하여금 묻게 했다. 수보리가 아니었다면 경經은 유인물일 뿐이다.[31]

---

31 "머무름이 이와 같고 그 마음이 이와 같아 항복 받으라."는 무엇이 '이와 같음'인가?

있는 곳곳[在在處處]이 부처가 머는 곳[佛所], 그 어느 곳에도 부처는 없는 것과 같다. 집과 마을[家家戶戶]마다 태평가를 불러 성왕聖王의 공덕을 기리지만 그 공덕은 별다른 아무것도 아니기에 도리어 고마운 것과 같다.

확 트인 허공에 크고 작은 새들이 다투어 나르지만,
텅 비어 아무것도 없는 줄을 고마워하지는 않는다.
짚어 가르친 적이 없되 스스로 안다.
고마움 지극하고, 묻고 대답하며 부르고 화답함에 주인 없음이 조사祖師다.

머무를 때마다 흐르므로 벽계수碧溪水,
비추되 주고받음이 없으므로 빛이다.
하늘에 푸름이 없되 푸르고, 바다에 평평함이 없되 넓다.
어디에 머물고, 무엇을 항복 받아야 옳은가?

도리어 분명하다.

"이와 같으니라. 이것이다."고 분명하게 제시했다면 오늘날의 많은 번거로움은 일어나지 않았을 것이다.

6
부처님 땅을 훔친 자의 독백

"참으로 그러합니다. 세상이 존중하여 모시는 가장 거룩한 어른이여. 기꺼이 듣고자 원하옵니다."

【經】唯然世尊 願樂欲聞

자비와 연민의 정을 느낌이 모두 수보리와 그 제자의 눈에 박힌 부처님이다.[32]

스스로 옳은 줄 아니 기꺼이 듣고자 한다.
수보리는 부처님께 세존이라는 호칭으로 여쭙는다.
외눈으로 정성들여 생각하고 다시 생각하라.
당신 자신은 세존이라 부르지 못한다.

불쌍한 사람이 불쌍한 사람 동정하는 법이다. 본시 가련한

---

32 '유唯'는 허사虛辭다. 우리말의 "정말 그래."하며 맞장구치는 소리다. 왜 짜고 칠까? 모르면 물을 수 없고, 알면 묻는 길을 터득한다. 수보리는 과연 부처님의 제자인가? 보리류지는 모든 경[諸經]의 벽두劈頭에 외치는 대로 "이와 같이"라고 썼다. '백白'은 말 없는 부처님의 의지意旨를 훔친 죄인의 고백이다. 기어이 부처님으로 하여금 이끌어내는 당돌함에는 자비로운 권과 실[權實]이 있다. 보신과 화신은 실實, 법신은 권權이다. 어찌 뒤집힌 것인가?

존재가 자신이기 때문이다. 없으면 여래, 있으면 세존이다. 바라보니 응공, 돌아보지 않으므로 조어장부다. 생각 없으므로 정변지, 있으면 선서다. 무엇보다도 저 이름이 유용하고 그대를 위하여 도움이 되면 될수록 모두 다 그대를 위하여 특별히 베푸신 선물이다. 그래서 공양 올린다고 이른 것이다.

사람 사는 집에는
쓰지도 않는 물건이 즐비하게 널렸다.
본 적 없는 곳 그리워하지만,
도착하자마자 집에 돌아갈 궁리부터 한다.

보답하여 변화하니 그것이 실實하다. 법신法身이라고 하는 순간 법을 알지 못한다. 모르되 부리고 시키니 권權이라 이를만하다.

값이 맞으면 파는 사람 이문 남겨 기쁘고,
산 사람 필요한 것 가져 기쁘다.
예물 보석과 같아 같이 살 때는 귀중한 속박,
헤어지면 사람 미운 것보다 더 미우니 애물단지.

보석은 의미 모르고, 뜻도 모르지만 여전히 보석으로 행세한다.

대승의 핵심
[大乘正宗分]

3

1
볼 수도 말할 수도 없는 한 마디

부처님께서 수보리에게 이르셨다. "뭇 보살마하살이 반드시 그 마음이 이와 같아 항복받을지니라.

【經】 佛告須菩提 諸菩薩摩訶薩 應如是降伏其心

정변지가 정변지에게 말했다. 묻는 것이 곧 대답되어지는 곳이다. 대답을 만들지 않는 질문은 없다. 대답해 놓고 물음을 던지는 것이다. 묻는다는 것은 대답을 얻기 위함이 아니다. 대답을 확신하기 때문에 대답을 위한 질문을 던진 것이다.

무엇 때문에 이미 아는 것을 묻는가? 이미 안다는 것은 사실은 모르는 것이 없다는 말이다. 밖에서 되돌아오는 것은 반드시 자신에게로 되돌아와야 한다. 자신에 있어서 대답되어진 것이 밖에서 어떻게 활용되는 것인지를 확인하는 일은 이성理性의 본성本性이다.[33]

알고자 함이 아니라 그 앎에 대한 자기조명自己照明이 자연스레 질문과 대답이라는 형식을 취하는 것이다.

---

33   mind-nature는 the nature of the mind가 아니며 reasoning in logic에 의지하지도 않는다. 한문이 말하는 理性은 the nature of the mind as it is 이다. 마음이 자신을 마음이라고 부를 때 가장 이성적이다.

부처가 고告하는 소리는
그 누구를 향한 것인가?
귀 달린 돌사람이
법문 듣고 기뻐 훨훨 뛰네.

이들은 이미 공생空生이라 온 곳 없다. 도리어 보살 마하살이라 불리고 다시 이와 같이 그 마음을 내어 항복받으라고 한다.

항복받을 그 마음은 도대체 무엇인가?
어떤 마음으로 어떤 마음을 정복한다는 것인가?
이미 중생도 건질 것이 없는데
보살에게 무엇이 남아 있는가?

일어나는 생각에 이미 머무름이 없거늘 더불어 항복 받음이 되레 갇힘이다. 마땅히 그 마음을 항복받으라고 한다. 허튼소리, 간절한 직언直言이다. 불러 고하건만 듣는 이 없고, 수보리가 세존을 꾸짖는 것이다. 부처님 문 안에 들어 찾아볼 물건 없으니 마음조차 한적하여 소리마다 되돌아온다. 한마디 뱉어내기 이전에 수많은 어구語句가 드나들었다. 49년간의 일이 헛됨이 없으니 도리어 한마디도 설한 적 없다고 이른다. 없는 한마디가 1,500 성인의 입에서 끊겼다.

3. 대승의 핵심

2

깨치면 그 놈도 없다

살아있는 일체 중생에 그 종류가 여러 무리다. 알에서 나든, 태로 나든, 습기에 서식해서 태어나든, 변신하여 나든, 형상이 있든, 형상이 없든, 지각하는 존재이든, 지각없는 존재이든, 지각이 있는 것도 아니고 지각이 없는 것도 아니든 저들로 하여금 내가 모두 남김 없이 열반에 들게 하리라.

【經】 所有一切衆生之類 若卵生若胎生若濕生若化生若有色若無色若有想若無想若非有想非無想 我皆令入無餘涅槃

일체 유정有情이 생식生殖으로 차별을 만든다. 사생四生이다. 한없음이 겁劫이다. 말할 수 없이 많은 겁을 지내 연각緣覺에 뿌리를 내리니 한번 법을 얻고자 함에 느리고 더딤으로 차별을 지으니 사생이 있게 된다.

듣자마자 깨달으면 곧 부처,
닦음이 있고 절차가 있으면
이 네 가지 종류에 각각 머물러
억겁億劫을 지새워야 한다.

어두워 깨닫지 못하고 아집我執을 벗어나지 못하면 난생卵生,

알게 모르게 서로 주고받으며 깨우침이 있자마자 다시 매昧하여지고 매했다가도 갑자기 깨우치기도 하면 태생胎生이다. 습기習氣가 두터워 알 때는 본능적으로 알고 모를 때는 전혀 다른 세상 사람인 듯하면 습생濕生이다. 닦음이 능숙하여 적응을 잘하고 제 몸을 능히 변화시켜 존재의 영역을 넓혀 나아가면 화생化生이다.

모두가 윤회輪廻의 몸,
까닭에 사생이 육도六道에 끝없이 드나드네.
사생은 윤회의 본신本身,
일체 존재가 허공을 집으로 삼네.

허공은 그 자체, 허공이라 부를 수도 없으므로 마음을 집으로 여긴다. 집이라지만 본래 몸이 없다. 머물되 머무름이 아니다. 마음을 낸다는 것 역시 머무름 없어 그 갈 곳 또한 없다. 이제 저들은 이 하늘 아래 몸 둘 곳이 없고, 제 집이라 숨을 곳도 없게 되었다. 중생 구제하는 이가 아니라, 본래 그 중생이 실로 없음을 일깨워 줄 뿐이다. 마음껏 상상하게 하라. 있다고 그대가 여기는 그만큼 존재는 점점 허공에 밀려들고 심연에 빠져들 것이다. 생각하는 만큼 있으니 항하의 모래알 같고, 생각이 일수록 빈자리만 더욱 커지니 허공과 같다고 이른다.

눈에 보이면 형상, 보이지 않으면 문득 형상이다. 그 본 눈 자체의 형상은 무엇으로 가늠할 것인가? 생각이 있고 없고를 각각 나누어 이르면 하염없이 생각 일으키는 당처만 되물어 반성할 것이다. 때문에 갈 곳을 잃고 막히어 닫힐 것이다. 지각, 감각, 인식 작용이 생각으로 유무상색형有無相色形이다.

밖에 존재하는 줄로 아는 것은
그 앎이 허망하여 믿을수록 믿는 내 마음만 믿지 못해 시달릴 뿐이다.
과연 그대의 마음이라면
어찌하여 시달리도록 내버려 두는가?

3
나룻배 없는 중생

멸하여 건네었다면 이와 같은 멸하여 건넴은 무량하고 무수하며 가없이 많은 중생이 다 멸하여 건넬 중생이 실로 다시없는 것이다. 왜냐하면 수보리야. 보살에게 아상·인상·중생상·수자상이 있으면 보살이 아니기 때문이니라."

【經】 而滅度之 如是滅度無量無數無邊衆生 實無衆生 得滅度者 何以故 須菩提 若菩薩 有我相人相衆生相壽者相 卽非菩薩

아·인·중생·수자는 본래 생각이나 이념이 아니다. 유정有情은 생각이나 이념을 만들지 못한다. 아我, 인人 등은 이미 자신의 선험적 각찰覺察을 통하여 자신을 즉자적 존재로 규정지으려 할 뿐이다.[34]

위에서 보면 궁성도 개미집
아래서 보면 개미집도 궁성

---

34 존재는 본래 비경험적이다. 때문에 선험적 전환[transcendental reduction]을 통하여 사실화하려 한다. 이것을 우리가 보통 reality라고 부른다. 마치 뒤집힌 영상을 제 얼굴로 아는 거울과 같다. 거울 속의 얼굴은 거울 안에 내 얼굴이 없듯 그 속이 없는 것이며 필경 자신의 보는 것의 되돌림이다. 이 되돌림이 전향[metanoia]이다. 이 각찰의 하향로下向路와 상향로上向路를 망상妄想과 각성覺惺이라 부른다.

아래로 보아 번뇌 망상이라 핍박하고
위로 보아 보리지혜라 찬탄 지향한다.

종경이 송했다.

정수리의 문에 눈이 구비되어서 오는 끝을 분별하니
頂門具眼辨來端
온갖 종류가 어찌 잠깐인들 열반에 들었겠는가?
衆類何會入涅槃
끊어진 후에 다시 살아 한 물건도 없으면
絶後再甦無一物
살고 죽음이 서로 의지하지 아니한 줄을 사무치게 알리라.
了知生死不相干

오묘한 행은 주함이 없다
[妙行無住分]

4

1
가득히 텅 비었다

"거듭하여 이르거니와, 수보리야. 보살은 마땅히 어느 실재에도 머무는 데 없이 행하여 보시할 것이니라. 이른바 형상에 머물지 말고 보시하고, 소리·냄새·맛·감촉이나 실재에 머물지 않고 보시해야 하느니라.

【經】 復次須菩提 菩薩於法應無所住 行於布施 所謂不住色布施 不住聲香味觸法布施

텅 빈 그 자리에서 문득 눈에 보이기 시작하는 것이 상이다.
본다고 한들 텅 비어 아무 것도 없다.
무엇이 처음에 보인 것일까?
비었다고 할 때 텅 빈 줄로, 가득히 아는 태어남이 공생空生이다.

이제 주고 베풀 것 없는 줄 알면서 다 주었다.
다시 여쭙는 보시는 무엇인가?

보고 듣고 생각되어진 것이 모두 이와 같아서 텅 빈 줄 알면 베풀어 탈이 없다. 알 때 이미 실답게 물건을 조작하여 본 것 들은 것 생각한 것을 근본으로 삼으니 색色과 성聲과 법法

이 태어났다. 보는 것은 눈이 무엇을 가지고 있느냐에 따라서 달라진다. 배고픈 마음은 다만 먹을 것만 보고 추운 마음 가진 이는 걸칠 옷가지만 본다.

공생은 텅 빈 그곳에서 태어난 까닭에
보인바 있더라도 없어야 하거늘
주고받는 생각으로 법에 얽매임에 빠지니
텅 빈 자가 더욱 가진 것이 많다 하리라.

무엇을 주는 것이며 무슨 복인가 받으려니 복과 덕은 고사하고 제 몸조차 없어지게 되었다.[35]
보았느니, 들었느니 하면 아我가 있고, 다름과 차이를 보면 인人이 있고, 더불어 공통점이나 차이를 소유하는 줄 알면 중생, 이해·인식·판단을 진리적 개념으로 받아들이면 수자壽者다.[36]

---

[35] 어법於法은 존재자[육근에 들어난 것들]에 대한 자신의 눈이니 보려고 있는 것들을 좇으면 네 상相에 절로 떨어진다.

[36] 다른 제경諸經에서 별로 쓰지 않는 금강경의 분석 개념이다. 제법諸法을 바라보는 인간의 시각을 제일의第一意로 보았기 때문이다. 이와 같이 눈은 그 자체에 있어서 안광眼光이 아니라 다만 그와 같이 보는 것을 안광이라 한다.

4. 오묘한 행은 주함이 없다

2
남쪽 향한 북두

수보리야. 보살이 마땅히 이와 같이 보시하되 한다는 생각에 머물지 말지니라. 왜냐하면 보살로서 생각에 머물지 않고 보시한다면 그 복과 덕은 사량하는 마음으로 따질 수 없는 것이기 때문이니라.

【經】須菩提 菩薩應如是布施 不住於相 何以故 若菩薩不住相布施 其福德不可思量

복과 덕을 따질 수도 없는데
많고 "따질 수 없이 크다."고 말한다. 많으면 무엇 하겠는가?
아무 데도 없는데 도리어 복과 덕이 크다니?
되레 남은 것 하나 없이 마무리 지은 것이다.

복과 덕, 세상에 가장 존귀한 것.
지혜와 선정禪定은 도리어 부질없는 물건이고, 허물이다.
복이 없거늘 어찌 지혜 누릴 것이며,
덕이 없거늘 어찌 선정 갖출 수 있으랴.

무슨 까닭이냐? 아무 것도 가진 것 없음을 즐기는 초라한 지혜가 삼계를 꿀꺽 통째 삼켰고, 버리고 버려 버릴 것 없음을 즐기는 선정이 삼세의 활활 이는 겁화劫火를 청량淸凉케 함이다.

사량思量은 무엇인가?
눈에 한 번 띄고 귀로 한 번 들으면 잊지 않고,
생각으로 생각을 기억하니 세상이 내 생각의 화신化身이다.
사량할 수 없는 복과 덕이 있다니? 이를 한 번도 보거나 듣거나 생각해 본 적이 없기 때문이다.

생각할 수도 없는데 어찌 많다 적다 이를 수 있으랴.
복덕이 많다 함이여.

다시 한 생각 일으켜
지금껏 저질러온 가지가지 식업識業이
저 돈과 음식과 세상사로 맞바꾸었다. 들어오는 대로 보고 들은 것이 나의 주인이 되어 끌려 다닌다.

생각하는 그 마음,
모든 복과 덕의 창조주.
주고받음 분명하니
본래 주고받을 것 없네.

서천의 열 가지 비단에   西川十樣錦
꽃을 더하니 빛이 더욱 빛나네.   添花色轉鮮
단적인 뜻을 알고자 한다면   欲知端的意
북두칠성을 남쪽을 향해 돌아보라.   北斗面南看[37]

---

[37] 『금강경삼가해』 권 야보의 송 「묘행무주분妙行無住分」. 함허가 가늠하여 바로 잡았다. "지혜로 수행을 일으켜 지혜가 더욱 밝으니, 비단 위에 꽃을 더하여[錦上添花] 빛이 더욱 빛나는구나."

3
마음 같은 허공

수보리야. 그 뜻이 무엇이라 여기느냐? 동방의 허공을 생각으로 가늠할 수 있다고 여기느냐?"
수보리가 사뢰기를, "가늠하지 못하나이다. 세상에 가장 존귀한 이시여."
【經】須菩提 於意云何 東方虛空可思量不 不也 世尊

마음이 곧 허공이다. 문득 허공을 다시 생각하니 꽃 속에 꽃이 피었고, 심중心中에 다른 뜻이 생겼다. 헤아리지 못함이 마치 허공 같다면 "허공 같은 마음이라."는 말은 허망하다. 마음으로 마음을 헤아린다.

눈 속에 가리개 씌니 　　　　一翳在眼
허공에 꽃 어지러이 떨어진다. 空華亂墮

스스로 감당할 수 없으며 눈에 보이지 않음으로 허공을 빌려 말했으니 마음 같은 허공을 말하여 재정립하여 얻었다.

삼계에 가장 거룩한 이가
무엇을 얻고자 동쪽으로 허공을 펼쳤는가?

4. 오묘한 행은 주함이 없다 • 105

동방의 샛별이며 서방의 저녁노을이다.
눈에 보인다는 것이 모두 샛별과 노을의 장난

그런데 보고 있는 그 이는 어제도 오늘도 동일한 줄 안다. 눈의 동일성이여, 육안肉眼의 동질성이여, 동일한 사물의 이질성이여, 異質적 사물의 동일성이여. 그대는 무엇을 내가 보았다 이를 것이며, 무엇으로 그대는 내가 본 줄 알 것이며, 무엇이 그대로 하여금 그를 본 것이라 여기는 것이며, 그대를 나인 줄 아는 그것은 다시 무엇이란 말인가?
본다는 것은 눈에 상관하지 않고, 마음은 봄을 염두에 두지도 않는다. 보는 그것이 아我, 그 이름인 상相이며 봄이 내가 아니니 인人, 사람이나 이름뿐인 상이다. 너나없이 어우러져 복합된 얽힘이라 중생을 휘날리고 아는 것을 앎으로 간직하여 영원과 순간에 산다.

영원과 순간의 노리개여.
그대 영원한 갈구渴求로 인하여 미혹迷惑일 뿐이다.

4
다다르자 처음 떠난 곳

"수보리야. 남·서·북방과 네 간방과 아래·위의 허공을 가히 생각으로 헤아릴 수 있더냐?"
수보리가 사뢰기를, "할 수 없습니다. 삼세의 가장 존귀한 이시여."
【經】 須菩提 南西北方四維上下虛空可思量不 不也 世尊

다시 '허공虛空'이라는 말을 생각해 보라. 허공은 '허虛'도 '공空'도 아니거늘 허공이라 부르나니 동서남북으로 무턱대고 헤매며 다닌다. 한껏 다다라 이르니 그곳이 꽉 찬 시방十方이다. 오고 감이 사량思量이나 가는 곳이 바로 떠난 곳이다. 서산에 지는 해 동서를 몰라 시방의 경치 다른 만큼 하나다. 허망하니 곧 시방이라 좌우로 머리 저어 어리석음 달래고, 상하로 끄덕이며 부인하던 것 수긍하기에 이른 것이다.

허공은 찾은 것도 아니고
구함도 없으니 허공이 내 맘 같다.
끝없이 높이 날아 희망을 달래고
낮게 주저앉아 좌절로써 제 생각을 뒤집는다.

4. 오묘한 행은 주함이 없다

빼앗고도 못내 믿지 못하여 도적질로 앙갚음하고
베풀어 주고도 제 것인 줄 아니 제 마음 빼앗긴다.
하늘 아래 가장 큰 도적이 허공,
하늘 위에 가장 큰 사람이 마음이다.

동방의 주인이 서방의 님을 그리고, 좌우에 시립하여 선 위-아래 선율을 듣는다. 부르고 불러도, 찾고 찾아도 없는 이것을 어이하여 지금도 중생과 부처라 범凡과 속俗이라 따지는가? 내 안에서만 스스로 다르고, 내 밖에서만 내 뜻 대로이며 안팎이 없는 곳에서만 같고 안팎이 있는 곳에 같고 다름이 하염없다.

허공이라 부르니 갑자기 나도 텅 비어
아무것도 없어지고 비어
아무것도 없자마자
세상은 온통 있음과 존재의 향연 펼친다.

5
하늘에 그려진 반달 미소

"수보리야. 보살의 형상에 주지 않는 보시도 그 복덕이 또한 이와 같아서 생각으로는 헤아릴 수 없느니라.

【經】 須菩提 菩薩無住相布施福德 亦復如是不可思量

가장 잘 헤아리고 가장 좋은 생각을 내었다면 이와 같을 수는 없을 것이다. 만일 일체 법이 이와 같다면 오묘한 장광설을 설해도 무일설無一說이다.

준다는 생각도 없이 준다니?
언제 준 적 있는가?
주고자 했다면 이미 많은 것을 얻었고,
준다는 생각 없다면 무엇 때문에 주려는 것인가?

생각과 기여寄與는 필경 전생의 가련한 인연이었을 것이다. 상相에 주住함이 없다면, 상이 없는 것과 다르다. 주하여 머무는 바가 없다는 것은 상을 정定한 것이다. 머무름 없는 상을 보시라 불렀다.[38] 본래 주고받을 어떤 것도 없음을 외쳐

---

38 함허가 가늠하여 바로잡았다. "머무름이 없음은 만행萬行의 큰 근본이고, 만행은 머

드높인 것이다.

무엇이 본래 주고받을 것 없는 것인가?
허공과 마음을 생각하라.
생각하고 그림 그려 얻은 것이 있던가?
없다 하여 없다면 다시 무엇이 허공 같은 마음인가?

수보리는 앉아서 제 본래 먹든 밥을 되씹는다.
한결같이 먹던 밥이지만 곰씹으니 천하에 별미다.
별미를 알면 부처님 은덕, 모르면 제 밥도 아니다.
불가사량不可思量, 반달 미소 세 방울 하늘가에 던졌다.

무릇 없음의 큰 작용이다.[無住者 萬行之大本也 萬行者 無住之大用也]"

6
머무르지 않는 베풂

수보리야. 보살은 오직 깨달아 터득한 대로 주지住持하여 마땅하리라."

【經】 須菩提 菩薩但應如所教住

교教에 본래 두 가지 뜻이 있다. 교시教示와 교유教諭다. 가르쳐 줄 것이 있어서 가르친 것이라면 형상에 얽매인 보시와 무엇이 다른가? 주고 또 주어 제 배만 불린 것이다. 도리어 야보를 원수로 알게 되리라.
"가비라 성에 태어나 보리수 아래 득도한 그 부처가 마구니일 뿐이다."
보리유지가 "보살菩薩 단응여시但應如是라."고 이른 까닭이 여기에 있다. 선혜善慧가 보리菩提를 내니 보리를 심는 이가 곧 선혜다. 이것이 보시다.

베푼 이는 누구며, 수혜는 누가했는가?
빈 계곡에 온갖 새가 여기저기 지저귀니
계곡은 조용하여 모르건만 새가 스스로 놀란다.
스스로 알아 명백하다.

다시 이르는 부처가 있고, 듣고 깨닫는 멍청한 수보리가 있다면 『금강경』은 부처의 소설所說, 선혜의 소문所聞도 아니다. 풀피리 목동의 한가로운 노랫가락 되고 말았다.
무주無住가 부처의 본래 자리라니? 설 곳이 없다. 동서사방이 텅 비어 마음도 경계도 하나 없는데, 한가로운 목동의 노랫가락에 맞추어 동에서 서로 왕래하는 푸르고 흰 눈매를 본다. 무주의 보시는 일체 불보살의 죽음이다.

보개회향普皆廻向하니 중생과 부처 없다.
이와 같이 주지住持하라 이른다.
누구를 말함인가?
산에는 봄이 되면 꽃이 피고 새 지저귀네.

여여히 이 理와 事에 맞추어 보다
[如理實見分]

5

1
눈 없는 마음 속의 공생空生

"수보리야. 어떻게 여겨지느냐? 몸의 형상을 가지고 여래를 본다고 할 수 있겠느냐, 없겠느냐?"
【經】須菩提 於意云何 可以身相見如來不

수보리의 이름을 아는가? 그는 세존 이전에도 없고 이후에도 없으며 현재에도 없다. 오직 그대에게 공생空生이다. 이름은 이와 같이 있지만 보이지 않는다. 신상身相, 그 무엇이 몸인가? 눈 아닌 신身이다. 어떻게 눈으로 본 것을 신상이라 부르는가?

오직 눈만이 본다면
눈 없이 본다는 것이 거짓,
눈 없는 마음까지
용기 내어 마음눈이라 부른다.

어찌하여 몸과 마음을 서로 구분할 수 있는가? 몸과 마음의 차이를 다시 눈이 아는 것인가, 아니면 눈 아닌 눈이 따로 있다는 것인가? 여래는 고사하고 제 마음이 제 몸을 의심한다.

눈이 아니 보인다 하여
눈 없다 혀를 놀리지 말라.
몸을 몸이라 부르는
그 자체가 더욱 허망하다.

물음은 '여래如來'로 국한되어 있다. 몸과 마음에 무관하여 이 제기된 상相이 찾는 문제의 초점이기 때문이다. 상相을 무엇이 상으로 본다는 것인가? 상이라 일컫는 것은 아·인·중생·수자의 상이 아니다. 아인我人 등이 모두 신상身相이니, 곧 명상名相인 때문이다.

어찌하여 이름과 몸이 태어나는 것인가?
서로 이름을 지어 부르니 곧 나·너의 몸이 태어난다.

2
듣지도 보지도 못한 세존

"아니옵니다. 삼세에 가장 존귀한 이시여. 몸의 형상을 가지고는 여래를 본다고 할 수 없습니다. 왜냐하면 여래가 설하시는 신상身相은 몸의 모습이 아닌 까닭입니다."

【經】 不也 世尊 不可以身相得見如來 何以故 如來所說身相 卽非身相

여래 말고 그 누가 신상을 몸의 형상이라 부르는가? 세존만이 세상에 가장 존귀한 까닭이 바로 '몸의 형상', '형상 있는 몸'이라 '눈으로 본다' '눈으로 볼 수 없다' 이른 최초의 사람이기 때문이다.

그러나 세존 이후에도 지금까지 아무도 이와 같이 말하는 사람을 들어 본 적이 없다. 저들은 몸을 말할 때 몸을 말하고 있지 않기 때문이다. 그렇다면 무엇이 여래와의 다른 점인가?[39]

몸이 바다 가운데 있으니 물 얻음 말며,　　　身在海中休覓水

39　『금강경삼가해』의 야보의 송頌 협주에 "개는 사람이 흙무더기로 치면 흙무더기를 물어뜯고, 사자는 사람이 흙무더기로 치면 흙무더기를 버리고 사람을 물어뜯는다."고 자상함을 베풀었다.

날마다 고개 위에 다니니 산 얻음 말라.	日行嶺上莫尋山
꾀꼬리 울음과 제비의 말 다 서로 같으니	鶯吟燕語皆相似
전3과 후3을 묻지 말라.	莫問前三與後三[40]

설비說非와 비설非說이다. 비非이므로 얻고, 설說하므로 잃는다. 누가 누구를 불러 세존이라 하는 것인가? 본 적도, 들은 적도 없거늘 문득 삼세인三世人이 떠들어 댄다. 저들이 본 것은 여래의 신상身相인가, 비상非相인가? 신상인즉 볼 수 없고 비상인즉 이미 상이 아니다. 이와 같이 다만 그대가 상이니, 비상이니 부를 뿐이다.

이것이 여래의 설이라 말하지 말라.
그대의 머리카락 보인다.
여래의 설이 아니라 말하지 말라.
그대의 머리만 바쁘다.

내가 괴로움도 잊고 한마디 이르리라.
꿈속의 악몽은 깨고 나서조차 가볍지 않다.
사실이 아닌 줄 알더라도 더더욱 사실 같으니
사실이 아닌 까닭에 사실보다 생생하다.

---

40 야보의 송頌.

3
산이 산, 물이 물이야

부처께서 수보리에게 말씀하시되, "무릇 존재의 형상 갖춘 것은 모두 이렇듯 허망한 것이다. 만약 모든 형상이 형상 아닌 줄로만 본다면 곧 여래를 본 것이니라."

【經】 佛告須菩提 凡所有相皆是虛妄 若見諸相非相 卽見如來

실實과 공空을 영육靈肉도 아닌 색色과 공空으로 본다.
무엇을 일컬어 상相을 보았다 부르는가? 본 줄로 알아 마음 놓아 이름 붙이는 이여.
무엇을 보고 이 형상인 줄 알아 태연한가?
알고자 하여 홀연 눈을 깜박거리지 말라.[41]

감아도 보이나 떠도 보이지 않는다.
감았다니 어찌 감을 것이며
본다니 무엇을 보는가?
눈일지라도 눈이 아니나 눈 아님도 그르친다.

---

41 함허가 가늠하여 바로 잡았다. "산은 산이고, 물은 물이다. 부처님은 어느 곳에 계시는가?[山是山 水是水 佛在甚麼處]"

눈에 없고 외물外物은 허깨비다. 눈에 의지해 보이고, 봄 그 자체는 제가 본 것과 아무 관계도 없는 것들이다. 어찌하여 이렇듯 보고 안 형상이 분명한 모양을 갖춘 것인가? 무엇이 우리로 하여금 이 거짓을 참으로 존재하는 것으로 알게 하는가?

보신과 화신은 진이 아니라 망연을 알 것,	報化非眞了妄緣
법신은 청정하여 넓고 바깥 없다.	法身淸淨廣無邊
즈믄 강에 물이 있으면 즈믄 강의 달,	千江有水千江月
만리에 구름이 없으면 만리의 하늘.	萬里無雲萬里天[42]

실지實知하고 실견實見하는 일은 사람이 하는 어떤 일이 아니다. 실제로 터득함도 아니고, 실제로 봄도 아니다. 우리가 하는 일이 무엇을 알거나 보기 위함이 아니다. 이미 보고 알기 때문에 '본다' '안다'고 말하기 때문이다.[43]

보는 것과 본 것은 다르다.

---

42 『금강경삼가해』의 종경의 송頌.
43 Parmenides의 정직함을 이해하지 못하는 중요한 이유는 그 정직이 가장 부정직하기 때문이다. '존재하는 것'은 가장 불완전한 형태의 존재인 까닭이다. 모든 존재는 monad처럼 창문이 없다. 존재를 시비하는 것은 그것이 본래 존재하지 않기 때문이다. 존재는 존재로서는 닫혀 있다. 나무나 돌, 사람과 천체의 행성 따위는 인간이 저들을 logos화 하기 이전에는 존재가 아니다. 눈이 보고, 귀가 듣지만 개념에 의지하여 logos화 되기 이전에는 보이지도, 들리지도 않는다.

마치 볼 수 없는 것과 안 보이는 것처럼.
거짓은 스스로 존재한다고 믿는 그 순간의 환영幻影,
진실로 존재한다는 설화說話가 자신에 대한 기만인 것과 같다.

바른 믿음은 참으로 드물다
[正信稀有分]

6

1
본래 없고, 마침내 없다

수보리가 부처님께 사뢰어 말했다. "삼세에 없는 홀로 선이신 분이여. 다 못 적지 않은 중생이 경이 설하는 말씀과 게송을 듣고 문득 여실한 신심을 낼 수 있겠습니까?"

【經】 須菩提白佛言 世尊 頗有衆生得聞如是言說章句 生實信不

'파유頗有'는 다 못 적지 않은 중생이다. 무변無邊하기 때문이다. 숫자가 많은 것이 아니다. 나로 여럿을 삼고, 여럿이되 다만 한 가지로 산다. 아무도 없는데 누가 있어 믿음을 내는가? 중생과 부처는 이름뿐, 아무도 본 적이 없다.

부처는 얼굴 없다.
중생도 마찬가지.
없음은 공통, 어떻게 다른 이름을 세우는가?
여실한 신심이 없으므로 부처와 중생 없다.

들을 수 있다면 이미 선혜,
들을 줄 몰라 중생.

경은 그만 두고 부처의 말 어찌 알 것인가?
그만 두어라, 중생이 곧 불설佛說이다.

모두 되돌리어 회향함이 마땅한 것은 중생과 부처의 이름이 허망한 까닭이다. 중생이 여실如實하면 부처가 여실하다. 중생이 본래 없으므로 부처 또한 마침내 없다. 상相이 없으므로 상을 내세운 것이라면 눈에 보이는 삼라만상이 모두 눈 속의 허깨비다.

눈이 모르고 생각이 모르거늘
앞뒤로 가득하니
입으로 말하고 귀로 대신 듣지만
서로를 모른다.

이제 어떻게 신심 내어 이 이치를 이를 터이냐?
한 가닥 긴 젓대소리 구름 속에서 흘러나오네.
천 개의 눈을 달고도 보살이 볼 수 없는 일,
만리萬里 긴 구름에 실려 비바람 되어 앞산을 넘네.

신심을 낼 이가 있다면 흠씬 두들겨 주리라. 어리석음과 미혹은 뿌리 채 없는 것이지만 온 대지를 덮어 필경 토양土壤을 모조리 망친다. 없어 옳은 중생에 어찌하여 그 많음이 생

6. 바른 믿음은 참으로 드물다 • 123

겼고, 없는 부처에 어찌 바른 깨달음을 더할 것인가?

하나와 여럿이라는 듣지도 보지도 못한 망령,
이렇듯 말썽쟁이 부처와 중생을 나누었다.
믿을 것 없으려만 불안함 앞서고,
이 밖에 행복 없건만 손발이 귀찮아 잠못 이룬다.

입은 여럿이라 많은 부처를 장작처럼 쌓아 올리나
중생을 자처하는 그대 글자만 곱씹을 뿐이다.
이름 따라, 모양 따라 펼쳐 허다하지만
많다고 씨부렁대는 이놈부터 능지처참하라.

본 사람도, 들은 사람도 없는데
부처가 금강을 설했다고 이른다.
신심 내어 무슨 공부를 지어 간다는 것이냐?
아무 일 없으면서 희유하다니 어처구니가 없다.

교진여 등 다섯 비구도 못한 일이다. 비렁뱅이 도사 가섭이
누구며, 다문多聞 아난이 그 누구인가?[44] 소문 없이 듣고 영화

---

44 십대제자는 부처의 많은 제자 가운데 지혜나 덕행이 가장 훌륭한 열 분을 일컫는다. '해공제일解空第一' 수보리, '두타제일頭陀第一' 마하가섭摩訶迦葉, '지혜제일智慧第一' 사리불舍利弗, '신통제일神通第一' 목건련目揵連, '지계제일持戒第一' 우바리優婆離, '설법제일說法第一' 부루나富樓那, '천안제일天眼第一' 아나율阿那律, '다문

처럼 감상하여 믿으며, 제 귀로 듣는 대로 모두 소문이라 뇌까린다. 부처와 조사祖師의 옛 일, 닿을 점이 없다.

유월 염천에 잠시 소매깃 스치는 동남풍,
부모 시신 앞에 놓고 죽음을 모르다가
경사에 시름 잊고 죽도록 웃어젖히네.
믿지 못할 일, 그동안 무슨 일 일어났는가?

그대는 어찌 이 자리에 이와 같이 있는가?
무엇이 이때를 만들었는가?
수보리가 여기에 여래如來한 이유가 무엇인가?
어찌하여 그대는 문득 정변지正徧知를 뵙는 것인가?

그대가 물으니
세상에 가장 존귀하신 분,
그대가 외면하니 제 얼굴조차 낯설다.
깜짝 놀랐다, 내 얘기하는 줄 알았네.

제일多聞第一' 아난阿難, '밀행제일密行第一' 나후라羅睺羅, '논의제일論議第一' 가전연迦旃延 존자의 열 분이다.

2
스승이 제자 되다

부처께서 수보리에게 일렀다. "그와 같은 설을 짓지 말라. 여래하고 입멸한 뒤 후 오백세에라도 계를 받아 지니어 복을 닦는 이가 있고, 능히 이 말과 게송에 신심을 내어 참 말인 줄로 아는 이가 있을 것이니라.

【經】 佛告須菩提 莫作是說 如來滅後後五百歲 有持戒修福者 於此章句能生信心 以此爲實

삼세三世에 흐름이 있을 수 없고, 욕欲과 색色이 없다.
어찌 무색無色이 계界가 되는가?
유전流轉하는 세계가 없으니 무진無盡 찰찰刹刹 부처의 국토가 없다.
49년은 그만두고 세존이 설한 곳은 어디인가?

해와 달에게 이 일 묻지 말라.
천년 흐른 시냇물, 다시 봄인 줄 모르네.
냇가에 기대어 하늘 구름 좇는 아이,
집에 돌아갈 일도 잊고 콧노래 부른다.

묻는 이가 듣고, 들은 이가 물었다. 수보리와 부처는 이미 서로 바뀐 스승과 제자다. 각자의 해공解空을 주고받는다.
주고받음이 이렇듯 분명하다. '선현善現'은 곧 '수보리'다.
과연 그러하다.

수보리가 공생 뒤에 숨어 아난을 시켜 베꼈네.
문득 세상의 일을 묻고는 돌연 물러나 시침뗀 것
시침 떼곤 도리어 황면 노인의 되치기로
세상에 둘도 없는 일 듣자마자 머쓱하게 되었네.

"그와 같은 설을 짓지 말라."는 말은
'여시아문如是我聞'으로 경의 머리로 삼은 것과 같다.
듣지 않고 아는 것이 참으로 들은 것, 기다려 듣고도 모른다.
현현顯現이 이렇듯 분명하고 최선으로 화현化現한다. 모든 경전이 살아 움직인다.

"참 말씀을 알면 현선現善한 것이다. 남 앞에 들어내는 모든 것이 다 제 몸이다. 부처가 이 말을 입에 담을 수 없다."

수보리가 이미 여래의 속내를 파악, 그와 같이 묻게 한 것이다.
속지 말라, 서로서로 들키니 겸연쩍어 "아니다."고만 이른다.
"참으로 바로 여래를 뵌다." 이르신 이 말씀을 듣고
"어찌하여 형상도 없는 부처를 바로 본다."고 이르는가?

6. 바른 믿음은 참으로 드물다

묻는 자는 참으로 공덕이 무량하여 말이 다하고,
믿는 자는 공덕이 전혀 없어 지옥을 천당으로 안다.

당시에 제 귀로 듣고도 믿지 못하는 이는 "여래의 말씀일 따름이라."고 하여 의심하는 마음을 쉬고 믿고 따르기를 자처할 것이다. 참으로 보지 못하는 줄 또한 모른다. 처음 발심하는 이는 이미 억겁을 살아 닦았고, 의심을 쉬어 믿음으로 말씀을 도살하면 한 찰나 사이에 천 만 억 부처를 죽이고, 일체 조사를 바보 천치로 만든 것이다.

3
부처의 집 자리

마땅히 알라. 이 사람은 한 부처, 둘·셋·넷·다섯 부처님께 선근을 심었을 뿐 아니라 이미 한량없는 천만 부처의 처소에서 선근을 심었으므로 이 경이 설하시는 말씀이나 게송을 듣고 더 나아가 일념으로 조촐한 신심을 내는 까닭이니라.

【經】 當知是人 不於一佛二佛三四五佛而種善根 已於無量千萬佛所種諸善根 聞是章句乃至一念生淨信者

무엇이 천만 부처의 처소인가?
모르는 사람의 집으로 시집 가 남편으로 섬긴다.
이천오백 년 세월을 주빈主賓 없이 보내며
빠짐없이 끼고 다닌 다이아 반지다.

가본 적 없거늘 어찌 있는 줄 아는가?
간 곳 없으나 있지 않아 갈 곳 없고,
본 적 없다지만 지금 없어 따로 볼 일 없다.
코와 귀를 만진다. 그 뒤에는 무엇이 있던가?

어떻게 하는 것이 신심을 낸 것인가? 묻고 또 되묻기를 그치지 않으므로 물음뿐이다. 묻는 이, 대답하는 이 얼굴조차 모른다. 각자 스스로 "그대가 나에게 물었는가? 내가 그대에게 물었는가?"라고 반문한다. 손가락으로 제 심장을 가리키고 있으나, 방향은 이때 서로 반대로 향한다.

넘실넘실 파도치는 생각의 물결,
무리지어 헤쳐 모여 끝 모르고 다다르니
섬과 육지에 부딪쳐 바위와 모래로 산화散花된다.
자취 없이 다시 무리 짓고 넘실넘실

여래는 겨우 다섯밖에 모른다.
사대四大 말고 더 무엇인가?
6과 7, 8을 함장含藏하여 어느 곳에 숨겼는가?
천만억 부처가 모두 그대의 색신色身의 한 몸에 들었다.

예부터 지금껏 숫자놀음으로 해와 달을 굴리네.
한 생각 조촐한 바람, 방풍벽 안에서 산 위를 생각한다.
들고 나기를 원하여 오고감이 몇 해인가?
아무리 둘러보아도 몸 숨길 곳 없네.

4
복덕은 가늠되지 못한다

수보리야. 여래는 모두 갖추어 알고 보나니, 이 모든 중생들은 한량없는 복덕을 이와 같이 증득하리라.
【經】須菩提 如來悉知悉見 是諸衆生得如是無量福德

본래 모르므로 갖추어 아는 것이며,
본래 안 보이니 갖추어 본다.
이렇듯 중생의 빚을 떠안고도
도리어 저들을 제도한다는 것은 누구 얘기인가?

금강金剛 눈 속의 산과 바다 변함없는 창조신,
안팎 없이 삼세를 쳇바퀴 도는 쇠붙이 다람쥐
티끌 먼지 속마다 천만 개의 강 소용돌이쳐 흐르고
굽이굽이 물결 위에 셀 수 없는 하늘의 바다

볼 수도 들을 수도 없었던 깜깜한[無明] 수보리가 허공에서 문득 태어나자마자 듣고 볼 줄 안다. 입을 닫은 선혜善慧는 활통豁通하여 마음대로 묻는다. 무심한 여래가 인욕忍辱하여 자비로 화답한다.

여래의 지견知見을 직요直饒하지 말라.[45] 올 것이 오고 갈 것이 가니 다만 업인業因이요, 과보果報가 확실하지만 여래는 아는 것이 없어 오고가는 자취가 없고 과보도 없다. 지견은 무업無業이다. 제 보는 줄 알되 심식心識을 기대지 않기 때문이다.

복덕이 무량한 것은 얻음이 커서가 아니라 없기 때문이다. 불사의不思議하므로 저들이 서로 비량比量하여 이르되, "좀 멀다." 혹은 "아직 때가 되지 않았다."고 말한다. 인과를 좇아 하는 소리요, 부처님 말씀이 아니다.

목숨이 끊어지는 그때 영생을 얻고
일체가 괴로우니 곧바로 극락으로 돌아간다.
영생과 극락을 얻고자 하는가?
얻을 것이 없으므로 잃을 것이 없다.

말 없는 부처가 그대의 입을 통하여 다다르려면 의논을 버리어 의론하고 사량思量을 떠나 사량해야 한다. 필경 형상形相과 명색名色에 의지함이 없어야 한다. 형색을 떠나라 이르니 더욱 형색이 분명하다.

하늘이 높고 끝없는 까닭에 푸르다 이르며

---

45 직요直饒: 입맛대로 마음껏 떠들어 젖힘.

땅은 보이지도 닿지도 않으므로 넓다 이른다.
푸르고 넓음이 어디에 있는가?
하늘과 땅이 아닐진대 그대의 몫도 아니다.

복과 덕이 둘이 아닌 것은 이와 같이 밖의 경계로부터 구하여 거둔 것이 아니기 때문이다. 내심에서 저절로 나오는 까닭에 안이라는 밖이 없고, 밖이라는 내심 또한 없다. 밖에서 안으로 들어가는 것도 아니요, 안에서 밖으로 나오는 것도 아니다. 안팎을 버리고 챙기지도 않는 까닭에 다만 "이와 같이 여실하다."하여 여시래如是來한 것이므로 'tathagata'라 불렀다.

여래는 석가의 투기投企다. 나아가 여래는 법계의 자기 무화無化다. 세상은 삼계[欲·色·無色]로서 세존을 알아볼 수 없다. 세상은 다만 세상과 삼계만을 보기 때문이다. 만일 세존을 볼 수 있다면 그 자신이거나 남인데, 만일 남이라면 동등하거나 이하일 뿐 초절超絶이 아니어야 한다.[46]

6식과 7식, 8식은 사실이 아니다. 이 아님이 자기무화다. 다만 방편이라 부른다. 생각과 인식을 도모하는 까닭이다. 조

---

46 해탈解脫은 껍질을 벗는 일종의 변신變身[metamorphosis]이 아니라 self-negation이어야 하므로 중생은 단절일 수밖에 없다. 그러나 단절이라면 중생은 해탈을 도모할 수 없어야 한다. 중생의 해탈은 선험적 본질[a priori]로서만 가능하다. 중생이 중생인 까닭은 해탈이 중생의 본질이기 때문이다. 자기-부정은 중생 자신의 무화無化[alienation]이며 동시에 본성이다. 세상이 세존이라 부름 자체가 자기존재의 확인이며, 부정이다. 인식될 수 없는 것에 대한 인식화인 까닭에 보통 심의식이라 부른다.

사들의 지적처럼 이미 부처님 자신의 이기방인以己方人이다. 불성佛性이 자기 내면을 현현顯現하고자 남[人]과 밖을 빙자憑藉한 소리다.

"중생이 실유悉有 불성이다."는 말은 둘의 분별로 하여금 둘을 버리고 하나로 되라는 것이 아니다. 둘이 없는 까닭이다. 하나도 둘도 아닌 곳에서 지금 중생으로서 보고 아는 이 물건이 앎의 울타리로부터 튀어나와 자적自適하는 까닭에 이르는 말이다.

수저를 드는 놈과 배부른 놈 둘이 아니다.
경우가 둘인 것은 그가 자신일 수밖에 없기 때문이다.
밥을 먹는 개와 밥을 먹는 사람은 둘,
이것도 경우에 따라 하나일 수 있다.

미워하고 좋아하는 것은 오직 말만 다르고 같은 마음이며 둘이라면 "같은 사람이다."는 말조차 생기지 않는다. 오직 하나로되 하나라고도 말할 수 없는 것은 이것이 참으로 하나이지만 하나라는 말이 이미 둘을 빙자하여 나온 것이므로 하나일 수도 없으나 이미 둘이 아닌 것이기 때문이다.
여래는 소위 중생을 곧장 보살이라 불러 속내를 드러냈다. 있지 않는 중생이 부처이고, 있지 않는 부처가 중생이다. 저 경著境 중생은 상을 모두 실재하는 줄 알아 제 몸을 떠나니 보는 거짓이 아니라면 어찌 그 참 아님이 밝혀질 것인가?
밝혀진다 하여 상이 진실이라 믿는 이가 하나도 없다. 어찌
중생이라 하여 부처가 아니라고 부를 수 있는가? 구경 좋아
나갔다 때가 되니 저절로 집으로 향하고 발걸음을 옮긴 뒤
에 문득 "재미있었다."고 읊조린다.

좋은 구경은 되돌아 집으로 가져 갈 수 없을 때뿐이다.
비록 "중생이 미혹에 빠져 헤맨다."고 말하지만,
이미 집으로 돌아가는 줄 알기로 한 말이 아닐 수 없다.
부처라 부르나 본래 부처가 아님은 마치 중생이 본래 중생
아님과 같다.

야보가 스스로 이르기를, "오이 심으니 오이 나고, 과일 심
으니 과일 난다."고 했다.[47] 참으로 궁색한 토를 붙였다. 나
는 이에 다만 "잠시 집 밖에 있는 줄 모른다."고 하리라.

수보리야, 수보리야	須菩提須菩提
옷 입고 밥 먹음 보통의 일,	著衣喫飯尋常事
어찌 모름지기 달리 의심을 내는가?	何須特地却生疑[48]

장가와 이가가 각각 셋이요, 넷이라지만 구태여 수를 세어

---

47 『금강경삼가해』 야보 착어著語. "種瓜得瓜ㅣ오 種果得果ㅣ로다."
48 『금강경삼가해』 야보 송頌.

6. 바른 믿음은 참으로 드물다 • 135

이름 부여할 까닭이 무엇인가? 다만 "그놈이 다 그놈이라 진실로 거짓이라."고 하리라.

거짓이 진실이라는 말인가
진실이 없다는 말인가?
일곡一曲 무생금無生琴을 알아볼 이 어디 있으랴.
별의별 소리 다 듣겠네, 이噫.

5
몸도 마음도 소유할 수 없다

왜냐하면 이 모든 중생은 아·인·중생·수자라는 상이 다시없으며, 법의 상이 없고, 비법非法이라는 상도 없기 때문이니라.

【經】 何以故 是諸衆生 無復我相人相衆生相壽者相 無法相亦無非法相

육조六祖께서 이르시되, "아상我相이 없음은 수상행식受想行識이 없다는 것이다. 인상人相이 없음은 사대로 된 육신이 실다운 것이 아니어서 결국에는 지수화풍地水火風으로 돌아간다는 사실을 확실히 안다는 것이다. 중생상衆生相이 없다는 것은 생멸심生滅心이 없다는 뜻이다. 수자상壽者相이 없다는 것은 내 몸이 본래 없는데 어떻게 삶이 있겠느냐는 것이다."[49]

죽음 없으면 영생, 삶이 없어 죽음이나 이미 몸에 없는 것을 마음이 떠맡고 마음에 없는 나고 죽음을 서로 되돌려 받음이다. 그러므로 영생은 몸과 마음의 허망한 집착이라 한다.

---

49 『금강경오가해』 육조 해의解義. "無我者 無受想行識也 無人者 了四大不實終歸地水火風也 無衆生者 無生滅心也 無壽者 我身本無 寧有壽者"

6. 바른 믿음은 참으로 드물다 • 137

야보가 이르기를, "허공과 같되 스스로 몰라 허공이 있는 줄로 다시 집착함이 아니더냐?" 허공을 뚫고 화살이 나아가나 실로 뚫음이 본래 없어 이렇듯 그 없음을 뽐내는 것이 아니었든가? 내가 없다니? 나라고 불리거나 부를 능소能所가 없고 나를 고집할 이유가 나에게는 없으며, 나아가 나를 소유하는 남도 없고 나 자신은 더욱 없으므로 나를 이끌어 지탱시킬 힘이 안팎에 전혀 없음이다.

함허가 "굵고 가늘기가 그치니 뚜렷이 밝아 몸통이 드러났다."고 했다.[50]

둥글기가 큰 허공 같으니 모자람도 남음도 없다.
사람에게 육신이 있으매 뚜렷하고 꽉 차 텅 비었고,
사람에게 마음이 있으매 광대하고 신령스레 통한다.
이 몸과 마음, 뉘 있어 하나만 가질 수 있으리.

"없다."고 나 역시 말하지만 이 말이 다시없으니
없다는 말만 여실하게 되어
마치 참으로 있는 것보다 우뚝해지니
영생할 자가 없다는 것이다.
그러므로 하늘의 주인이 없다는 말을 무서워 말라.

---

50 『금강경삼가해』 함허 설의說誼. "麤細垢盡 圓明體露"

참으로 없다고 일렀으니 도리어 이른 말에 대하여 그대들이 반대하고 믿기를 자부하고 이유를 다는 일과 그 명목이 바로 그대가 빌어먹고 삶을 해석하는 자리다. 결국 '있다' '없다'라는 말에 분개함이 마치 흙덩이 좇는 개꼴이다.

오가는 이 많건만 아는 이 없네.
산해진미, 진수성찬이건만 허기 면치 못한다.
중생을 구제하는 이가 부처인 줄 알지 말라.
부처가 도리어 낱낱의 중생에게 목숨 구걸한다.

조사祖師의 일을 보고자 하는가?
허공을 때려 부수어 뼈 조각 훑어 내고,
번개 불에 모래 삶아 밥을 지어 먹었다.
다시 말해 보라.

중생 스스로는 중생이라는 자기의 상을 가질 수 없다. 어찌하여 중생이 상을 집착하는 줄로 보는 것인가? 이목구비耳目口鼻 없다면 눈·코·귀·혀라는 말은 어디서 왔는가? 얼굴 없는 괴물 앞에 무슨 불법佛法을 말할 수 있으랴. 없기로는 부처라 이르는 바로 그것이다.

본 사람도 없다면서[51]
스스로 삼세와 삼계에 가장 거룩한 이라[52]
마음대로 지어 불러 앞과 뒤 맞지도 다르지도 않다.[53]
구해도 얻지 못하고 구함 없으리라 단언하지 못하리라.[54]

달마 대사가 일렀다. "마음, 마음, 마음은 찾기가 어렵다." 찾는 이는 누구며, 찾음이 있는 까닭은 무엇인가? 마음을 마음이라 불러도 아무 탈이 없는가?[55]

마주 대하지도 못하면서 도리어 "눈으로 본다."고 이르며, 형상도 이름도 없다며 부처라니? 그 이름 더욱 우습다. 본래 남의 허물을 빙자해 제 얘기하는 조잡한 처세술이 아닌가? 아니라면 남 부추겨 제 자랑 하려는 억지춘향의 속셈이다.

---

51 그 이는 누구인가?

52 마음에 시간이 없거늘 오고 감이 뚜렷하고 현세, 과거세, 미래세라니? 머무는 곳 없는데도 하필 왜 마음을 시간 재는 것인가? 어느 마음이 거룩하고, 어느 마음이 무상하고 덧없는가? 우러르는 이가 지금 어느 곳에 있기에 위를 향하는가? 피하고 외면하여 무엇을 얻으며, 떠나 멀리 쳐다보아 무엇을 구했는가?

53 마음을 마음대로 할 수 있는 마음이 있는가? 스스로는 아니라며 여전히 그대 마음대로 하라니? 본래 마음대로 할 수 있는 마음이 있다면 다시 마음대로 하라 거듭 말하는 까닭은 무엇인가?

54 하늘을 구해 얻음이 늘고 버려 없앨 수 있다면 아무도 하늘이라 부르지 않으리라. 하늘이라 부름은 제 마음 다스려 하늘을 향하고 누질러 땅에 떨어짐이 아니다. 아뿔싸, 하늘과 땅을 동시에 얻지도 동시에 버리지도 못하리라.

55 마음이라 부르면 상을 만드는 것인데 여전히 마음이다.

중생의 눈이 보는 중생의 소견이거늘 부처를 세우고 볼 수 없는 몸에 이름 지어 부처와 중생 둘을 나누었다. 스스로 나누고 구분해서 망상 피우는 이 한 물건을 그대는 부처와 중생 그 어느 몸에 부착시키려는가?

부처라면 이율배반, 중생이라면 자가당착自家撞著이다. 이름은 이름에 부처 그대로 둠이 무방할 것이다. 상 없는 부처를 무엇 때문에 중생이 물려받으며, 중생이 곧 상 덩어리라면 부처 또한 상 밑에 있음이다. 실로 고금古今에 상 덩어리 벗은 중생은 없다. 바로 부처의 이름이 온 곳이기 때문이다. 상 없는 것을 이름하여 부처라 꾸려 부르면 부처의 비상非相이 바로 중생의 주인일 수밖에 없다.

부처가 부처라 부르지 못하고,[56]
중생을 중생이라 부르지 말라.[57]
중생이 부처를 상相 가운데 얻고,[58]
부처가 중생이라는 상을 짓지 못하리니.[59]

---

56 부처라 부르려니 이름처럼 소리가 낯설고, 부르는 그 자리가 이미 남의 집이다. 천하에 없는 것을 천상에서 구해 있음을 얻어 만천하에 뿌리려 함이다.

57 중생이라 부르려니 물건과 사람이 밟히고 대답하는 이 몸뚱이마다 존중스럽기 그지없다. 이미 존재하고 있는 줄 알아 의지하려니 도리어 내 목을 죄어 제 몫이라 우긴다.

58 몸뚱이 있는 곳마다 부처가 있다. 내 몸이 지은 생각에 자유롭지 못하다. 되돌아보는 얼굴마다 제 각각 다른 얼굴이어서 차라리 세상 야박하다고 탓하는 격이다.

59 온통 창조의 비밀은 인간 세상에만 있는 일이다. 두 개의 세상 되었다. 만든 자는 만드는 순간 또 다시 자신을 돌아본다. 만든 물건은 이미 다시 내가 만드는 물건이다.

상에 의지하여 부처라 불리는 중생인 셈이고, 상이 없는 중생이라 불리는 부처인 셈이다. 셈을 지어 이르므로 무진無盡이며, 무수無數며, 불가설不可說이다. 셈을 셈하여 스스로 셈이 없는 물건이라 부촉咐囑한다.

있음과 있지 않은 없음이라 두 이름 붙여 나눈 것을 다시 이름 지어 '부처님 방편문方便門'이라 부르기도 할 만하다. 다시 모양과 형상 드러난 곳을 스스로 돌이켜 보아 다만 "상이 본래 없다."고만 이르니, 이 상을 어찌하랴.

"법상法相이 없고 비법상非法相이 없다."고 이른 것은 단순한 중복이 아니라 반조返照이며 천착穿鑿, 공덕을 표방하는 음미의 정신이니 모든 경에서 설하는 '공양供養 시방불十方佛'이다. 과거 무량겁을 두고 수없이 많은 한량없는 세월 동안 한두 부처님뿐 아니라 천만 억 부처님, 항하의 모래알보다 많은 부처님께 공양을 올린 공덕인 것이다.

밥 먹고 똥 싸고 잠 들어서도 잊음 없으니
하루 해 뜨고 지는 줄 알지 못하고,
해가 바뀌고 달이 변한 것도 전혀 알지 못하는
오직 한 생각뿐

풀과 나무가 고마워하더라도
태양에게 감사를 주고받지 말며,

인간이 감사하더라도 자연에게 뽐내 제 그런 줄 칭찬 말라.
있되 있음에 공덕이 없고 없되 없음에 공덕 있다.

알든 모르든 유무 어디에도 머물지 않아야 무루無漏 공덕이다. 신상身相과 법상法相이 다른 곳에서는 한 몸이고 여기서 다르니 무엇이 몸이며, 무엇이 법인가?

눈과 귀를 멀리하여
몸이 확연히 드러나고
머릿속으로 천만리를 치달려도
이르지 못하는 법이다.

무엇이 안이비설眼耳鼻舌이며 아·인·중생·수자상인가? 보고 듣는 줄 알면 아, 모르면 사람, 똑같은 줄 알면 중생, 밖으로 믿으면 수자다. 부처를 그리하여 보고 들음 없는 무심無心이라 이른다. 똑똑히 보았고 분명히 들었다 하리라. 보고 듣는 줄 알면 저와 남을 속임이고 보고 듣고도 봄이 아니고 들음이 아니라면 이 중생이며 보고 들음 없이 다 알면 수자라 이른다.

다섯은 얽힘이니 넷에 우선하는 것이 없기 때문이다. 들은 대로 보고 본 대로 들으니 과果와 인因이 다르다. 인과因果로 형색形色을 이해하는 것이 아니라 의식으로 안다. 안다는 것

은 앎의 의식일 뿐이다.[60]

---

60   존재는 앎. 안 존재를 법法이라 부른다. 안 법은 형색을 갖추니 '나의 앞에 놓기' 때문에 독일에서는 vor-stand, 혹은 gegen-stand라 불렸다. sub-ject와 ob-ject, 즉 대소對所가 이렇듯 이루어진다. 인식의 전체로서 존재를 파악하면 Ding-an-sich, 존재의 인식을 사유의 핵으로 보면 noumenon이 된다. 파악된 것으로 세계의 통일을 보면 ousia가 되고 그 자체로써 있는 존재를 상정想定하면 arche가 된다. 칸트Kant의 Ding-an-sich는 아상我相이고 소피스트Sophist의 noumenon은 인상人相이다. 세인世人들이 즐겨 말하는 ousia는 중생상衆生相이며 철학자들의 arche는 수자상壽者相이다. 플라톤Platon은 허구에 가득찬 인식을 이데아idea로 묶으니 날조된 지식을 통쾌하게 처부수어 역사책에도 없는 소크라테스Sokrates를 탄생시켰다. 한가롭기 그지없는 정원에[schole] 묻고 대답하는 이다.

6
앎이 스스로 지옥이고 천당

어찌하여 그러한가? 이 모든 중생이 만일 마음에 상을 취하면 곧 '아·인·중생·수자상'에 집착하기 때문이다. 만일 '이것이 옳은 법이라'는 상을 취해도 곧 '아·인·중생·수자상'에 집착한 것이니라.

【經】 何以故 是諸衆生 若心取相 卽爲着我人衆生壽者 若取法相 卽着我人衆生壽者

'무엇[Etwas]'이 객체라면 주체가 있어야 한다. 주체가 그 무엇을 알았다면 그 주체는 객체를 객체[as an object]로서 존재하게 하는 것이어야 한다.[61]

주체를 아[我]라고 부른다면 객체 역시 아를 객체의 우위에 타자로서 올려놓는 것이기 때문에 아의 상대편에 있는 인[人]을 만들고, 남보다 우위에 있는 밖에 있는 것이라는 그것들[something else]을 만들기 때문에 중생[衆生相]을 만드는 것이며, 그 우위에 있는 자신을 영원한 실체로 생각하는 한 수자[壽者相]를 저절로 형성하기에 이른다. 이리하여 상相이라 부른다.

---

61 이것이 사실이라면 그 주체가 도리어 객체에 의해서만 주체가 되는 객체[dependent]가 되기 때문이다.

법도 아니고, 옳음도 아니다.
법이라 믿으니 신심信心이 없고,
옳다고 믿으니 알음알이가 일어나 다시는 알 수 없다.
알고 믿음이 곧 모름, 그르침인데 어찌 아는 주인이 있는가?

아·인·중생·수자는 중생 자체 안의 상념을 창조하는 성품이 삶의 내재적 표상表象으로서 법계法界를 현현顯現하여 가는 성상性相인 것이다.[62]
물은 파도를 떠나지 않고, 파도는 물을 떠나지 않는다[水不離波 波不離水]. 내가 있으므로 남이 있다거나 남이 있으므로 내가 있다. 말하자마자 자가당착에 떨어진다. 나와 남이라든가, 나와 너는 항상 상대를 보는 눈의 방향일 따름이다. 가까운 나를 너라고 부르던, 먼 나를 그이나 남이라 부르던 그 거리는 오직 나의 일방적 측면이기 때문이다.
내 안에 있는 남이라든가, 내 밖에 있는 나는 여전히 같은 사람이지만 오직 눈의 지향指向이 다르다. 거울 안에 있으면 비춤을 숨기고는 '너'라 부르고 갑자기 돌이키면 손가락 닿기도 전에 다시 '나'이다. 존재를 언급하는 것은 인간이 감각에 의존하기 때문이다.[63]

---

62   Antinomy는 Being 혹은 Dharma의 내적 구조가 아니라 Being이나 Dharma라는 방편이 가지는 언어적 양면성 때문이다.

63   있다는 말은 어떻게 있던 무엇으로서 있던 모두 나에 의해서 나의 something, 나의 whatever it is이며 나와 너라는 공식과 함께하느냐 마느냐의 결정일 뿐이다. 보는 자, 보인 것

안다는 것은 비록 나의 문제이지만 인간 존립의 전체적 과제이고, 동시에 목표다.

앎은 스스로의 지옥,
동시에 천당이다.
죽음의 존재가 앎에 의지하여
스스로 영생을 꿈꾼다.

이 있다고 말하려면 Who, where, how부터 묻기 전에 what부터 물어야 옳다. 형상形象은 객관적인 who나 how가 없는 한 사실로 간파되지 않고 그 앎의 속성까지 다시 되돌아 봐야하기 때문이다.

7
부름과 대답이 불교의 일체사

어찌하여 그러한가? 법 아니라는 상을 취해도 곧 아·인·중생·수자상에 집착한 것이다. 그러므로 마땅히 옳다하여 법을 취하지 말 것이며, 법 아닌 것도 마땅히 취하지 못할 것이니라.
【經】 何以故 若取非法相 卽着我人衆生壽者 是故 不應取法 不應取非法

"이것이 법이라." 하고 다시 "법이 아니라." 말하는 것은 부정과 긍정이 아니다. 부정은 반자기反自己에 대한 확신이다. 긍정하여 도리어 부정을 성숙함도 그 같은 이유다. 나와 너의 경우도 이에서 다르지 않다.

네가 내가 아닌 것은
내가 네가 아니라 말함과 같다.
만일 내가 네가 아니라면 어찌 나인 줄 알 것이며,
네가 내가 아니라면 어찌 그대임을 도리어 알 것인가?

수보리가 부르면 세존이 여래로 대응對應하여 공덕을 베푼다. 부르고 대답함이 부처의 일체사一切事다. 듣지 못하고 알지 못한다.
관음이 대비大悲해서 부르자마자 알고 듣자마자 깨달았다.
세인世人이 본래 제 입은 다물고 제 귀를 닫으니 언하言下에 문득 깨닫는다.
돈교頓敎이건만 스스로 보지 못한다.

8
돌이키면 제 자신도 없다

이와 같은 뜻으로 여래께서 항상 설하시되, '너희 비구들이여. 내가 설하는 법이 뗏목에 비유하는 것인 줄 알라.' 하시니 법조차 되레 버려야 마땅하거늘, 법 아님에 이르러서이랴."

【經】 以是義故 如來常說 汝等比丘 知我說法如筏喩者 法尙應捨 何況非法

설하는 말씀 하나하나를 다 재목으로 쓰고자 함이다. 목수를 만나고도 그대가 누구인지 그대조차 모른다. 알고 보니 나무가 기둥, 기둥이 나무다. 나무가 나무임을 버리고 유용有用함을 던져야 기둥이며, 기둥이 제 서 있음을 버리어 옳은 집이 된다.

기둥과 서까래로 쓴들 누가 타박하리.
허나 우선 내려다 쓰려면
서로 차등 없이 맞추어 묶어 띄우니
목공의 손을 타기까지는 그저 쓸모없는 나무토막.

건네었으면 배는 버려야 마땅하다[到岸捨舟常識事]. 애써

온 곳이 도리어 떠난 곳보다 친절하지 못하게 되었다. 이 허망한 속임수에 천하의 납자들이 부산했다.

나무는 나무이게 두고,
기둥으로 하여금 나무 걱정 말게 하라.
모두가 목수의 눈썰미에 손놀림이듯
저들은 다만 한가로운 말장난이네.

그렇다면 무엇인가?
이름 지어 부를 때마다 점점 멀어지더니 이름을 없애자 더더욱 멀어졌다.
있는 줄을 아니 법이고, 법인 줄을 아니 비법非法이다.
없는 것을 명명命名하여 유화有化하나 문득 회광廻光하면 자취조차 없다.
없는 줄 알면 필경 일체법을 요득了得한다.

홀연히 요득한 줄로 알음알이 내면 곧 요망妖妄한 법,
앎은 요득하여 유화되므로 뒷 존재의 무덤이다.
무지無知는 존재와의 동화同化되어지지만
돌이키면 다만 아인我人 없이 자재自在하는 것처럼 보인다.

증득함 없어 설함도 없다
[無得無說分]

7

1
무엇을 지니고 외울 것인가?

"수보리야. 네 뜻에 어떻다고 생각하느냐? 여래께서 아뇩다라삼먁삼보리를 증득하신 것이며, 또 여래께서 설하신 법이 있는 것이더냐?"

【經】 須菩提 於意云何 如來得阿耨多羅三藐三菩提耶 如來有所說法耶

여래가 설하심을 일컬어 그 법이 '아뇩다라삼먁삼보리'라 이름하여 부르니 중생은 위가 있고 견줄 바가 있고 내가 있고 나의 부처도 있다.

입을 열어 설하시되
나의 귀에는 기쁨과 슬픔이요,
나를 위하여 건네어 주고 되돌려 주다니.
그렇듯 모든 수고를 하는 이는 누구인가?

바라고 원하는 대로 이루어짐이 중생의 소견이다. 무상無上이라는 금선은 삼만 육천 리를 뛰어 도망친 것이다. 도대체 뉘 있어 드높여 자신을 세우는 것이냐?

높을수록 낮은 내가 문득 천길 나락에 섰다.
이미 더 낮출 수 없는 몸, 하필 장대함일까?

깨달음이 공고하니 염진念塵이 범접하지 못 할지면 제 이름 세움도 없거늘 하물며 바름[正]을 표방하랴. 삼보리三菩提[64]가 무엇인가? 묻지 못할 것을 자대自對하니, "갈보리·봄보리·육모보리"다. 이름을 대 위에 세우니 보리는 찢긴 소리일 뿐 견줄 상대 위에는 이미 무상과 정등이 보이지 않는다.
다투어 견줌은 중생의 본분 소견이다. 제 옳으매 남 그르니 아我, 몰래 남에게 가르침이 있되 내가 없고 옳음도 역시 없으면 인人, 객관적 존재와 보편성을 밝혀 세상사라는 견해에 집착하면 중생, 세상을 여의고 영원불멸과 찰라가 있다면 곧 수자壽者다. 부처의 지혜를 수승하다 여겨 중생을 여읜다고 여기면 아·인·중생·수자가 도리어 부처의 목숨을 삼키리라.

사구계四句偈 한 구절만이라도 외우고 지니라니?
없고 없어 없음도 없는데
무엇을 지니고 외울 것인가?
남쪽을 향하고 앉아 문득 북두칠성 본다.

64　sambodhi를 삼보리三菩提로 음역音譯하여 쓴다.

2
무상정등이 없는 이름에서 왔다

수보리가 사뢰었다. "제가 터득하기로는 부처가 설하시는 그 뜻은 이것이 곧 바른 법이라 함이 없으므로 여래께서 이를 '아뇩다라삼먁삼보리'라 이름 지은 것이며, 또한 한정된 법이라 할 것이 없음을 여래께서 가히 일컬어 설하셨습니다.

【經】 須菩提言 如我解佛所說義 無有正法名阿耨多羅三藐三菩提 亦無有定法如來可說

터득함에 이름이 없거늘 공생空生이 스스로 이름 지었다. 부처는 스스로 세존이라 말하지 않고 오직 공생이 지은 것처럼. 지은 이름에 연연하지 않고 그께서 당신을 여래라 말한다. 여래는 이와 같이 말하는 분이란 말인가?

허망하고 허망하다. 알아 그렇고, 몰라 그러하다. 여래가 이미 공생이거늘 수보리에게서 들어야 하다니? 그러나 문득 돌이키라. 들었다면 이는 공생이 아니라 바로 세존이라 불리는 여래가 지금도 부처인 그것이다.

부처가 설하심은 누구를 위해서인가?
듣는 이는 이미 알기 때문에 듣는 이라 하는데

어찌 듣지도 못하는 이에게 설하기에 이를 것인가?
둘도 둘이 아니라면 법 또한 법이 아니다.

정법定法은 중생에게 시작과 끝이 없음이다. 다 옳고, 다 그르다면 말 머리가 둘이다. 양 머리를 모두 쳐 옳다 이르지 못하고 양 머리를 모두 당겨 그르다고 이르지도 않는다.
손가락에 낀 반지를 보며 결혼 여부를 밝히지만 김장 손 부비며 겨울철의 안녕을 바란다.
말 없는 부처가 무진 설법을 행하니 산하대지가 텅 비어 다시 듣는 이가 없다. 평생의 노고에 보답할 길 없으니 뉘 탓이랴.
아뇩다라阿耨多羅가 정변지正徧智, 그대로 응공應供이다.

나무 사내는 산꼭대기에서 노래하고,
돌계집은 강가에서 더덩실 춤춘다.
배고프니 체하지 않고,
배부르니 시름 놓는다.

3
마음대로 오가는

어찌 그러합니까. 여래께서 설하신 법은 모두 취할 것이 없어서 법이라 말하지도 못하고, 법 아닌 것이라고도 하지 못합니다.

【經】何以故 如來所說法 皆不可取不可說 非法非非法

'법도 법이 아님'도 모두 맞거나 틀리지 않다. 옳고 그름이 없다. 그 위에 무엇을 얹는가? 하찮은 것이 아래에 있지도 않다. 여래이며, 불佛이다. 앎이 바르다고 세우지 않으므로 선서善逝다. 야보가 송했다.

이렇다 함도 옳지 못하며,	恁麼也不得
이렇지 않다고 함도 옳지 못하니	不恁麼也不得
환한 큰 허공에	廓落大虛空
새가 날아가는 것이 그림자와 자취 없다. 돌!	鳥飛無影跡 咄
수레바퀴를 옮겨 거꾸로 돌려	撥轉機輪却倒廻
남북동서에 마음대로 가고 오리라.	南北東西任往來

가는 길이 자취 없어 활통豁通하다. 긴 하늘가, 외기러기 소리 차갑다.

사람은 사람이라 불러 사람 된다.
부처는 부처라 부르면 부처 아니다.
묻지 말라, 물을 때
그대를 '부처'로 불러야 한다.

어떤 이름으로 부름이 옳은가?
이름만 부르니, 옳고 그름 알고자 한다.
시비是非가 끊어진 곳
내 얼굴, 네 얼굴 서로 웃으며 훔친다.

여래가 그와 같이 설하시었다니?
무엇을 얻어 들었는가?
선혜善慧도 알아듣지 못했는데,
수보리가 고개를 끄덕인다.

4
할 일 없는 이

무슨 까닭에 그러하냐 하면 일체 어진 성인이 모두 무위법으로 차별을 두는 까닭입니다.

【經】所以者何 一切賢聖 皆以無爲法 而有差別

무엇이 성인인가? 그대들 멋대로 성인을 이름 하면 대개 주워들었거나 빌린 말들일 터이니 저 신수神秀[65]가 성인의 일을 가히 측량할 수 없는 일이라 이름지은 것과 같다. 이렇듯 스스로 모르는 일을 측량키 어렵다고 함이 중생의 중생 노릇이며 부처의 제도하고자 함이다. 제도하심은 이미 자신의 일이거니와 밖에 중생이 없고 밖의 중생은 제 안에 부처가 없는 까닭이다.

안팎이 없는 데서 안팎 일어남이
마치 태양 속에 빛이 없되 모두 빛을 보는 것 같고
달에 차고 짐이 없건만 초생과 그믐이 있듯 한다.

65　신수神秀(?~706)는 당나라 때의 스님. 북종선北宗禪의 개조開祖. 50세에 오조五祖 홍인선사弘忍禪師를 뵙고 제자가 되었다. 홍인이 죽은 뒤 측천무후의 귀의를 받았다. 육조 혜능의 게송과 얽힌 일화는 선종사禪宗史의 앞머리에 놓일 정도로 유명하다.

있는 줄 믿으면 함이 있는 것, 아니 믿더라도 같다.

하나라 함은 이미 둘로 나누었기 때문이며 둘이 아니라 함은 그 차별이 분명하다. 하나도 둘도 아니라면 귀신같아 혼란한 제 마음이요, 하나이며 둘이라면 사람이 머리로 버틴다. 성인을 빙자한 것은 중생을 자처하지 못하게 함이고, 성인을 의지함은 중생의 사량심思量心을 미리 차단한 것이다. 자처自處, 자성自性의 오롯한 부처의 성품을 잃고 끊어서 사량의 무분별한 업보를 무화無化시키는 것이다.
업은 믿을수록 커지고, 믿지 않을수록 절대적이다. 보화普化가 "허공으로 오는 놈, 도리깨로 친다."고 했다.[66] 허공조차 때려 부수어 무엇을 얻을 것인가? 얻는다면 먹통이다.

유무라 이르는 순간,
스스로 유무로 떨어진다.
생사를 묻다가
도리어 생사의 늪에 빠진다.

---

66 보화普化(?~?)는 중국 당나라 때의 스님. 보화종普化宗의 개조開祖다. 반산보적盤山寶積의 교화를 받고 깊이 깨달았다. 거리에서 요령을 흔들며 "명두래야타明頭來也打 암두래야타暗頭來也打.(밝은 것으로 오면 밝은 것으로 치고, 어두운 것으로 오면 어두운 것으로 치고)"라 하고, 밥을 빌어먹는 등 기행奇行으로 교화했다. 한 때 임제臨濟(?~867)가 교화하는 것을 도왔다. 당나라 함통(860~874) 초에 스스로 관에 들어가 죽었다.

본래 무위라 부르니 함이 있는가, 없는가?
있으면 무위가 아니고, 없으면 말이 없다.
한가로운 '무업無業의 사람' 누가 이름 지었는가?
간교한 파수꾼, 부처라 업을 짓는다.

8

법에 의지하여 일어난다
[依法出生分]

1
곳집 없이 베풂

"수보리야. 이 뜻이 어떠하다 여기더냐? 만약 어떤 사람이 삼천대천세계를 일곱 가지 보배로 채워 널리 베풀고 보시한다면 이 사람은 복과 덕을 많이 얻는다 하지 않겠느냐?"

【經】須菩提 於意云何 若人滿三千大千世界七寶 以用布施 是人所得福德寧爲多不

보시와 복덕은 누구나 말하고 아무도 가짐이 없다.
삼천대천이 큰 것도 넓은 것도 다 꿈속의 말이다.

보배가 3천 대천세계에 가득해도	寶滿三千及大千
복의 인연이 반드시 인천에 여의지 못하리라.	福緣應不離人天
만약 복덕이 본디 성품 없는 줄 알면	若知福德元無性
풍광을 사되 돈을 쓰지 않으리라.	買得風光不用錢[67]

서로서로 비견하여 삼세에 그럴 듯 가당하지만
받을 이 없고 머무름 없으니 다만 많다 이른다.

---

67 『금강경삼가해』야보 송頌.

안으로 덕, 밖으로 복이라니?
쌓고 베푸나 넣고 들여 놓을 곳집이 없다.
아무도 못하는 것을 생각하니 크고 대견하지만
생각으로 얻은 것이 긴 봄날의 꿈보다 허망하다.

2
성품에 주고받음 없다

수보리가 사뢰었다. "매우 많습니다. 삼세에 없는 존귀한 어른이시여. 어찌하여 그러한가 하면 이 복덕은 그 성품이 곧 복과 덕이 아닌 까닭에 여래께서도 '복과 덕이 많다'고 설하신 것입니다."

【經】須菩提言 甚多 世尊 何以故 是福德卽非福德性 是故 如來說福德多

"복이 있다, 덕이 없다."는 모두 나와 남의 일이며
유무에 상관없다 하여도 중생과 수자의 일이니 상관없이 있고,
정말 없다 말함으로써 분별만 키우기 때문이다.
네 가지가 다 없는 일이라 이르시니 다시 두려울 뿐이다.

복과 덕은 들어 절실하지만 되물으니 허망하다.
있다 말하여 설 자리가 없으니
모래를 삶아 밥 지었고, 없다 말하니
앉을 곳이 없어 맑은 물 흐려 놓았다.

여래께서 이름 지었다니 가을 낙엽 얘기 거리만 되었다.

삼라만상이 있기 그 이전에 무엇이 있었나?
묻는 일은 쉬우나 물음은 이미 틀린 일이다.
온통 깔려 있어 삼라만상이라 불렀거늘 그 이전을 묻는다면 삼라만상이 신의 주인이다.

있다 하여 그르고 없다 하여 틀린다고 이르지 말라.
이다만 이름일 뿐이라 그르고 틀림 지시指示하여 무엇을 얻는가?
여래의 거룩한 이름 속에 부처와 세존을 묻지 말라.
태초 이전 뿌리 없는 나무 위에 둥지 튼 철새다.

실체에 이름 없고 이름에 실체 또한 없으니 다만 실체라 말하여 존재가 말로써 지시된다.
보고 듣고 말하면 서로서로 알아들은 줄 믿으니 세계가 본래 없어 점점 커지니 베풂도 전혀 없다.
세계를 말씀으로 얻는 그 마음이 거짓이다.
마음 또한 존재가 아니기에 대천세계가 비었다.

베풀어진 세계 없고
베푸는 마음 다시 없다.
베풂을 받는 이는 넘쳐나고
베푸는 자 하나 없다.

무엇이 복과 덕의 성품인가? 선행을 많이 행했으되 그 자체는 복과 덕이 아니다. 복과 덕이 많다고 이르는 것은 안에서 나감이고, 과보 또한 없다는 것은 밖에서 안으로 들어옴이다. 복과 덕을 말하기 이전에는 아무도 복이 있고 없음을 볼 수 없고 덕을 말할 수 없기 때문이다. 열 길 수심은 잴 수 있거니와 한 치도 없는 마음을 뉘 있어 측량했는가?

보라, 몸에 진실 없으니 마음의 진실이라 말하여 부르거니와
볼 수도 잴 수도 들을 수도 없으니 참으로 다행이다.
스스로 이와 같이 이름 지어 부른들 탓할 이는 본래 없다.
다행도 없고 탓도 없으매 진정 복덕이라 부름이리라.

보시하며 베푸는 것을 육조六祖도 일렀다.
"성품 자리에는 한 푼 어치의 이익도 득도 없다."[68]
주고받음이 성품에는 없다.
베풀어 받기 때문이다.

---

68 자성自性을 위하여 자성에게 붙이는 실물적 개념이다.

3
사구게가 주는 것

"다시 더 나아가 만일 어떤 이가 이 경의 말씀 내지 사구게 등을 받아 지니어 외우거나 다른 이에게 설한다면 그 복은 훨씬 더 뛰어나리라.

【經】 若復有人 於此經中 受持乃至四句偈等爲他人說 其福勝彼

따지거나 알 길 없다. 금강의 공덕이여.
말로 다 할 수 없으니 이렇듯 많다고만 이른다.
남에게 일러주는 것은 자신의 앎을 세움이 아니다.
받아 지녀 외우니 앎 위에 말씀을 모시어 칭찬에 이른다.

필경 부처도 설하지 않으시니 불설佛說이라 부르며
성실하여 저 확신과 믿음조차 안에서 물리치니
무쇠나무에 꽃 피니 갈고 닦을 거울도 이제 없다.
이 마음 드러내 얻을 것 없거늘 어찌 알림을 걱정하랴.

경을 버려 마음 얻고 사구게로 봄소식을 전하니
천하의 한량들이 노래하고 춤추며 지칠 줄 모른다.

오곡의 금물결도 푸른 하늘을 잊고 태평을 구가한다.
어찌 임금의 다른 칙령을 손꼽아 기다리랴!

봄이 오니 풀은 푸르고 이것을 열어 첫째 구句로 삼았다.
눈을 들어 산과 들을 조목조목 둘러보니 둘째 구가 되었다.
안팎을 두지 않고 벼리를 짚으니 셋째 구라 이르고,
살활殺活이 틈새 없이 자재하니 넷째 구가 들어났다.

보라,
살아 있는 말은 부처님 말씀이 사생死生을 자재하는 까닭이다.

죽은 말 가운데 삶이 있고,
산 말 속에 사실은 죽음이 있다.
무엇이 자재하여 사활에 무관한 것인가?
신심信心이라 지어 부른 불꽃 속의 연꽃이다.

삶과 죽음 접어두고 오로지 제 성품으로 되돌리면
한줄기 신령스레 밝은 한 물건 영롱하다.
동서고금에 상관하지 않고 부처와 중생에 무관하여
고요하되 오롯하게 깨어 있어 있다는 생각도 없다.

생각이 없으니 흰 구름은 남산에 걸렸고
흐르는 물 깊고 낮음을 두려워하지 않는다.
일러라! 무엇이 살아 있는 그 말 한마디인가?
달빛은 요요한데 바람 없는 시냇물이 너울댄다.

모든 사구게의 핵심이 이곳에 있다. 이를 알아내려고 신심을 내어 참선하는 것이 참구參究, 달리는 "경이나 사구게를 수지한다."는 것이다. 공부함에 있어 "무념無念으로 종宗을 삼고, 무주無住로 체體를 삼음이다."

부처 모신 집에 부처가 없고,
중이 사는 집에 처자가 없다.
절도 집도 아닌 곳에 종소리만 은은하니
듣는 이도 없는데 누구를 위해 종은 치는가?

본 적도 없는 부처를 북쪽 벽에 모셔놓고 남쪽 아래 꿇고 앉아
때때로 예배하며 생각이 다다르지 못하는 곳을 향해
가끔씩 묻나니 부처가 무엇이냐?
부처는 도대체 무엇인가?

스스로 보는 중생이 도리어 그 부처이던가?

묻는 것도 어리석은데 도리어 스스로 막히어 통하지 못하니, 부처를 묻기 이전에 물은 뒤를 근심한다.
일념一念이 곧 수미산이라니? 수미산 중의 일이다.
여덟 모난 맷돌이 홀연 개[八角磨盤便作狗]가 되었다.

산도 마을도 아닌 암자에 밤은 깊어 적막한데
조용하다 뉘 있어 이르리, 그대로 허튼 소리.
서풍 불자 동쪽 숲 흔들리니 어인 일,
하늘 높이 싸늘하게 울부짖는 외기러기 아득해 멀다.

4
하나 얻어 여럿을 가늠한다

어찌하여 그러하냐, 수보리야. 일체의 모든 부처와 그리고 모든 부처의 아뇩다라삼먁삼보리의 법이 다 이 경으로부터 나온 것이니라.

【經】 何以故 須菩提 一切諸佛及諸佛 阿耨多羅三藐三菩提法 皆從此經出

무엇이 이 경이냐? 고집멸苦集滅이 마침내 도다. 무엇이 이 경의 말씀이냐? 무문법인無紋法印이다.

하나로 모자라 여러 부처가 되어 넘친 것인가?
여러 부처 모아 엮으니 일체로 끊은 것인가?
하나뿐이어서 가난하니 무엇이 그렇듯 외롭고,
여럿은 또 무엇이 모자라 하나조차 버린 것인가?

다시 하나를 만들고자 여러 부처[諸佛]라 하는 것인가?
많음이여, 한 이름이라 함이여.
금 까마귀와 옥토끼는 식사 시간만 다른 게 아니고,
더불어 같은 지붕 아래 살되 밥상을 같이하지 않는다.

무릇 본 것을 귀하게 여겨 햇빛의 고마움을 잊고 싸늘한 달빛 아래 무성한 숲이 꿈틀댐을 잊는다. 동서에 예리한 사냥꾼을 두고도 덫을 빼지 못하니 예로부터 금선을 구족한 존자라 부른 것이다.

인연이 각각이라 깨달은 부처로 하나 되고, 본래 어리석은 이가 제 스스로 부처임을 잘 아니 알 때 부처를 모두 죽이고 모를 때 중생이 없다. 인연이 그대와 더불어 부처와 한 몸임을 어이하랴. 비록 인연이 다를지라도 중생은 한 이름이요, 마음에 다름이 있을 수 없으니 부처가 여럿이라 이른다. 하나도 없어 여럿이고 여럿 아니니 하나라 일렀다. 여러 부처에 속지 않아 하나를 얻고 하나를 믿어 여럿을 깨닫는다.

하나이므로 각覺, 여럿이므로 중생이다.
경우를 중하게 여기므로 인연신因緣身이 곧 정편지正偏智다.
본래 여럿이 더불어 다르지 않으므로 정등正等,
같고 다름이 얻을 수 없으므로 무상無上이다.

5
얼음 있기 전에 무엇인가?

수보리야. 불법佛法**이라 이르는 것은 즉 불법이 아니니라."**
【經】 須菩提 所謂佛法者 卽非佛法

드디어 불법으로 하여금 불법이 아니라 이르기에 이르렀다.
어디까지 가면 이 모든 자기부정의 늪에서 벗어날 것인가?

부처도 본 적 없고,
달마도 본 적 없으니 무엇이 어려운가?
허나, 갈 곳 없는 중생은
그 자리 그대로이고 변함없다.

위없이 두루 안다니? 중생에겐 하늘의 천수天壽 복숭아다.
애초에 아무 말 없었더라면 변하거나 바뀔 것도 없으련만
허물을 부추기어 불법不法으로 만드는 수고는 어찌할 것인가? 만일 중생을 위해서라면 불법은 그 초라함이 도를 넘었다.
아뇩다라삼먁삼보리는 무상無上 정변지正遍知 혹은 정등각正等覺이다.

위가 없으면 아래에는 무엇이 있으며,
골고루 퍼져 있으면 퍼지기 전에는 무엇이 있었는가?
부처가 얻은 지혜가 정변지라면
얻기 전에는 그 무엇이었던가?

무상無上 보리菩提는 허명虛名이다. 허명이라는 이름도 역시 허망한 이름일 뿐이다. 이 경에서 모든 부처가 오셨고 그 부처님들의 무상보리가 다 여기에서 나왔다니? 이 허망하다는 소리 또한 허망하다. 나온 곳이 있다면 어찌 여래라 부를 것이며, 여래라 한들 그곳을 빌려 자신을 들어내니 빌린 자의 종일 따름이다. 시신을 거두는 이는 산 자에게서 돈을 뜯는다.

그 이름을 모른다고 이르지 말라.
당신 자신이 부처인 줄 모른다 말라.
앎 자체인 까닭이라 하지 말라.
알 것 없는 것이라 이르지 말라.

그렇다면 무엇이란 말인가? 불법을 아무리 떠들어도 불법이거니와 침묵하고 양구良久에 할방喝棒을 자재自在해도 불법은 꿈에도 본 적이 없다. 다만 알 수 없는 것인 줄만 알면 곧 제 성품을 보는 것이다.

불타는 곧 일체 지知다.
모르는 것 없고,
스스로 알지 못하는 것이 있다.
일러라!

상에는 상이 없다
[一相無相分]

9

1
의심 않고 내는 믿음

"수보리야. 어찌하여 그렇다 여기느냐? 수다원이 스스로 생각을 일으켜 이르되 '내가 수다원의 果를 얻었노라'고 하겠느냐?"
【經】 須菩提 於意云何 須陀洹能作是念 我得須陀洹果不

수보리는 오로지 제 이름만 생각한다. 아직 온 적 없는 여래가 묻는 의중意中대로만 살펴 대답하니 본래부터 가지고 온 불성마저 송두리째 잃었다. 철저히 믿어 의심치 않으니 참으로 가상嘉尙하다.

수보리가 의심 한번 하지 않고
믿음으로 물은 곳이 어디인가?
남산에서 숯을 굽는데
북산이 슬슬 붉어온다.

2
대답이 가능

수보리가 사뢰었다. "아닙니다. 삼세에 없는 가장 존귀한 이시여. 왜냐하면 수다원은 일컬어 '흘러 들어간다'는 말이겠으나 들어갈 곳이 실로 없습니다. 색·소리·향·맛·감촉·어떤 존재에도 들어감이 없는 까닭에 다만 수다원이라 이름지었습니다."

【經】須菩提言 不也 世尊 何以故 須陀洹名爲入流 而無所入 不入色聲香味觸法 是名須陀洹

붓다는 중생의 선험적 변신變身이고 세존은 미혹迷惑과 우치愚癡의 변신인 질의質疑[interrogation]이며, 여래는 이理와 사事의 광명이 변신한 것이므로 세존에게 여쭙고 여래께서 대답하는 것이 경이다.

물음을 이끌어 내므로 붓다이고, 묻는 이는 세존에게 여쭙는 것이다. 물을 줄 알기 때문에 이미 답이 친하니 문득 대답하는 이를 여래라고 부르는 것이다. 오직 물음에 대답을 기대할 수 있는 어른이므로 "세존이라 하라."고 하명下命하니 곧 자기 명호名號의 소리다. '가장 거룩한 이'는 자각自覺의 별명이다. 바로 여쭙는 그 말뜻을 따라 방편을 펼친 것이다.

아무도 이 세상에 가늠할 이 없는 것이므로 거래가 없는 이 어른의 명호를 여래라고 했다. 그동안 묻고 대답할 때 이목구비는 무엇을 했는가? 하는 일 없이 문설問說을 구경만 했는가? 듣기만 하므로 항아리 귀를 한 야차, 듣고 싶으므로 천룡, 듣고도 들은 바 없으니 자못 중생이다.

말을 듣자 알아들으니 보살,
 듣자마자 언하言下에 깨우치니 선지식이다.
 수다원은 부처의 별장이 아니다.
 저 때 듣는 줄 모르고 말하는 줄 모르니 다만 수다원이다.

듣기 전에는 어디에 있으며 듣자마자 어디로 흐르던가?
몰라서 물었고, 부르니 알고 끄덕인 것이다.
한 번도 대답한 바 없건만 아는 줄 알고
끄덕임도 다 함께 쌍림雙林 아래 열반하는 줄 알라. 할喝

3
지금은 무엇인가?

"수보리야. 어떻게 생각하느냐? 사다함이 스스로 생각하여 이르되, '내가 사다함의 과果를 얻었노라'고 하겠느냐?" 수보리가 사뢰었다. "아니옵니다. 삼세에 없는 존귀한 이시여. 왜냐하면 사다함은 일컬어 '한번 뿐인 왕래'이오나 가고 올 것이 실로 없는 것인지라 이 까닭에 그 이름을 사다함이라 했습니다."

【經】須菩提 於意云何 斯陀舍能作是念 我得斯陀舍果不 須菩提言 不也 世尊 何以故 斯陀舍名一往來 而實無往來 是名斯陀舍

얻은 것이 있다는 것은 '왕래한 것'을 두고 보아 이르는 것이다. 스스로 다녀온 곳은 실제 한 번도 간 적이 없는 곳 아닌가? 도달한 곳은 그가 머무는 곳, 다시 돌이킬 수 없어 갔다 이른 것이다. 그가 '다녀온 곳'은 현재 자기가 '있는 곳에 대한 반성'일 뿐이다. 나는 자기로서 지금 어디에 있는가?

재고 쌓아 둔 것은 둔 곳이 주인일 뿐
얻은 이는 얻음을 알자마자 잃는다.
몸이 시키는 대로 해 마쳤으니
주인은 안심하고 돌아서며 다 잊었다.

갈 곳을 불러일으키니 '갔다' 했는데 둘러보니 있지도 않은 제 자리다. 스스로 이르기를 주인없는 "내가 다녀왔다." 이르니 실제로는 "오고감이 없다."고 이른다.

다녀온 것이 있다면 나일 터,
그 주인이 오고 갈 수는 없으니
다만 생각으로 하여금 주인을 삼은 까닭이다.
안과 밖이 어찌 홀연히 오고 가는가?

이 주主와 사념思念의 혼동을 주인이라 부르고 혹은 나라 말한다.
내 속의 남이요, 남 속의 나다.
그리하여 다만 '이름'일 뿐이라고 한다.
어찌 눈 속에 전혀 다른 앙숙怏宿이 사는가?

4
한번 떠나 돌아옴 없다

"수보리야. 어떠하다 여기는 것이더냐? 아나함이 스스로 생각을 지어내 이르기를 '내가 아나함의 과를 얻었노라.'고 말하겠느냐?"
수보리가 사뢰었다. "아니옵니다. 삼세에 없는 존귀한 이시여. 왜냐하면 아나함은 일컬어 '오지 않는다.'는 말이오나 오지 않는 것이 실제로 없으므로 이 까닭에 아나함이라 이름했나이다."

【經】須菩提 於意云何 阿那舍能作是念 我得阿那舍果不 須菩提言 不也 世尊 何以故 阿那舍名爲不來 而實無來 是故名阿那舍

한번 오고 가더니 다시 올 일 없다. 사람이 태어나면 죽어 다시 얻을 것이 없다. 이미 같은 것이 없는데 오더라도 모른다. 이는 다시 온 것인가? 윤회의 열매가 속 빈 강정이다. 강 위에 물이 흐른다.

물의 흐름은 본 적도 없이 호수의 고요함을 즐긴다.
고요함은 어디에도 없건만 호수를 넘고 강을 건넌다.
탄 배도 함께인데 그때 그 사람 지금도 나이지만 영원히 떠났다.
창문 앞에 지저귀는 새소리는 매일 새소리다.

실로 돌아 올 것이 없으므로 갔다고 말한다. 같은 것 다른 것이 모두 그대의 허망한 이름이다. coming and going이 그대의 산책만도 못하다. 가고 옴이 오로지 허공 떠난 그대의 말 뿐이다.

전후가 끊기고 내외 중간이 도무지 없으니
가는 것은 있지만 다시는 돌아오지 않는다.
돌아온다면 간 것이 아니고, 갔다면 오지 못한다.
홀연히 눈 속의 공화空華를 오고 간다고 이른다.

한번 간 뒤에 다시 돌아오지 않을 것이다.
말은 이미 돌아 왔건만 돌아보는 눈빛만 휘둥글린다.
화장 고치고 떠나 버린 여인의 발걸음 같아서
방바닥에 들어붙은 허리의 숨소리만 머리에 찬다.

한번 가 돌아오지 못하니 무엇이 가고, 무엇이 오는가?
새벽녘에 황금 까마귀는 부상국에 오르는데
옥토끼는 서녘에 떨어져 자취가 없다.
뒷전에 앉아 바라보는 늙은이 세월 가늠도 못한다.

5
간 곳 오는 곳 없다

"수보리야. 그 뜻이 어떠하다 여기느냐? 아라한이 스스로 생각을 지어내 이르기를 '내가 아라한의 도를 얻었노라.'고 말하겠느냐?"

【經】須菩提 於意云何 阿羅漢能作是念 我得阿羅漢道不

부처도 또한 스스로 아라한이라 칭했다. 어찌 얻음이 없고, 실實-유무無有-법法일까 보냐? 실로 없는 유법有法인가, 유법이 실제로 없는 것인가? 유有는 유唯, 실實은 차라리 실悉이다. 아·인·중생·수자에 걸리는 것은 실悉, 즉, '남김없이' 걸림에 의한 존재이니 유唯, 즉 비록 있더라도 없는 것으로 간주되어질 수밖에 없다. '아라한이라' 일컬음은 곧 숙지된 유무이며 실지悉知된 법이다.

있다 부르니 있지도 않은 것이 참으로 있는 듯 없으므로 다만 有라 이름한 것이다. 없다고 다그치니 없지만도 않은 것이 있는 것은 더욱 아니므로 없다고 이를 수도 없는 까닭에 다만 무無라고 이름한 것이다.

비구여, 이름조차 없다 이르지 말라.

9. 상에는 상이 없다 • 187

이름에 손 타니 남이 비웃을까 두렵다.

아·인·중생·수자여.
내가 흘러든 줄 아니 한 번 간 자취가 없고
내가 가는 줄 아니 온 것에 모양이 없다.
오고 감이 없다 이르고도 제 몸 한 번 본 적이 없다.

네 가지 부류의 수행이 곧 네 가지 상이다.
스스로 아라한이 라 부르는 곳에도 다시 사상四相이 있으니
이름만 있으면 아요, 없다하면 인이다. 유무에 머무르지 않
으면 중생이요, 그도 없다니 수자다.

사상을 병통이라 이르지 말라.
병통 중의 병통을 앓아 아무 것도 하지 못함이다.
병에 오고감이 없으니 온전하거나 쾌차함이 없다.
이 네 가지 병통에도 머물지 말며 온전하다 이르지도 말라.

스스로 대답을 구하는 자는 물음을 떠날 수도 없다.
스스로 자적自適하여 어리석고 자연해도 그르친다.
머무름과 떠남이 서로 물고 당기기 때문이다.
눈을 부릅뜨되 이리저리 굴리지 말라.

6
하나 같이 하나인 몸

수보리가 사뢰었다. "아니옵니다. 삼세에 없는 가장 존귀한 어른이시여. 왜냐 하면 '법이라 이를 것이 실로 없는 것'을 이름하여 아라한이라 부르기 때문입니다. 세간과 출세간에 가장 존귀하신 어른이시여. 만일 아라한이 '내가 아라한의 도를 얻었노라.'고 여긴다면 이는 곧 '아·인·중생·수자라는 상'에 집착한 것입니다.

【經】 須菩提言 不也 世尊 何以故 實無有法名阿羅漢 世尊 若阿羅漢 作是念 我得阿羅漢道 卽爲著我人衆生壽者

"법이 있다."면 마땅히 법이라는 것을 세울 것이요, "법이 없다."면 응당 사람만을 두는 것이다. "있고 없고에 상관하지 않는다."면 무법천지에 걸리고 "법 그 자체를 둔다."면 절대자의 상相을 내세우는 것이다.

"법은 본래 여시여시如是如是라 이르거나, 명상名相 없고 유무에 집착하지 않는다."고 이르더라도 성색聲色에 상관없이 여시여시한 것이 있어야 하고, 유무나 명상에 집착하지 않는 것이 있다는 것이 된다. 진리니 실체니 하는 매혹적인 명칭은 이해를 돕는 논리적인 결론의 허구일 따름이다. 물·불·땅·바람의 사대四大가 이름인 까닭은 육식六識의 주인과 손님 이 둘이 아닌 경우뿐이다.

네 가지는 서로 전혀 다르다고 구분하기에
눈과 귀는 서로를 도와 이름과 모양을 삼았다.
기묘한 인연으로 서로 다 하나인 이 몸이
비로소 창조신과 창조된 세상처럼 조화롭다.[69]

---

69 '영원한 실체'라는 상념으로 하여금 생각 속의 이념적 실체를 스쳐가는 구체적 존재로 보는 그 자체가 곧 상相에 집착한 때문이다. 상법常法은 존재·법의 이름이 아니라 작명가作名家의 이름이다.

7
버리면 산다

삼세에 없는 가장 존귀한 어른이시여. 부처께서 설하시되, '다툴 것이 없는 삼매를 얻은 이들 가운데 내가 가장 으뜸이라.'고 하시니, 이는 욕망을 떠난 아라한으로 으뜸입니다. 저 스스로 '욕망을 떠난 아라한'이라 지어 생각하지는 않습니다. 삼세에 없는 가장 존귀한 어른이시여. 제가 만약 '내가 아라한의 도를 얻었다'고 지어 생각한다면 세존께서 수보리에게 설하신 것은 '아란나를 기꺼이 행하는 이'라는 말씀이 아니었나니, 수보리가 실로 행할 아란나라는 것이 없기 때문에 '수보리에게 기꺼이 아란나를 행하는 이'라 부르시었나이다."

【經】世尊 佛說我得無諍三昧人中 最爲第一 是第一離欲阿羅漢 我不作是念 我是離欲阿羅漢 世尊 我若作是念我得阿羅漢道 世尊卽不說須菩提是樂阿蘭那行者 以須菩提實無所行 而名須菩提 是樂阿蘭那行

삼세는 스스로 도망칠 장소를 미리 차단하고 없는 것 하나 없이 다 가진다는 아이러니를 만들었다. 설하는 부처는 아직도 입이 없고, 듣는 수보리도 그러하니 입과 귀가 없는데 말하고 들었다 해도 놀라는 이조차 없다. 중이라 부르고 불법이라 부르도록 내버려 두라. 이미 없는 것을 "따로 없다."고 일렀으니 가련하다.

스스로 비구를 자처하니
가진 것 없는 비렁뱅이.
주어도 고마워하지 않고
뺏어도 아까워하지 않는다.

묻건대 아까워하지 않음은 또 무엇인가?
종일토록 법문을 여쭈니 수보리는 아난을 지나고
선래善來 비구야 외치는 모니牟尼는 외로운 무사승無師僧,
하나 잃어 전체를 버리고, 전체를 던져 하나를 무화無化한다.[70]

---

70 '아란나阿蘭那'의 행행은 정직한 곳에서 일체의 경계를 끊어버리는 무쟁삼매無諍三昧를 수행하는 것이다.

정토의 장엄
[莊嚴淨土分]

1
금강 속에 반짝이는 법화와 화엄

부처께서 이르시되, "수보리야. 네 뜻에 어떻다고 여기느냐? 여래가 옛날에 연등불 처소에서 증득하시었다고 이를 법이 있겠느냐?"
"그리할 법이 없나이다, 삼세에 없는 홀로 서신 분이여. 여래는 연등불 처소에서 증득하신 법이 실로 없었나이다."

【經】 佛告須菩提 於意云何 如來昔在燃燈佛所 於法有所得不 不也 世尊 如來在燃燈佛所 於法實無所得

여기는 오묘한 연꽃으로 꾸미고 가꿈이 저들과 닮았다.
연꽃을 그리워하는 마음은 누구보다 간절하다만
뒤돌아보기만 하고 정작 향과 빛깔을 맡은 적 없다.
왜인가? 연등불 당시 그를 알아본 이가 없었기 때문이다.

그 옛날 시작도 없는 그때 부처라 부른 이가 있었는가?
부처가 있었다면 누가 작불作佛하여 부른 것이며
지어 부름이 있었다면
부처도 이미 그의 작품이다.

"등에 불을 당긴다."면 눈 속에 빛이 없고, "시작도 없는 옛적이라."면 고금이 없다.

수기授記를 주어 마땅하련만 주고받음이 같으니 빈손에 호미를 들어 겁劫 밖의 천수답天水畓 길쌈 맨다.

기필코 그대가 정말 거기 그 자리에 있었다면
나는 그대를 보지도 듣지도 않았을 것이다.
이미 보고 들었다니?
환하나 눈앞이 깜깜하여 심기가 불편하니 겸연쩍어 연꽃을 든 것이다.

보리菩提와 번뇌는 있는 만큼 없고, 없는 만큼 있다.
손바닥 위에 손등, 손등 밑이 손바닥이다.
인연에 빛을 주고 성신聖神이 장엄하여 둘러서니
법화法華와 화엄華嚴이 금강의 눈 안에 번뜩인다.

2
없다면 없는 줄 알라

"수보리야. 그 뜻이 어떻다고 여기느냐? 보살이 불국토를 장엄한다고 하겠느냐?"

【經】 須菩提 於意云何 菩薩莊嚴佛土不

새댁에게 끼워 준 반지가 유난히도 빛난다.
시집이 아쉬워함은 손가락이 아니라 신랑이고
임금 곁의 시녀들은 유난히 예쁘다.
신하가 부러워함은 계집이 아니라 권력이다.

불국토에는 부처도 없고, 땅도 없다.
아무나 사는 동네에 이름도 성도 없다.
찾은 적도 없고, 기다리는 이도 없는데
내가 가면 같이 가고 앉으면 같이 앉는다.

수보리는 부처의 아들, 부처는 온 법계 사생四生의 자부慈父다.
누가 이토록 당당히 그렇다고 이르는가?
기꺼이 그대를 위하여 물어준 것인 줄 알라.
부처의 국토는 그 크기가 얼마인가? 보살의 무리는 과연 그

수가 얼마나 되는가?

있다면 부처의 나라일 수 없고,
없다면 보살의 집이 없다.
없다면 없는 줄 알라.
그러나 남에게는 함구하라.

집은 있는데 담과 벽이 모두 트였고, 지붕은 있으나마나
멀리에는 보이나 가까이에는 없다.
있으나마나 하다고 이르려다 그만 뒤통수를 내려친다.
때린 자의 그림자도 찾을 길 없다.

3
함부로 떠들지 말라

"아니옵니다, 삼세에 없는 홀로 선善이신 분이여. 왜 그러냐 하면 부처의 나라와 땅을 장엄한다는 것은 곧 장엄이 아니므로 이름을 장엄이라 하기 때문입니다."

【經】 不也 世尊 何以故 莊嚴佛土者 卽非莊嚴 是名莊嚴

세존은 세계나 세상의 존자가 아니다.
스스로 여래라 칭하는 이에게 현금現今은 이러하다.

과거는 오직 지금을 타고 흐른다.
미래는 지금으로 말미암아 과거를 닮았다.
이때를 당해서도 여전히 모르고 여전히 아니라고만 이른다.
이것이 아·인·중생이다, 옳다 그르다 함부로 떠들지 말라.

"나 이전에도 존재한 이 없고, 나 이후에도 존재할 이 없다."는 것은 자체로서 있음이고, '천상천하 유아독존'은 이 땅에 유통시켜 생각의 높고 낮음, 길고 짧음을 부수었고 같거나 다름 없이 시방 삼세를 두루 흐르게 함이다.

4
머물지 말 곳

"그리하여 수보리야. 모든 보살과 마하살은 마땅히 조촐한 마음을 이와 같이 낼지니라. 마땅히 형상에 들어앉아 마음 내지 말 것이며, 마땅히 성·향·미·촉·법에 들어 앉아 마음 내지도 말지니라. 마땅히 들어앉음 없는 곳에서 그 마음을 내어야 할 것이니라.

【經】 是故須菩提 諸菩薩摩訶薩應如是生淸淨心 不應住色生心 不應住聲香味觸法生心 應無所住而生其心

무심하게 형색을 보지 말라. 이미 유심히 보고 있는 것, 텅 빈 마음으로 남을 보지 말라. 이미 보려는 도둑이다. 마음에 모양 없고 이름 없다지만 마음이란 말도 하기 전에 미친 듯 형상을 내고 있고 없음은 허울 좋은 얘깃거리가 되었다. 마음 같아서는 마음이란 말이 없으면 좋으련만······.

잠자리 없고 먹을거리 비었고 생각거리 동났다.
"비구여, 어서 오라."고만 이름하여 일렀지 아무도 아니다.
불법이 막중하여 하늘 끝까지 자재하더라도
한 조각 땅덩이도 없는 것을 어느 곳에 부촉하리오.

안주安住에 세 가지가 있다. 형상形相과 육진六塵과 집장執藏이다.[71] 그리하여 경經에 아·인·중생·수자의 사상四相을 둔 것이다.

응무소주應無所住라니?
응당 틀린 것을 가지고 맞는다고 말하니
불법佛法의 미래가 가히 짐작 간다.
지금 "머물지 말라." 말하는 곳은 어디인가?

이미 머물러 있다면 "머물지 말라."는 말이 틀리고
머무름이 없다면 없음에 이미 머무름을 머문 것이다.

무주無住와 주住, 소주所住와 무소주無所住가 돌며 쳇바퀴 돈다. 마음은 주할 곳도 무주할 곳도 없는 것, 심생心生이 생심生心의 주처住處다. 어찌 삶을 의탁하랴. 비우고 비우니 빈 것으로 마음을 채우고 채우니 칠보 가득찬 보고가 털렸다. 하나 없이 온전하고 뜻 없이 다 마음대로다. 천하를 거머잡으려니 천만도 모자라겠지만 이 손에서 버리고 이 몸으로 간직한다. 버리고 간직함조차 내려놓으니 하나도 과분하다.

---

71 주住는 범어의 vivartasthayin다. 일어나는 세계와 소진하는 세계의 거주居住 기간期間이다. 들어앉음은 사람이 집을 지어 제가 주인 노릇하는 일이다. 눈과 귀가 점점 자라 마침내 쇠잔하기까지의 집이다. 불응주不應住는 곧 "응당 안주하지 말라."는 것이다. 상신喪身이고, 실명失命이다.

눈·귀·코·혀가 내 이 몸이며,
이 몸이 마음대로 마음노릇 한다.
볼 수도 들을 수도 없어 마음이라 부른 것인데
다시 마음이 있는 줄 알면 몸조차 잃으리라.

얻으려는 마음에서 한발 물러나 버리고
버리려는 마음에서 결코 물러나지 않으면
얻음과 버림, 마른 코딱지 손톱 끝에 날림이라
예사 기침소리를 폐병인 듯 소스라쳐 놀랬다.

눈병, 고불, 귓병, 잇병은 그렇다지만
몸도 마음도 아닌 병을 이름할 길 없어
마침내 속앓이 심기心氣를 가슴앓이라 부른다.
가슴 병도 아니라니 모른다고만 한다.

5
마음 없으면 부처님 땅

수보리야. 비유컨대 만일 어떤 사람의 몸이 큰 수미산 왕만 하다면 그 뜻이 무엇이라 여기느냐? 그 몸이 크다고 이를만 하겠느냐?"
【經】 須菩提 譬如有人身如須彌山王 於意云何 是身爲大不

내 몸의 크기가 얼마나 될까?
큰 나무는 크고, 작은 돌은 작은 줄 알지 말라.
크고 작음은 저 편의 일이 본래 아니다.
눈 없는 사람이 만진 공기조각이다.

서술敍述해서 얻을 것이 무엇인가?
산에는 높음 없고, 바다에는 넓음 없다.
주어主語를 아무 것이나 대체할 수 없다.
가고 오고 앉고 서는 일 아무도 모른다.

'예컨대'와 '비유컨대'가 모두 같은 맥락이다. '어떤 사람'과 '부처님' 모두가 몸과 아무 관계가 없다. 몸이 없으므로 '수미산'이 있고 '수미산 왕'이 있다. '없다'고 '이름'은 있음도 아니다. 없음이 없는 까닭이다.

내 말이 어렵다.
이네 말이 없기 때문이다.
내 말을 알아들었다면
들은 것은 나의 말이다.

수보리가 여쭈어 여래가 답하니
따로 일 때는 세존이라 묶여 있음이다.
시비를 묻고 대답함은
너와 나의 묶임을 풀어 무화시키는 일이다.

무엇을 그리 대답해 주는 것이며,
어찌 그토록 물어야 하는 줄 아는가?
앉고 서서 여쭙고 들여다보며 일러주니
한 치의 오차 없어 불법이 들 곳도 없다.

6
마음 없는 것이 부처

수보리가 사뢰었다. "아주 크옵니다, 세존이시여. 왜 그러냐 하면 부처는 '몸 아닌 것을 일컬어 큰 몸'이라고 설하시기 때문입니다."

【經】 須菩提言 甚大 世尊 何以故 佛說非身 是名大身

몸 아닌 것이 큰 몸이라니? 마치 사람 아닌 것이 부처인 것과 같다[佛身無身]. 아는가? 마음 없는 것이 부처다[無心是佛]. 어찌하여 없음[無]으로 종宗을 삼는가? 조주趙州[72] 스님은 무엇을 인하여 다만 없다고 했는가?

크다니 더 큰 것을 여의지 못하고,
작다니 더 작은 것을 떠날 수 없다.
여의고 떠남이 생각이라면 생각으로 못 미치는 것,
'아니다' '없다'고 말하지 않고 무엇이라 부르리.

---

72 조주종심(趙州從諗, 778~897)은 당나라 때의 스님이다. 남전南泉의 법제자로 40년 동안 시중을 들었고, 60세부터 여러 곳을 편력 수도한 임제종臨濟宗의 선사다. 원숙한 선의 경지를 보여준 뒤 120세에 죽었다.

아·인·중생·수자를 알고자 하는가? 대시對示를 보여주어 양 머리를 치더라도 불법은 꿈에도 본 적이 없다. 그렇다면 무엇이 불법인가? 돌거북이 신령스러워 나래를 펼쳤다. 있다고 말하는 까닭은 눈과 귀 등 오온五蘊을 위한 것, 스스로 존재하는 것은 오온에도 육근六根에도 의지하지 않기 때문이다.

의지하지 않고 존재하는 것은 소위 육근으로 인지할 수 없기 때문에 신구의身口意 삼수三受와 행온行蘊인 오관五官 없이 다만 식識으로만 아는 것이다. 육근은 삼라만상을 집어 삼키는 존재의 관문이다. 육근의 업이 식이다. 7, 8은 오직 6까지를 시始로 삼을 때 비로소 가능한 상념일 뿐 실제로 그 몸이 있는 것이 아니다. 보고 들은 몸이 아니라 식으로만 가름되어지는 몸이라는 말이다.

천룡天龍은 아무도 본 적이 없지만
하늘을 날아다니는 용으로서 존재한다.
본 적이 없다는 말을 아무나 떠들지만
"못 보았다."는 말도 거짓이다.

실질적이고 감각적인 동시에 구체적인 감각이 그 자체로서는 없으므로 행온 없음을 무종無宗이라 부른다. 꽃이 눈 안의 꽃이 되어 태어난다. 꽃이 존재하고, 이와 같이 다가오는 까닭에 여래가 태어났다.

관세음觀世音은 입을 통하여 관세음을 소리낼 때 관세음이라는 소리의 존재가 되어 몸 안으로 들어와 마하사다바야[73]가 되는 것이다. 이와 같이 알고 보기 때문에 실지悉知하고 실견悉見한다.

깨달은 자가 누구에게 무엇을 설하는 것인가?
온전히 알고 온전하게 보는 것이 무엇인가?
아는 것이 있고 보는 것이 있으면 미완이다.
온전히 보고 온전히 알기에 "이와 같다."고 했다.

꽃이 웃으니,
부처가 얼굴을 붉히며 부끄러워한다.

---

73 크게 부각되어 나타나 있는 것.

수승한 무위의 복덕
[無爲福勝分]

1
하나가 일체, 많음이 하나

"수보리야. 마치 항하가 소유하고 있는 모래알만큼 이와 똑같이 많은 항하가 있다면 어떻게 생각하느냐? 항하의 저 모래알이 과연 많은 것이라 따지겠느냐?"

【經】須菩提 如恒河中所有沙數 如是沙等恒河 於意云何 是諸恒河沙寧爲多不

강과 모래가 무엇이 그리 많은가? 그대는 많다 하며 짐짓 놀란다. 조금만 정신 차려 돌이켜 보면 그대는 태산 같이 잠잠하다. 길고, 많은 것은 강도 모래도 아니다. 강을 쳐다보고 모래를 훑으니 보는 줄 알 길 없고, 매만지느니 상념뿐이다. 오죽하면 보지도 않고 길다 많다 하겠는가?

강을 보며 모래 못 보고,
산을 보지만 나무 모른다.
강 이야기 하면 문득 모래부터 생각하고,
산 내려와 나무 얘기한다.

중생이여, 중생의 부처여.

한없는 세월 동안 부처의 심장을 달고,
중생의 손과 발로 세상을 허우적대기 얼마인가?
눈과 귀로 온통, 물건 사고 파는 얘기뿐.

그대, 지금도 스스로 중생이라 자책하고 부처의 입을 빌어 중생이라 무시하여 부른다. 멀쩡한 이 몸에 어찌 나무부처, 돌사람 섬기며 활인活人의 입으로 도리어 뒤집어 말하는가? 자기부정은 자신의 일이 아닐수록 선명하게 긍정된다. 형상이 없는 부처를 다 보고, 형상이 있는 부처를 아무도 보지 못한다.

태어나기 이전에 있고, 남김 없다.
비로소 존재한다.
말한 것은 다 틀리다.
틀린 그것이 말을 만든다.

하늘을 버티고 앉은 단 한 명의 중생도 없다.
한없이 많은 중생, 모래알 쥐어짜는 이들이여
의심하여 묻고 생각하여 다시 따진다.
한없이 많으나 알자마자 하나도 없다.

끊어져 헤아리지 못하고, 많음이 곧 하나다.

다다르지 못해 그친다. one from all, all before one이다.
하나는 많음을 배반한다. 많음이 하나를 낳는다.
사념思念의 잎은 눈앞에 무수하다.

홀연 가을밤의 별,
오두막 잣나무 가지에 걸린 달빛.
내쉬는 가냘픈 숨소리에 손발 묶인다.
고향 떠난 나그네, 떨어지는 별똥에 그리움 달랜다.

항상 흐르므로 길고,
하염없는 모래다.
마음속에는 길이도 영원함도 모두 들숨, 날숨.
길면 길수록 움직이지 못하고, 영원해서 과거다.

돌이킴이여, 내 쉰 한숨.
불러도 아무도 없다.
많으면 많아서, 없으면 없어서
결국 아무 것도 주장됨이 없다.

2
수보리의 혀를 훔친 세존

수보리가 사뢰었다. "매우 많습니다. 삼세에 더없이 거룩한 분이시여. 저 항하만으로도 숫자 없어 많거늘, 하물며 그 모래알이겠습니까?"

【經】 須菩提言 甚多 世尊 但諸恒河尚多無數 何況其沙

아무도 여래를 본 적이 없듯 모래를 훑고 중생이 흐르고 또 흐르되
제 생각 쉴 길이 없으니 강이다.
강과 모래는 분명 한통속이라 말하겠지만
강과 모래는 한 번도 더불어 센 적도 흐른 적도 없다.

더없이 고귀한 분께 왜 생각을 여쭙는가?
생각의 주인이 여쭙는 그분인 까닭이다.
그렇다면 무엇이 생각이더란 말이냐?
그분을 만나지 않으면 여쭙는 일 자체도 모른다.

많다고 말했지만 항상 입 속에 재갈처럼 물렸다.
강은 비록 많아도 필적할 상대 곁에서 모래를 센다.

수보리는 많은 줄 모르니 세존이 수보리의 혀를 훔쳤다.
세존의 텅 빈 가슴을 많다 일러 위로한 것인가?

부처를 본 이는 아무도 없지만 부처를 보지 못할 이도 본래
없기 때문이다.
심히 많다니? 마음은 벌써 그쳐 머무름을 생각하고, 항하에
강물이 없고 강에 영원함이 없으니 어찌하랴.
흐르는 줄 여전히 몰라 억겁億劫을 지내고도 아직 '이놈'이요,
흐른 적도 없는데 이미 모래알로 수미산 왕을 이룬다.

빨려 들 듯 물속에 기필코 들어 앉아
눈은 버드나무 올라 구곡九曲 아래 굽어본다.
붉은 소나무 둘러 친 정자 안에서
붉은 학의 머리 몇 번이나 세었던가?

3
칭찬하여 무엇을 얻는가?

"수보리야. 내가 이제 여실하게 네게 이르노니, 선남자·선여인이 있어 저 항하의 모래수처럼 많은 삼천대천세계를 칠보로 채워 널리 보시하거든 그 복을 증득함이 참으로 많다 하겠느냐?"

【經】須菩提 我今實言告汝 若有善男子善女人 以七寶滿 爾所恒河沙數三千大千世界 以用布施 得福多不

여실함은 곧 여래의 실지실견悉知悉見이다.[74] 이理와 사事가 뚜렷하여 다투지 않기 때문에 붙은 이름이다. 비유와 실상이 하나다. 그 말이 바르다 하고 실체가 없으므로 밤하늘의 등롱燈籠 같다.

선남자·선여인은 무엇인가? 사람도 남자도 여자도 아니라면 무엇이 그리 착한 것인가? 백적白賊 부처가 필살의 무기를 들고도 선서善逝한다. 본 대로 변變하고, 들은 대로 나투니 짝할 이가 없다.

바라는 것이 없으니
얻을 것이 없을 수 없고

---

74 '다 알고 다 본다'는 말이다. 깨달은 자는 근본을 꿰뚫어보고 있기 때문이다.

얻을 것이 많으니
바람을 버린다 말 못한다.

얻지 못할 것을 얻었다면 바란 것이 되고
여전히 못 얻었다면 바라는 대로가 헛되다.

수보리는 차라리 천만 가지를 버리더라도 여래의 한마디 칭찬을 구할 터이지만 여래는 칭찬하여 무엇을 얻을 것인가? 스스로 항하에 배 띄우고 민낚싯대 던진다.
아무리 수천만 가지로 변하고 바뀌지만 입속의 황련黃蓮은 쓰디쓰니 바뀜이 없다. 삼천대천 세계를 모두 칠보로 채우니 칠보는 세계의 주인이나 색싯감이 없다.

하나밖에 없는 눈으로
큰 산과 긴 강을 먹어치우고,
텅 빈 귓구멍으로
천둥 번개를 일으켜 천지를 뒤덮는다.

쌀과 야채는 짐작도 못하는 것을
작은 입 하나로 내뱉으니
천상의 인간과 모든 귀신도 모르는 일을
이와 같이 말하여 일깨워 준다.

4
바퀴 없는 보시

수보리가 사뢰었다. "말할 수 없이 많나이다. 삼세에 더없이 거룩한 분이시여."

【經】須菩提言 甚多 世尊

수보리는 해공解空이 제일이다.
빈손에 호미 들어 낱낱의 모래알을 뒤진다.
많다는 부처님의 밀의密意도 수보리의 손아귀에 들었다.
그 어느 하나도 삼세에 존재한 적이 없어 "없어 많다." 이르고도 존귀한 본성을 지킨다.

복덕福德을 구족한 세존으로 하여금 스스로 실토하여
들어내게 하니 삼천대천세계가 바로 중생의 보금자리이나
온통 사바세계에는 수보리의 이름뿐이다.
떠난 지 오래니 출발지가 멀고 멀수록 되돌아가니 일점一點에 묶인 것이다.
삼계를 뒤지고 삼세를 휘잡으나 다만 일심이라 떠든다. 이 또한 먼 것이다.

복덕은 실로 안중에도 없는 허구,
보시에 바퀴가 없어 실로 건넴도 굴림도 없다.
마치 끝없는 하늘에 색이 없고 높이조차 안 보이니
이다만 '푸른 하늘'이라 부르는 것과 같다.

그가 세존이라 부르지 않았던들
결코 수보리는 아무 말도 여쭙지 못하리라.
고금에 허다한 질문을
모두 여래 응공 정변지에 부촉한다.

5
목숨줄인 말씀

붓다께서 수보리에게 이르시되, "만약 선남자·선여인이 이 경에 대하여 더 나아가 사구게四句偈를 수지하여 남에게 설하여 준다면 이 복덕은 앞의 복덕보다 뛰어날 것이니라."
【經】佛告須菩提 若善男子善女人 於此經中 乃至受持四句偈等 爲他人說 而此福德勝前福德

경은 종이와 잉크로 찍어 만든 책을 지시하지 않는다.
이 종이에 잉크로 만들지 않은 것을 눈으로 읽을 수 없고 듣지 못할 것을 당부한다니? "끝없이 맑게 트인 바람을 그 누구에게 부촉하랴.[無限淸風付與誰]"

멀리서 소식 듣고 불원천리 찾아오니 무엇을 구하는 것이며
쫄쫄이 굶은 뱃가죽을 나 몰라라 하며 기꺼이 박수친다.
어두운 하늘에 걸린 둥근 달덩이를 반기는 일이요,
태양 없는 하늘 아래 물과 흙과 나무에게 하루를 맡긴 것이다.

엿보았다면 늦은 것이요, 끄덕이면 바보 되고
홀연히 차수叉手하고 선정禪定에 들더라도 이 또한 그르친 것

이다.

이 무슨 도리인가?

경이 책이 아닌 줄 안다면 게송을 듣고 훌쩍 천지를 초탈超脫한다.[75]

일구一句는 문득 세상의 소리를 담아 뱉는 것이다.
"무릇 상이 있다."는 것은 대전제다.
더불어 앎을 주인으로 삼기 때문이다.
이구二句는 다시 안으로 집어 삼키니
안 것이 도리어 허물이다. "그들 다 허망한 것일 뿐이라!"
니? 일체 사유의 죽음이다.
삼구三句는 기신起信하여 세상을 뒤집어 홀연 제 성품으로 귀환歸還함이다.
"모든 상이 상 아닌 줄만 본다."[76]면 조찰照察하고 전도된 것을 다시 뒤집는 일이다.
사구四句는 가장 옹색하고 꼭꼭 닫혀 출입할 문이 없는 곳이다. "바로 여래를 본다."는 것은 단호하게 하늘의 덕을 보고자 함이다. 한가로운 야부野夫는 산과 물에도 간섭하지 않고 오가는 구름을 탓하지 않는다. 제 마음이 없기 때문이다.

사구四句를 사구死句로 만들지 말라.

---

75 게송은 gatha, 부처를 파악하는 Logos다.

76 若見諸相 非相

마음 없다는 구차한 변명으로 부처를 희롱하고,
조사를 욕보이기 얼마나 되었는가?
알고 보면 다 여흥餘興이다.

본래 한 가닥 마음 사로잡아 남산의 구름에 맡긴 뒤에
홀로 산 중턱 벼랑이 질투하는 곳에 누워 태평을 노래한다.

부처가 몸을 숨기는 곳이므로 세 구절을 야무지게 씹고,
능히 조사祖師가 쉴 곳이므로 넷째 구절에 다 방하放下한 것이다.
"그 어느 공덕이 이렇듯 크랴."고 말했다면
이 또한 버려야 될 또 다른 책일 뿐이다.

"남에게 설한다면 앞의 것보다 크다."고 이를 것이다.
여래선如來禪의 터울이 이렇듯 치밀하고 차갑기 그지없다.
경에 이르되, "불조佛祖가 게偈로 목숨을 삼는다."고 하나
차라리 "부처와 조사가 모두 도망친다."고 함이 옳다.

분명히 알아두라.
말씀이 목숨줄이다.
글자와 뜻에 빌붙으면
곧 바로 사구死句에 떨어진다.

준엄하고 바른 가르침
[尊重正敎分]

1
책 없음을 알리는 일

"거듭 이르거니와 수보리야. 이 경이 펼치는 말씀, 나아가 사구게 하나일지라도 인연 닿는 대로 이것을 설한다면 마땅히 알라. 여기에 일체 세간과 천인天人, 아수라가 공양하여 올린다. 마땅히 부처님의 무덤이나 탑과 같을 것이다. 하물며 이 경을 기꺼이 지니어 독송하는 이 있겠느냐?

[經] 復次須菩提 隨說是經乃至四句偈等 當知此處 一切世間天人阿修羅 皆應供養如佛塔廟 何況有人盡能受持讀誦

경을 설하여 주는 것은 책 없음을 알리는 일이다. 독송하는 이에게 제 소견所見을 없애 성품을 보는 일이다.

하나도 아는 바가 없는데
무슨 의견을 내놓을 것이며
참으로 안다면 무엇을 더 보고 들을 것인가?
들을 줄 아는 이 만난 것에 더 큰 복이 없다.

상대도 나를 만나 경을 통하여 서로를 감별하게 되었으니 큰 공功이다.
분별하면 얻고 줌이지만 근본으로는 얻음도 줌도 본래 없는 까닭에 공덕이다.

글자를 보며 산의 나무를 읽는다.
잎을 따로 떼어내지 못하고 뿌리도 자르지 못하니
그대 기어이 나무를 보고자 하나
정작 나무는 산을 바라보는 이의 자랑이다.

아무도 이 경[이 무엇인고]을 펼친 적이 없다.
게偈의 일목요연함을 느끼고 스스로 깨달은 바가 없다.
부처와 중생이 한 오라기 명주실 줄에 목숨을 매달았다.
이제 문득 펼치고 여니 뻗어 공이고, 살핀 덕이다.

손 안의 구슬, 돌리고 굴리니 염주다.
의심 없고, 하되 동요하지 않으니 수지受持한 것이다.
일할 때는 주머니 속이지만 심심할 때 가지고 논다.
가진 줄도 내도록 모르더니 잃고는 갑자기 부산하다.

하늘과 사람은 무엇을 위해 공양을 올리는가?
저들이 올릴 수 있는 값진 칠보는 무엇인가?
경을 읽고 외우고 사구四句를 하염없이 새긴다.
설익은 포도는 버리기도 아깝고, 곤 포도는 섞일까 두렵다.

소리 나지 않는데 들으니 배고픈 아수라,
본 것 없는데 눈 즐기니 하늘이 꿈꾼다.
눈·코·귀·혀가 모두 속이되 하나도 속지 않으니
저 생명 때문에 도리어 내가 기쁜 것이다.

2
말 함이 없는 앎

수보리야. 마땅히 알지니라. 이 사람은 가장 빼어나고 으뜸가는 세상에 있을 수 없는 법을 성취한 이이니라. 이 경의 가르침이 있는 곳이라면 곧 부처가 계시거나, 부처 같이 존중스런 제자가 계신 곳이니라."

【經】須菩提 當知是人 成就最上第一希有之法 若是經典 所在之處 卽爲有佛若尊重弟子

있는 곳마다 부처라니? 모두가 같은 제자요, 스승이다.
무엇을 보고 있다는 것인가? 안보이니 없다고만 이른다.
본래 애비의 아들이 아들의 애비다.
문득 하나를 아니 열을 짐작하고, 다 아니 본래 앎이 없다.

알고 모름이 손바닥과 주먹, 드물기 그지없다.
이 세상에 본 사람이 없고 속으로 경이라 부르지만
실은 펴놓고 그만 읽지를 못한다.
밥그릇 속에서 굶어 죽은 것, 천상에 올라 천하를 다시 꿈꾸는 격이다.

부처와 제자는 가까울수록 말이 없다.

알면 말이 없고, 말하면 앎이 새끼를 친다.
여러 가지로 떠들며 이리저리 설명할수록 경이 없어지니
종이다발 거머쥔 손을 턴다.

글자는 없고 책이 다발,
책이 없는데 독자는 문 앞이다.
입을 열면 부처가 죽고,
책을 펴면 조사가 죽는다.

그대는 어느 편인가? 문 밖에서 책을 읽는다.
눈으로 읽지 못하니 상相이 없어 무방하고,
종이와 먹[紙墨]이 없으니
모여 앉아 떠들며 다툴 리 없다.

부처와 조사가 일찍이 태고太古 밖에 숨었다.
앞 다투어 모시고, 머리를 조아림에 향방 없는 그 자리다.

여법하게 수지하라
[如法受持分]

1
글도 문자도 없는 경

이때 수보리가 부처께 사뢰었다. "세존이시여. 마땅히 이 경을 저희는 어떻게 불러야 하며, 어떻게 지녀 기리오리까?"
【經】 爾時 須菩提白佛言 世尊 當何名此經我等云何奉持

책이나 그 뜻을 지니지 않고 문득 말씀을 드리워 내니
텅 빈 곳에 마음을 실어 큰 수레로 굴리니 과연 수보리가 제자다.
기리어 지니는 것은 벼리를 잡아 허공에 매다는 일이다.
눈에 보이지 않을수록 더더욱 분명하니 각자의 마음이다.

마음에 이름이 없으니 다이아몬드다.
내 마음 네 마음 다 꾀니 "쇠 뱀이 금강의 눈 뚫고 나간다."
마음에 마음이 없으니 "펼쳐 보나 단 한 글자도 없다."
가난이 가난해지면 부자가 부자 됨보다 부유하다.

무엇이 금강경이고, 무엇이 금강경 아닌가?
무엇이 여법하게 금강을 수지하는가?
무엇을 지금껏 수지하여 왔더란 말인가?

참회하고 되돌아보기 그 얼마이던가?

늦을수록 새롭고,
더딜수록 전광석화電光石火다.
사자는 앉아서 천하를 평정하되
털 하나 날리지 않는다.[77]

이름을 구하면 늦지만 부처는 용서밖에 모른다.
이름 지어 불러 달라니 가난하여 밥줄이 끊기겠고,
여법하게 지니기를 걱정하니 밥통이 열 개라도 모자란다.
수보리와 여래여, 그 이름은 도대체 어디서 왔는가?

---

77 獅子咬人 韓獹逐塊.

2
아닌 것의 이름

부처께서 수보리에게 이르셨다. "이 경이 이름하여 금강반야바라밀이라. 마땅히 이 이름으로 그대들은 지니어 기리라. 그 까닭이 무엇이겠느냐, 수보리야. 부처가 설하는 반야바라밀은 즉 반야바라밀이 아니기 때문이니라.

【經】 佛告須菩提 是經名爲金剛般若波羅蜜 以是名字 汝當奉持 所以者何 須菩提 佛說般若波羅蜜 卽非般若波羅蜜

부처는 부처가 아니니 그를 부처의 이름으로 부른다.
달마는 달마가 아니니 그를 달마의 이름으로 부르라.
부처와 달마가 이와 같이 다만 이름이므로
무엇이 부처, 무엇이 달마인가? 속히 이르라.

부처가 이름이거니 어찌 세존이며 스스로 여래인가?
산은 본래 산이 아니로되 산이라 이름하여 부르고,
마음도 본시 마음이 아니거늘 마음이라 이름하여 부른다.
아니고 아니며, 아닌 것의 이름이 지혜롭게 건네었다.

"그대가 나를 부르니 내가 부르는 그대로 대답해 주고,
네가 내게 물어오면 대응對應하여 너를 위하여 풀어 준다."

대답하고 대응하여 일러 주었으니 이름하여 일체법이다.
이름으로 이름이 아니라, 이름을 불러 스스로 다 여의었다.

거기 있는 산하는 내 안에 들었고,
내 안의 산하는 아직도 밖이다.
산하와 내가 동시에 비어 다만 이름이라 말라.
허공 안팎으로 마음이라 부를 것도 없다.

홀연 마하摩訶라니? 제 이름도 스스로 감당하지 못한다.
여래께 여쭈니 다만 "좋다."고만 이르며 웃으셨고,
조사는 몸 사리며 양구良久하거나 할喝로써 응대한다.
대답해 보라, 그대여. 무엇인들 성에 차겠는가?

3
깊이도, 높이도 없는 무엇?

수보리야. 그대는 어떻다 생각하느냐? 여래가 설한 법이 있다고 여기더냐?"
수보리가 부처께 사뢰었다. "삼세의 존자시여. 여래는 설하심조차 없습니다."

【經】 須菩提 於意云何 如來有所說法不 須菩提白佛言 世尊 如來無所說

무엇이 여래의 설법이라 일컬을 수 있는가?
오로지 중생이라 부를 중생이 없거늘 무엇이 깨우친 자가 설하는 법문인가?
깨닫지 못한 자의 문에 드나드는 이 뉘신지?
삼계의 스승이니 말하지 않을 수 없이 존귀하지만 중생의 종, 범부의 마지나 내려먹는 하수인이다.

좋아하면 세존일 뿐
죽도록 미워하니 달리 부른다.
달리 부르니 이름 없는 까닭에
이놈을 여래라 이른다.

삼계의 위없는 스승이라니?
이미 위아래가 없거늘 무엇을 스승이라 부르며,
무엇이 삼계라고 불리는 것이었던가?
해골 속에 형형한 안광眼光이거늘 이름 또한 거창하다.

스승 위에 스승 있고,
세상 밖에 세상 있다.
오르지 않고 높으나,
나서지 않고도 문밖이다.

이르지 말라, 이르지 말라.
벌써 천리만리 도망쳤다.
어디로 갔는가?
여덟 모난 맷돌이 공중 속으로 날아든다.

여래는 입이 없고, 눈이 없고 귀도 코도 없거늘
어떻게 말하고 보며, 듣고 냄새를 맡느냐?
그대에게 일전어一轉語를 내려 애석함을 달래주리라.
꼼짝 말고 그 자리에서 세존께 곧장 여쭈어 보라.

수보리가 작심하고
"분명하게 대답해 올릴 수 있다."고 했다.

저 자신만만한 총명함은 어디서 왔는가?
그가 부처의 제자인 때문인가? 그것이 그러한가?

말할수록 모자라고, 들어내고자 하나 점점 닫힌다.
깊이도 높이도 없고, 비대하지도 무겁지도 않다.
이 세상 이러한 것 다시없다.
이것이라 부르니 도대체 이것이 무엇인가?

누구도 따르지 못하는 언설言說의 노예가 아니며,
말하고 듣는 입과 귀에 놀아나지도 않는다.
해박한 지식과 감미로운 지혜를 즐기지도 않는다.
어찌 즐거움을 해탈이라 부르며 천당이라 이르랴?

4
지금 어디에 있는가?

"수보리야. 그대는 어떻다 생각하느냐? 삼천대천세계의 모든 작은 먼지를 많다 하겠느냐?"
수보리가 대답했다. "말할 수 없이 많습니다. 삼계의 거룩한 존자시여."

【經】 須菩提 於意云何 三千大千世界所有微塵 是爲多不
須菩提言 甚多 世尊

수보리는 능청 떨며 세존의 비위를 맞추나
알고 보면 거룩한 이 공생空生의 꼬임에 빠졌다.
해공解空은 세존으로 존귀함을 뽐내 드렸다.
공空에서 생生한 이에게 무슨 쓸모가 있는가?

허망하다, 금강의 견고함이 다 무엇인가?
바다에 빠진 바늘 같아 찾을 길 없고,
남풍에 흩어진 구름같아 돌아올 기약 없다.
그대, 지금 어디에 있는가?

하나·둘·셋 지나면 많으나 시간에 기대고

시간 헤아리려 숫자에 의탁하지만 재면 셋이다.
걸림이 장벽 아니며, 툭 트여 허공이라 말라.
그대 같은 장벽, 그대 같은 허공이다.

한 생각의 하나는 이미 체신을 잃은 지 오래다.
많아서 하나인가, 하나이기에 많은가?
하나면 눈과 귀가 어지럽다.
둘이면 하나가 문득 배반하고 나선다.

5
부처는 중생의 눈

"수보리야. 이 모든 미세한 티끌을 여래는 미세한 티끌이라 설하지 않기에 이름이 미세한 티끌인 것이며, 여래는 세계를 세계라 설하지 않기에 이름이 세계인 것이니라.

【經】 須菩提 諸微塵如來說非微塵 是名微塵 如來說世界 非世界 是名世界

용어用語를 끌어들여 재보財寶로 삼으니 이것이 법계法界다.
살아 움직이기 때문에 무진 법계,
공空하여 그 어느 것도 유有하지 않기 때문에 "다 함이 없다."고 이르는 것이다.
이는 마치 병든 사람이 건강하기를 바라는 마음,
무상하여 얻을 수 없음을 탄식함과 무에 다르랴.

미세한 티끌 같은 세상
낱낱을 집지 못하듯,
하나도 없으나 많아 끝이 없다.
말로 다 할 수 없이 많은 숫자로 헤아리되 수가 없다.

숫자를 만드는 것은 일념一念이다.
일념을 다시 헤아릴 수 없으므로 시간이 된다.
시각적 일념은 한없이 미세한 티끌이 된다.
시간의 티끌은 찰라와 생각 일으키는 순간이다.

문득 하늘에 올라 새가 되어 나래를 펴더니,
어느새 땅굴 속에 집을 지어 골고루 안주한다.
타고자 하면 문득 타고, 내리고자 하면 바로 내린다.
뜻대로 되는 것이야 없지만 뜻밖은 천만이다.

존재하는 것은 관찰자의 존재명, 존재하지 않는 것은 관찰 없는 이의 별명이다.
부처는 중생의 눈, 중생은 부처의 산파다.
순간에 대한 일념은 겁劫이 되고, 티끌에 대한 일념은 곧 불찰佛刹 미진微塵이다.
시방 세계가 중생을 버려 떠나도, 중생 떠난 자리에는 오롯한 떠남도 없다.

마음이라 부를 색이 없고,
색이라 일컬을 마음 없다.
심색心色이 본래 같다 이르지도 말라.
이미 둘이 없거늘 어찌 동별同別이라.

6
부처를 아는 것은 부처 아닐 때

수보리야. 어찌하여 그렇다 여기겠느냐? 서른 두 가지 상호相號가 곧 여래라 볼 수 있는 것이더냐?"

【經】須菩提 於意云何 可以三十二相見如來不

대전제와 소전제가 바뀌었다. 그러나 알고 보면 허무맹랑, 전도되었음이 분명하다. 인간이 죽는 것이기 때문에 소크라테스Socrates가 죽는가? 아니면 소크라테스가 죽는 존재이기 때문에 인간도 죽는가? 온 세상에 있는 존재자들이 세상을 만들고 존재 그 자체[78]는 마치 참으로 존재하고 있는 것처럼 행세한다.

이 말이 생각에 필요하기 때문인가? 아니면 말의 본성 때문에 논리적으로 불가피한 것인가? 불가피하다면 이 말 전에는 Cogito[thinking]가 없다는 말로 들릴 것이다.[79]

---

78 Ding an sich; 칸트에 의해 설득력을 얻은 단어.
79 사유는 가장 편리한 용어term에 즉시 화답하기 때문에 사유하는 지성의 먹이가 된 것이다. 주관subject과 종속從屬subject to some-thing은 동일하다. 여래를 설하고자 32가지 상호를 거론했다. 그것이 차별을 위한 것임에도 불구하고 이제는 차별화된 주인 자신이 그 차별을 자체로 삼아야 한다. 이 경우는 육체와 정신의 관계와도 같다. 예컨대 장대長大와 백호白毫 광명이나 전륜성왕이다. '나'라는 정신적 주체를 설명하기 위하여 내 몸의 움직임과 행위와 행동이 대신 설명하는 것과 같다.

13. 여법하게 수지하라 • 239

공자에 의하건대 "사람은 곧 그의 행이다."
사람을 말하기 위해서는 말부터 밝혀야 하는데
말을 밝히는 일은 사람도 정신 그 자체도 아니다.
이것을 말로 다시 바꾸는 일은 별개다. "말로 다시 할 수 없다."고 선택한 말이 문제다.
"할 수 없다."고 함으로써 되돌아가는 곳은 자신이다.
이 인간의 자기모순은 논리적으로는 유의어tautology다.
그러나 존재의 가장 보편적인 피할 수 없는 명제다.[80]

마치 육신이 있으므로 인간은 죽어야 한다.
정신만을 전제하면 죽음은 한낱 거짓, 오직 영원할 뿐이다.
정신만 전제한다는 말은 육신을 배제한다는 우선-전제 때문이다.
정신을 전제로 내린 영원을 육신을 전제한 죽음 위에 놓아야 한다.

정신과 육신의 분리는 결국 영원에 대한 육신의 자기 부정을 전제한다.
부정을 전제한다는 말은 현실이라는 반등反騰을 가정하고

---

80 왜 사람은 이 과오過誤를 알면서 되풀이하는가? 앎의 무기력 증세인가, 아니면 활력 소인가? 정신은 육체로 자신을 환원시켜 실증화하지 않고는 견디지 못한다. 그러나 육체적 사실-현실성은 어디에도 보존되지 못하므로 실증화를 성취하기도 전에 정신적으로 환원된다.

있다.
허망한 것은 이 반둥이나 반격이 아니다.
대립이나 조화도 아니다.

사유는 항상 아我의 반아反我를 즉자卽自에서 대자對自로의 부름을 향유한다.
사유가 즐기는 것은 자신이 아닌 그 무엇[some-thing]이다.
32의 숫자는 허망하다.
그러나 32를 사유하는 그 이는 32가 아니다.

자신의 서른 두 가지 비자기非自己의 존재를 통해 자신을 살찌워 간다.
그 허망한 몸을 가지고 있는, 생각된 자기와 생각 없는 자기를 다시 자기화함으로써 허망한 몸을 벗어나기 위하여 허망한 비非 자기를 다시 자신으로 만든다.
가장 확실한 비자기는 자기라는 이름이므로 이름일 뿐이라는 비자기화를 통해 자기를 정립시킨다. 이 자기도 역시 단순한 이름이라고 자각함으로써 텅 빈 자기를 살찌운 것이다.
생각 그 자체는 그 결과가 아니라 애초에 가지고 있던 개념이다. 이 최초 개념의 붕괴를 통해 텅 빈 자아가 형성된다.
형성된다고 말하는 것은 존재한다는 것을 의미하지 않는다.
존재 그 이상이기 때문에 생명 있는 형성이라 부른 것이다.

이 부름도 역시 이름이기 때문에 그 텅 빈 이름 자체를 일컬어 다시 여래자,
다만 이와 같이 여실하게 생성되어 다가온 것이라 한다.
여래 그 자체는 비자기로서의 생성하는 자각이다.
이 자각이 생생하지만 텅 빈 자체 성품과 활동을 잃지 않으므로 한 줄기 '신령스런 밝고 고요한 물건[一點靈明]'이라는 결론에 다다른다.

시작한 말 때문에 자신이 죽는다.
죽은 말 때문에 자신을 살려낸다.
중생 덕에 부처다.
없는 부처가 중생 덕에 있다.

중생은 영원히 부처를 모른다.
부처가 부처를 아는 것은 그가 부처 아닐 때다.
중생은 그가 중생이 아닐 때 부처임을 본다.
중생이 중생인 것이 아니라면 부처일 수도 없다.

중생이 아닐진댄 더욱이 부처일 수 없다.
만일 중생이 부처라면 부처는 중생일 수 없다.
부처라고 부르자마자 곧 부처이어야 한다.
중생의 속성이 이미 부처이므로 부처에게는 아무 속성도

있을 수 없다.[81]

'이다-아니다[是不是]'는 먼저 알아차리는 자의 몫이다. 말을 내뱉은 것은 이미 주장인데 이 주장된 것은 용어로서만 살아 움직이므로 먼저 말을 쓰는 사람에 의하여 지배되기 때문이다.

세상에서 가장 존귀한 것은 그 '존귀한 말'을 빼앗을 줄 아는 이의 자각이다. 자각은 스스로의 텅 빈 실체를 항상 되돌리고 반성되어진 것을 돌이켜 성찰하는 각성覺惺이다.

---

81 중생이라는 단어는 이미 아무런 실질적 현재성이 없다. 부처를 예상하여 좁히고 다듬어 꾸며 만든 단어이기 때문이다. 부처는 이미 인간이라는 생명체 전반을 가정하고 그 이상以上을 이상理想으로 삼으면서 다시 조작한 단어이므로 실상實上 현실적이지만 이미 현실 이상이므로 현재성이 없다. '존재하지 않는 존재'라는 이상異常한 소리를 해야 한다. 이 이상함이 도리어 이상하지 않은 것은 바로 인간이기 때문이다. 즉 우리 자신이 존재하지 않기 때문이다. 용어는 term이기 이전에 이미 우리가 '쓰고 있는 말'이므로 다시 '용어'라 불리는 것이다.

7
묻게 한 뒤 대답해 주는 맛

"아닙니다, 삼세가 우러러 모시는 존자시여. 서른 두 가지 상으로 여래를 보는 것은 불가합니다. 왜냐하면 여래께서 말씀하신 서른 두 가지 상이란 그 자체 곧 상이 아니어서 상이라 이름 붙인 것이기 때문입니다."

【經】 不也 世尊 不可以三十二相得見如來 何以故 如來說 三十二相卽是非相 是名三十二相

묻는 이가 외롭지 않고 대답하는 이가 고달프지 않으니
대화는 무르익어 점입가경이다.
물음은 간 데 없고 박수소리에 맞추어 웃어젖히니
동서고금이 없고, 인도와 중국에 태극이 나부낀다.

어찌 수보리는 이토록 애비 마음 읽을 줄 모르나?
바로 이르고자 애비는 없는 말로 설명하는 법이다.
격외格外의 일구一句를 짐작이나 하겠는가?
동창이 밝아오니 노고지리 우지진다.

보느냐 물으니 코앞의 일,
아느냐 물으니 눈앞의 자답自答이다.

스스로 묻고 스스로 대답하느니보다
묻게 만든 뒤 대답하여 주는 맛이다.

본래 길에는 짓눌린 발자국 없건만
길을 물으니 산 넘고 물 건너는 법을 이른다.
허공을 가로 지른 지나간 발자국,
땅 헛디딜 때 스쳐가는 반짝별이다.

모든 상相을 버리어 오롯한 상을 비추니 거울 속의 미녀는 실물을 도리어 감춘다. 상으로 여래를 볼 수 있는지 물었지만, 둘로 나누어 밑천도 건지지 못함을 탓한다.[82] 그 실체에 그 현상, 그 사상事相의 이치가 아닌가? 그 실체가 이 현상의 것이라면, 그 사상은 이 이치의 것이다.

---

[82] phenomenon과 noumenon은 그 이름이 잘못이 아니다. 이理와 사事를 나누어 분명히 하려함에 잘못이다. 잘못이라 말하자마자 잘못이라 할 수 없게 되었다. 생각과 분별이라 이름지어 올림을 송구하게 여긴다.

8
색동저고리, 일곱가지 한 색깔

"수보리야. 만약 선남자·선여인이 있어 항하의 모래와 같은 몸이나 목숨으로 보시한다면 또 만약 이 경을, 더 나아가 네 글귀만이라도 받아 지니는 이가 있어 저를 위해 설명해 준다면 그 복이 더욱 크니라."

[經] 須菩提 若有善男子善女人 以恒河沙等身命布施 若復有人於此經中乃至受持四句偈等 爲他人說 其福甚多

말씀이나 경을 지니는 일이 무엇인가? 사상四相에 떨어져 부처님을 버리는 일과 상相을 건네어 저 사구게四句偈는 어떤 관계인가? 그대는 보았는가? 그 이름을 부르고자 하는가? 지해知解를 내어 실체와 현상이라 말하고자 하는가? 안 것과 앎으로써 있음과 사실이라는 요구는 어떤가?

눈 뜨면 그대로 아상,
본 그대로가 인상,
본 줄로 알므로 중생상,
이를 기필코 터득한 세상이 수자상이다.[83]

---

83 상은 객관적 실체의 존재가 소지所持하고 있는 형상이 아니라 객관적 존재로 인식하는 주관의 독자적 유형이다. 참으로 그와 같이 있는 것에 대한 이름이 아니다. 그와 같이

남을 위하여 제가 믿는 바를 말하는 것은 결국 또 다른 사상을 고집할 뿐이다. 사구四句를 일러 주는 것은 경의 설명이 아니라 경을 볼 때 일어나는 네 가지 고집의 파기다. 앎의 앎으로써의 알아차림, 객관적 존재의 주관적 파악이여. 객관적인 것을 왜 도리어 주관에 두는가? 객관은 객관적으로 다만 주관적이다.

네 글귀를 받아 지니는 자,
그대의 이름에 영광 있으라.
보자마자 아니 본 것 아니며
터득하자마자 공적空寂하니 여래한 세존이다.

백의관음白衣觀音이 억겁을 두고도 설하지 않은 비밀이
어린 남순南筍 동자에게 들통 나기 그 몇 해인가?
같은 날 태어나 설하는 이는 무엇이며, 듣는 이 무엇이냐?
관음과 남순이 말해도 듣지 못한 것을 지금 읽고 듣는다.

관음의 나이 구구는 팔십이,
남순은 아홉에 아홉을 곱하니 여든 둘.
뉘 있어 이 소식을 짐작이나 할 것인가?
귀와 입이 없고서야 비로소 둘을 얻으리라.

존재하는 모습에 대한 네 가지 소신所信이다.

있는 그대로 없음이니 참으로 복덕이 깊고, 넓다.
있는 줄 아는 것이 바로 고해, 뉘 있어 건네랴?
무엇이 있는 것이요, 무엇이 없는 것이냐?
묻는 그곳에 분명하여 없고, 대답하는 데 분명 있다.

묻고 대답함이여
숫자에 숫자를 아무리 곱하고 더하지만
곱한 것과 더함은 그곳에 없음이다.
그곳에 없다 함이여!

색동저고리는 일곱가지로되 결국 한 색깔이다.

상여의니 적멸 [離相寂滅分]

14

1
무언의 말씀

이때에 수보리가 이 경을 설하시는 것을 듣고 깊게 그 의취義趣**를 깨닫고는 하염없이 눈물을 뿌려 슬피 울부짖으며 부처님께 사뢰었다.**

【經】 爾時 須菩提聞說是經 深解義趣 涕淚悲泣而白佛言

이 경이 무엇이기에 '설하신 경'이라 부르는 것인가? 경과 사구게의 공덕을 이르고 기리어 칭찬하니 눈으로 눈물, 입에 기쁜 나머지 울음소리 그침 없다. 스스로 기가 막힌다. 신통한 묘용妙用이 절로 나온다.

보라, 야보의 '좋은 웃음'과 같은가 다른가?
모든 비밀한 말씀이 진실로 그대의 뜻이었는가?
기쁠 일이 아닌데 문득 눈물까지 선사한다.
말 못하는 부처가 입도 다물지 못하는 비사悲事다.

부처도 설하는 바를 숨겨 여래로 변장한다.
무슨 수로 수보리는 설하심 들었다고 뻐기는가?
애초 세간에 들어 설하심은 저들을 위함이 아니라

당신의 한풀이, 무엇이 한인가?
예토穢土에는 부처 주住할 자리가 없고,
정토淨土에는 중생 주할 자리가 없어
세간世間에 주하는 세존이라 부른다.

봄이 오고 겨울 가기 몇 번하여 진찰剎塵인가?
본래 없는 이름에 중생과 부처다.
중생도 부처도 본래 없다 이르지 말라.
본래 없다. 없다는 중생, 있다는 부처다.

들은 바 없이 감격하고 설한 바 없이 슬프다.
귀가 없어 자랑하더니 귀 얻자 눈물 흘린다.
평생을 두고 못다한 몇 마디에 사구四句를 타니
한 순간의 무언으로 장광설을 되갚은 것.

2
들은 적 없는 경

"있을 수 없는 일이옵니다. 삼세에 가장 거룩하고 존귀하신 이여. 부처께서 이와 같이 심히 깊은 경을 설하시니, 제가 옛적부터 얻어 온 지혜의 눈으로는 일찍이 이와 같은 경을 얻어 들은 적이 없었습니다.

【經】 希有世尊 佛說如是甚深經典 我從昔來所得慧眼 未曾得聞如是之經

무엇을 일컬어 "들은 적이 없다."는 것인가?
그것은 그만 두더라도, 일러라.
지금까지 귀를 열고 들어온 것이 도대체 무엇이냐?
본래 삼계에 이 경 말고 다른 경이 있다는 것인가?

과거를 위하여 내가 현재를 기억할 것인가?
현재를 위하여 기억된 것들 때문인가?
과거를 돌이켜 보니 돌이킬 기억물이 없고,
현재를 돌이키려니 돌이키는 만큼 현실이 없다.

삼계에 빼어나니 그 누구며 삼세에 짝할 이 없으니 어느 분이시겠는가? 하늘과 사람을 통틀어 가장 존귀하신 그 이는 누구인가? 천의 눈으로 보지 못하는 것을 다 보며 듣는다. 지금의 세존이 내가 옛적에 모신 그 여래라면 이와 같이 듣고 이와 같이 깨달음을 얻으리오? 그 눈으로 아무리 지혜를 굴려도 들을 수 없기 때문에 금강반야바라밀경이라 이름 지어 불렀다.

이 경이라고 되풀이 하여 말하거니와
가리킨 손가락 끝에 글자가 묻어나고,
읽는 입가에는 싸늘한 비웃음조차 버겁다.
어찌할 것인가? 입 다물고 차수叉手하라, 뿌리는 흙속이다.

야보가 이르기를, "웃어야 좋겠지만 마주치면 꺼린다."[84]
어찌 그렇다는 것인가?

있을 수 없는 일이니 웃을 수밖에 없고,
없는 일은 더더욱 아니니 웃을 수밖에 없지 않은가?
웃지도 울지도 못하는 그대, 어찌 하려는가?
하하하, 이 경을 보기는 했는가?

---

84 好笑當面諱了.

3
작위는 스스로 지음

삼세의 가장 거룩하고 존귀하신 이여. 만일 어떤 이가 이 경을 듣고서 조촐한 것이 마음임을 믿는다면 이는 곧 여실한 상을 일으킨 것이오니, 이 사람은 마땅히 제일 희유한 공덕을 성취한 것임을 알겠습니다.

【經】 世尊 若復有人得聞是經 信心淸淨 卽生實相 當知是人成就第一希有功德

이 사람을 보라. Ecce Homo. 이 경이 아직 없고 지금 읽는 이도 없는데 후세에 뉘 있어 보랴? 삼세를 두고 들을 수 없고, 볼 수 없거늘 읽고 쓰나니 허투루 신통 묘용이 이것이라 지어 부르지 말라. 이미 자연이 아니다. 신통 묘용 자리 잡을 곳이 신묘하다.

곧 여실한 상을 일으킨다니 이것이 무엇인가?
한걸음도 떼지 않고 집 안에 들어와 있음이요,
한 입에 대해를 남김없이 들어 마시었다가
단 숨에 수미산 밖으로 모두 토해 낸 것이다.

창조자는 창조하지 못할 제 비로소 태초일 것이며 작위는 스스로 지음이다. 누가 뒤에 있다면 아무 것도 지은 것이 아니지 않은가? 만들고 부수는 일은 모두 들숨 날숨이다.
공적한 마음에 마음이라는 이름이 없으며 텅 비어 아무 형상도 없다는 말을 하지도 않음이다. 형상이 비었다고 이른다면 그 텅 빈 것이 무엇인가? 이를 아는 것이 그렇게도 제일 희유한 공덕이라니? 야보가 차라리 웃어야 옳다 이른 것이요, 한마디라도 덧칠한다면 겸연쩍다.

무엇이 공덕인가?
멀리 손가락으로 불러일으킨 밝은 뫼가 월출봉月出峰.

4
여실한 상은 비상非相

삼세에 가장 거룩하고 존귀하신 이여. 이와 같이 여실한 상이란 곧 비상인 것이니 이 까닭에 여래가 설하여 실상이라 명명命名한다고 하십니다.

【經】 世尊 是實相者 卽是非相 是故如來說名實相

이치가 사상事相을 여의지 않았고 사상이 이치에서 다르지 아니하니 여-실[如-實]하다고 한다. 세존이라 부르니 본래 이치가 그러하지만 사상으로는 본래 여래인 것과 같다.

부처도 모르는 이름을 수보리는 알고,
산과 물이 모르지만 사람들이 잘 안다.
오리와 거북은 소리와 털이 없더라도
인간과 사바세계에는 문제 될 것 없다.

여자가 어미이지만 여자를 모르기 때문에 니尼다.
돌아보면 이치로는 여래, 사상으로는 도리어 세존일 터.
누가 입장을 바꾼 것인가?
중생과 여래 가운데 어느 것을 이치요 사상이라 부를 것인가?

명명命名함은 우리가 본래 작명가이기 때문이다.

야보가 말하기를, "산과 강, 대지는 어느 곳으로부터 왔는가?"[85]라고 물어주니 알겠는가? 그대가 그렇듯 부른 것이 무엇인지? 시작이 없는 겁초 그 이전에[이를 듣고 그대는 무엇을 생각하는 것인가?] 그림을 차마 그릴 수 없는 그 곳에서 홀연히 시작하고 하늘과 대지가 바야흐로 각각 나의 시야 속에 들 제 같이 들어와 같이 매몰되어 사라지니 가관이다. 만일 "한갓 상이 아니라."고 말하면 "지금 이 산하대지는 이렇듯 모양을 드러내니 도대체 어디가 저들의 온 곳이더란 말인가?"

야보가 송頌하기를,

멀리서 보니 산이 비쳐 보이고,	遠觀山有色
가까이서 들으니 물에 소리조차 없다.	近聽水無聲
봄은 가도 꽃은 도리어 남아 있고,	春去花猶在
사람이 와도 새는 놀라지 않는다.	人來鳥不驚

눈앞의 사물마다 몰래 숨긴 적 없이 드러나고 제 모습 억지로 내세우지 않으나 분명하다. "어리석으니 눈앞에 존재의 형상만 있고 깨우친 즉 귓가에 아무 소리도 없다." 즉, "완연하여 참으로 고요하고 뚜렷한 것이다."

---

85 山河大地甚處得來.

여실한 상이라 부르며 즐기니 수자다. 무엇이 여실한가 되물으면[계속하라] 문득 여실한 것이 다 유명무실하다. 여실한 허망을 자초한 이름일 뿐이다.

5
구멍 없는 귀

삼세에 가장 거룩하고 존귀하신 이여. 저희가 이와 같이 경전 말씀을 듣자마자 믿음으로 깨달아 수지하는 것이야 어려움이 없겠사오나, 만일 어떤 중생이 다가오는 내세 오백세가 지난 뒤에라도 이 말씀을 듣자마자 믿음으로 깨닫고 수지한다면 이 사람은 곧 드물기로 제일가는 이라 하겠나이다.

【經】 世尊 我今得聞如是經典 信解受持 不足爲難 若當來世 後五百歲 其有衆生得聞是經 信解受持 是人卽爲第一希有

이와 같이 말씀을 들었다고 말하겠지만 둘 없는 언설言說은 중생도 부처도 없지 않은가? 어렵지 않게 신심 내라 평하지만 들은 것 없는 까닭에 묻는 일이 아득하다. 이와 같이 들었다면서 아무도 모르고, 이와 같이 묻는 동안 새삼스레 들었다 한다. 예부터 지금까지 묻고 들음으로 서로를 속이니 구멍 없는 귀로 듣고 토설하는 무언 동자다.

둘 없는 언설이 무엇인가?
꽃 피는 소리 봄 가까워 인지하나
들을수록 색깔 없어 비로소 웃고
눈에 가득한 소리 꽃 없어 필경 눈물 흘린다.

스스로 인과를 창조하는 중생이 스스로 얽히고 묶임 당한다. 듣고 본 이는 믿음을 낼 수 없고 믿음 내는 이는 허공에 묻는다.
하루가 어려운데 내세 임할 일 걱정하는 이여.
지금도 경전을 듣는 이 없는데 하물며 500세라니?

무엇이 내세이며, 500세인가?
지금이 이전인가 이후인가?
오온五蘊으로 보지도 듣지도 못하니
세월에 밤과 낮이 없고 해와 달이 시들었다.

따로 경이 없으니 "불법은 날마다 쓸일 따름[佛法只在日用]"이다. 사구게가 어디 범어梵語이며 한문이라던가?

오고 가며 1행,
앉고 누우며 2행,
옷 걸치고 벗으니 3행,
밥 먹고 마시니 4행.

어찌하여 그러한가? 금강이라 부른 것은 눈과 귀로 보고 듣기 때문이고, 반야라 이른 것은 눈과 귀로 보지도 듣지도 못하기 때문이다. 경이라니 믿지도 않고 깨닫지도 못하기 때문이다. 수지라니? 제 본래 지니고 있는 줄도 모르기 때문이다.

"어려울 게 없다"니? "남쪽에 앉아 북두 보기"다. "어렵다."니? 눈을 못 보고 불을 태우지 못한다. 아상·인상 아닌 어느 상에 걸린 것인가? 모르니 중생상이요, 아니 홀연 수자상에 걸렸다.

상에 걸림인가, 걸림이 상인가?
있다 하면 하나에만 걸리지만
이동異同인 줄 알면 모두에 걸리고,
이동 없는 줄 아는 걸림도 상이다.

6
신심信心, 견성과 성불의 모태

왜냐하면 이 사람은 아상이 없고, 인상이 없으며, 중생상이 없고, 수자상이 없기 때문입니다. 왜냐하면 아상이 곧 상이 아닌 것이며, 인상·중생상·수자상도 곧 상이 아니기 때문입니다.

[經] 何以故 此人無我相無人相無衆生相無壽者相 所以者何 我相卽是非相 人相衆生相壽者相卽是非相

어찌하여 상이 네 가지인가? 있고 없고 비유무非有無에 비비非非다. 대對를 여의니 둘은 자취를 감춘다. 감출 곳이 본래 없어 무명無名도 아니다. 경전 말씀을 수지하니 지智와 신信은 자타의 통념에 의지하지도 않는다. 믿거나 수지함 없는 것이 말씀이다. 주객 보편 절대의 정립을 용서하지 않는다. 정립시키지 않을 줄 앎이 부처다. 이 앎을 정립하자 다시 사상에 떨어진다. 앎도 정립시키지 않으리라 말하지 말라. 않으리라 다짐할 때 수자壽者에 떨어졌다. 신심은 일체 견성과 성불成佛의 모태다. 성품에 내가 없고, 성불에 네가 없다. 중생 없는 성품, 부처 없는 마음이다. 없다는 것 또한 있지 않기에 비상非相이다. 비상비비상非相非非相.

생각이 상이지만, 상에는 생각이 없다.
일어난 생각에는 생각이란 상이 없기 때문이다.
이미 생각을 모르는데 어찌 상인 줄 알 것인가?
상이라 부르는 이 생각 덕택에 묶인다.

번뇌에 번뇌 없고, 없음이란 번뇌도 없다.
보리에 지혜 없어, 없는 지혜도 일어난다.
일념 일어나 이동異同 또한 없는 곳에
번뇌도 지혜도 아닌 오직 이 말뿐이다.

몸 없고 얼굴 없이 몸도 태우고 얼굴 붉힌다. 야보가, "마음에 사람을 저버리지 않으니 얼굴에 부끄러운 빛이 없다."[86]고 한 까닭이다.

손발이 따로 일을 보나
주인은 나무람이 없다.

공생空生의 역사, 모든 경의 요지다. 무념으로 종요를 삼는 이유가 여기에 있다. 일으키나 본래 일어남 없으니 무위다. 이에 불법의 체를 삼아 유통케 하라.
나눌 수 없으므로 네 가지 마음을 일컬어 보자. 무엇이 육단

---

86   心不負人 面無慚色.

심肉團心, 연려심緣慮心, 집기심集起心, 견실심堅實心인가? 구분하여 차별을 밝힐수록 그 차별이 무색하다. 모두 마음이지만 아무 것도 아닌 마음이다.

첫째, 피와 살과 심장의 마음은 무엇인가?
둘째, 안이眼耳 등 팔식이 얽혀 작용하는 마음은 무엇인가?
셋째, 제팔식八識이 능히 종자種子를 적집積集하는 마음은 무엇인가?
넷째, 그리하여 견실한 진여심真如心은 무엇인가?[87]

마음에 네 가지가 없듯이 상도 네 가지를 지키지 못한다.
네 가지를 이룰 수 있는 것은
능소能所 없는 것이 자신을 비추어 실제에 따르기 때문이다.
따르되 비춤 또한 능소를 짓지 않으므로 여실하다.

---

87 『화엄경소초華嚴經疏鈔』卷五十七「징관澄觀」.

7
같고 다름이 본래 하나

왜냐하면 일체 모든 상을 여읜 것이 이름하여 곧 부처이기 때문입니다."

【經】 何以故 離一切諸相 即名諸佛

칼과 방패를 모두 던져 빈 몸으로 맞선이여!
이름 던져 자취와 형색조차 모두 없앤다.
빈 하늘에 마른번개 저 천하를 짓밟고,
봄바람도 없는데 가지마다 알알이 붉었다.

모양도 형상도 아닌 것이 부처라면
저 모양과 형상이 어디에서 왔는가?
모양과 형상이 부처와 무슨 원결을 지었나.
원수를 사랑하느라 불상만 더욱 늘었다.

이렇듯 산·물·하늘·사람을 본다고 본다.
이와 같이 보인 것이 실로 있다고 본다.
이렇듯 본 것에 알음알이 내어 굴리고

이것마저 본 줄 알 때 홀연 없이한다.[88]

불도 여의고 뜨거움도 여의며
물도 여의고 촉촉함도 여의니
불과 물이 없고 열熱과 습濕도 여일 때
동별同別조차 본래 없다. 이 뭐꼬?[89]

---

88 객체에 대한 자기회귀를 주관이라 부른다면 주관이라 부르는 자기회귀는 또 무엇인가? 주객主客을 번갈아 가며 돌이키어 중생식衆生識이다. 부처라 불러 도리어 인과에 떨어지지 말라.

89 색[色 : rupa]과 심[心, 心意識citta]의 법[法 : dharma] 그리고 상[相 : laksana]과 공[空 :sunya] 경계를 보는 그 마음[6-7-8]과 마음에서 본 경계는 동일함에도 불구하고 다르다. 동일하다 하면 다르나 같다 하면 둘이 된다. 그리하여 동별同別에도 불구하고 하나도 둘도 아니다. 또한 모든 경에서 언급한 것을 참조하라.

1.『금강경金剛經』: 1. 我, 2. 人, 3. 衆生, 4. 壽者
2.『대비바사大毘婆沙』: 1. 生, 2. 住, 3. 離, 4. 滅
3.『대지도론大智度論』: 1. 有, 2. 知-識, 3. 緣-增上:[因果-總別], 4. 依
4.『십지경十地經』: 1. 總相, 2. 別相-同相, 3. 異相, 4. 成相-壞相
5.『대승기신론大乘起信論』: 1. 有相-無相와 非有相-非無相, 2. 有無俱相, 3. 一相-異相과 非一相-非異相,   4. 一異俱相 等

8
똑같은 어제, 오늘, 내일

부처께서 수보리에게 이르셨다. "이와 같고 이와 같으니라. 만약 다시 어떤 사람이 이 경의 말씀을 듣고서 놀라지도 두려워하지도 않으며, 낯설어 하지도 않는다면 마땅히 알지니라. 이 이가 참으로 희유한 사람이다. 왜냐하면 수보리야. 여래가 설하시는 제일바라밀은 곧 제일바라밀이 아니고 그 이름이 제일바라밀일 뿐이기 때문이니라.

【經】佛告須菩提 如是如是 若復有人 得聞是經 不驚不怖 不畏 當知是人甚爲希有 何以故 須菩提 如來說第一波羅蜜 非第一波羅蜜 是名第一波羅蜜

밥 한 그릇 나누어 먹는 곳에 제불의 공양이 있고, 이 공양이 있는 곳에 제일 큰 반야바라밀이 있다. 무엇이 제불의 공양인가? 받기 전에 준 것이라면 무엇이 바라밀인가? 주기 전에 건넸다.

"이 경의 말씀을 듣고서 놀라지 않는다."는 제 집에 앉아 남의 집으로 알았다. 이는 책이 아니다.

"두려워하지도 않는다."는 곁에 아무도 없어 모두 내 식구다. 배울 것이 없음이다.

"낯설어 하지 않는다."면 이는 분명코 비로자나 부처님 당시 이전에 겁초 전부터 멍석을 깔아놓고 놀던 곳이다. 이미 정토淨土라 불러도 늦은 것이다.
이에 이르기를, "외경畏敬하여 예배하지 말라.", "마땅히 알지니라."고 한 것이다. 믿지 않기 때문이다. 의심하여 육도 윤회를 일으키고, 끊어 삼도三途의 고苦를 벗는다.

"참으로 희유한 사람이라."는 이 세상에 태어난 유일한 이다. 이 사람 이전에 아무도 없고 뒤에 아무도 없다. 이 홀로 선하여 큰 소의 울음 같은 목소리로 머리와 꼬리를 다 없앤이라 믿기 때문이다. 그렇다면 그 몸통은 무엇인가? '참으로 희유'하므로 사방을 둘러보아도 아무도 없다. 홀연, 청백의 눈을 갖추어 동서로 왕래하는 이가 보인다.

동트기 이전 때마침 봄비 뿌리니
기쁨과 환희도 도리어 숨어버린다.
물고기 노니 개울물 탁해져 버렸고
입 벌려 떠들자 가지가지 의심 버리지 못한다.

이 경의 말씀은 눈으로 읽으면 눈썹이 빠지고,
입으로 외우면 야차의 항아리 속에 빠져 죽는다.
마음으로 읽으면 집도 절도 다 잃어 갈 곳이 없다.
무엇으로 읽어야 하는가?

일전어一轉語를 내린다,
"빛을 보아 돌이키고, 머리 들어 발밑을 보라."

어찌 놀랍고 두렵지 아니하랴. 한없이 낯설다.
바로 어제, 오늘, 내일 똑같으니 어이하랴.
사구四句는 사구死句, 경은 종내 아무 말도 없다.
그대에 이르러 부처가 목숨을 잃는다. 할喝.

9
무엇을 인욕하는가?

수보리야. 인욕바라밀은 여래가 설하셨나니 인욕바라밀이 아니니라.

【經】 須菩提 忍辱波羅蜜 如來說非忍辱波羅蜜

생각이 없으니 생사를 모르고,
생사가 없으니 번뇌와 보리가 없다.
번뇌와 보리가 없으니 중생과 부처가 없다.
중생과 부처가 없거늘 무엇을 인욕忍辱하는가?

무면無面이라 무치無恥, 무지無知라 무참無慚이다.
부처라 불러 칭찬하니 모든 부처가 유심,
부처가 무심이라니? 삼계가 담적하다.
부처와 마음을 두고 무엇이냐고 묻지 말라.

나도 너도 없는 곳에 부처가 듣고 말한다.
여래는 나와 네게 가장 친절한 설명을 푼다.
듣고 보니 아무나 하는 말 따위로 여기건만
다시 생각해 보니 아직껏 듣고 본 적 없다.

집도 절도 없는 이 삶이니라.
수보리는 여래의 설을 듣는 것인가?[90]
여래가 설하심을 듣는 것인가?[91]
인욕을 알고자 하는가?[92]

무엇이 인욕인가? 왜 참고 견디는가? 참을성 많은 이가 무엇을 본 것이며, 무엇으로 건넨다는 것인가? 중생을 인내하는 부처는 일체 중생을 잃고, 중생이 곧 부처임을 믿는 자는 부처가 없다. 중생을 잃고 그 근원을 모두 잃으니 잃을 것 없다. 부처가 없으니 참을성을 다시 노래 부르지 못한다.

나 없이 나, 너 없는 너를 앞세우며
중생을 보지 않으나 스스로 중생임을 자처한다.
부처의 발원은 이 마음 밖에 따로 없다.
존재 아닌 것을 믿음으로써 참고 건너 다다른다.

---

90 공생空生의 귀다.

91 황면黃面 두구杜口의 혀다.

92 백천간두百尺竿頭 진일보進一步.

10
나의 고통과 아픔은 기쁨

어찌하여 그러한가, 수보리야. 내 그 옛날 가리왕에게 몸뚱이를 베이고 찢길 적에 그때 나에게 아상이 없었으며, 인상이 없었으며, 중생의 상이 없었으며, 수자상이 없었느니라.[93] 어찌하여 그러한가? 내 그 옛적 마디마디 사지가 찢겨나갈 그때, 나에게 아상·인상·중생상·수자상이 있었다면 응당 성나 원망하는 마음을 내었을 것이니라.

【經】 何以故 須菩提 如我昔爲歌利王割截身體 我於爾時 無我相 無人相 無衆生相 無壽者相 何以故 我於往昔節節支解時 若有我相人相衆生相壽者相 應生嗔恨

나를 찢고 할퀴는 이가 누구인지 모르니 가리歌利다. 찢고 할퀴고 물어뜯는 것으로 즐거워 노래 부르는 것이다.[94] 나에게 고통과 아픔을 주는 것이 바로 나에게 기쁨이다.[95] 고苦는 우리의 임금, 지배자, 희망이다.[96]
저나 내가 그러했다니? 무엇이 나인가?

---

93 상相이 없으므로 상相 없다는 것 또한 아니었다.
94 육식을 즐기니 고기보다 물어뜯고 찢음이었다.
95 아픔과 기쁨을 마음은 나누나 질량은 같다.
96 이루지 못할 줄로 기뻐하니 즐거운 고苦다.

나에게 안주하고 있는 남[他]이여.
남을 물어뜯어 먹고 사는 나[我]여.
'우리들'과 '남들'과 '저들'이여.
존재와 생명의 기반도 없는 저들이 내 살을 찢는다.

참고 견딘다니? 무엇을 참고 견디는 것인가? 이 세계가 사바에는 존재하지 않는다. 태초 이전부터 이와 같은 존재로서 견디어 왔다. 나와 너가 없으며, 중생과 부처가 없다. 겁초 이전부터 이와 같이 저들을 참으로 용서하고 사랑하며, 존재하는 영원의 즐거움으로 참고 견뎠다.
착각은 불국토를 지향하며, 다함없는 법계라 찬양하며 다음으로 건네기를 기다리므로 바라밀이라 부른 것이다.

머리 돌려 일컫되
나의 살림살이가 곧 수행처修行處다.
이르는 곳마다
주인의 옷 갈아입는 종살이였다.

지배자여, 그대는 그 지배조차 견뎌 참지 못한다. 지배를 얻기 위하여 스스로 지배하는 백성의 노예가 되었다. 예속된 것으로 하여금 자신의 보좌를 지켜 견딘다.
그대는 영원히 같은 자리[位]의 종이다.

11
생각은 흐르지 않는다

수보리야. 다시 생각하여 보건대 과거 오백세에 인욕선인이었을 때를 기억한다. 저 세월이 흐르는 동안 나는 아상이 없었으며, 인상이 없었으며, 중생상이 없었으며, 수자상이 없었느니라.
【經】 須菩提 又念過去於五百世作忍辱仙人 於爾所世 無我相 無人相 無衆生相 無壽者相

인욕선인은 인욕 없으므로 이름이 인욕이다. 가리歌利왕을 함부로 호명치 말라. 선인이 듣는다. 가슴살 추려 뽑으니 머리통 열도 모자란다. 사상이 없다니? 지극한 보시는 누구에게인가? 남 얘기하듯 계속 지껄이는 이 물건은 무엇인가?

일러라.
생각에는 흐름이 없다.
지금이되, 들어 올리면
홀연히 과거 500세 전.

생각과 생각의 사이가 무간지옥이며, 나고 없어지는 사이

에도 유유자적이다.[97]

강 꼬리 비틀어 산등어리에 붙잡아 매고,
나무 허리 꾀어 바위 둥근 발등에 꽁꽁 묶는다.
해와 달을 눈동자 안에 넣어 삼세에 굴리고,
계곡의 귓바퀴 속에 졸졸 흐르는 세월을 낚아챈다.

빛 감지 못하는 태양에 목 맡긴 해바라기.
끝없이 주고받아 자연, 신성神性이라 끝없이 이른다.
하염없이 주고받는 이름이야 말하지 않겠다.
도대체 주고받은 이름이 무엇인가?

돌아보니 저 하염없이 셈하는 이 누구인가?
장단長短의 명암明暗 여한 없이 낚싯대 들어올린다.
물 오른 생선처럼 눈과 귀에 유무로 잔치다.
씹고 삼키니 기억의 창뿐 아무것도 없다.

듣고 잊고 보고 잊어 잊음 또한 잊으니
비밀의 문 들락거리며 무리지어 허송세월,
산과 들 메운 꽃 속에 새 지저귐 헤아리기 얼마이던가?
자심보궁自心寶宮에는 작명作名되지 않은 것들만 더욱 그득하다.

97　念念之間 無間地獄 生滅之間 悠悠自適.

12
머물지 못하는 머무는 마음

그러므로 수보리야. 보살은 마땅히 일체의 상을 여의어 아뇩다라삼먁삼보리심을 내나니 마땅히 형색에 머물러 마음 일으키는 것이 아니며 마땅히 음성·냄새·맛·촉감이나 법에 머물러 마음 일으키는 것이 아니므로 머무는 바 없이 마음을 마땅히 일으키는 것이니라. 설사 머무르는 마음이 있더라도 곧 머무르지 못하느니라.

【經】 是故須菩提 菩薩應離一切相 發阿耨多羅三藐三菩提心 不應住色生心 不應住聲香味觸法生心 應生無所住心 若心有住 卽爲非住

'아뇩다라삼먁삼보리'는 곧 부처의 이름이니 정변지正知다. 보살이 깨달음을 얻으니 이전과 이후가 있다. 원인이 보살의 이전, 보살은 이미 이후이니 결과다. 발보리심은 이전을 떠나 이후에 이르기 전의 건넘이다. 이전에도 머물지 못하고 이후에도 머물지 못한다.

음성과 냄새에 머문다는 것은 원인과 결과의 도착倒錯이다. 형색과 음성 등이 안이眼耳의 양근兩根을 원인으로 삼으나 양근 안에 빛과 소리가 없으니 형색과 음성의 법法이다. 냄새·맛·촉감도 그와 같아서 당장當場의 존재가 당장의 법이다.

모든 법이 이와 같다 이르니 여시如是는 안과 밖이 둘로 나뉨이 없으나 서로 다르고 다르다고 말하지만 둘이 따로따로인 것이 아니며 하나가 아니듯 둘이 없는 이사理事를 천명闡明한 것이다.

머무르되 머무는 것이 아니라니? 여래의 하는 일 무상하고 덧없다. 본적도 들은 적도 없는 여래를 이렇듯 공경하니 까닭인 즉 듣도 보도 못한 이들의 몫이다.

눈으로 굉음 울리고, 귀속에 끝없는 강이 흐른다.
꿀꺽 산과 들과 강과 바다를 차별 없이 삼키곤
심심한 듯 아무 때나 팽개치듯 뱉어 버린다.
신통 묘용을 말하던 이들 어안을 잃어 잠잠하다.

죽은 부처는 배가 부르고, 산부처는 끼니를 굶는다.
남루한 형색을 방관하더니 후대에 존중하며 받든다.
항하사는 흐름이 없고, 셈이 없는 한 가닥 비단포기이듯
팔만사천 형형색색이 한 뭉치 구름덩이일 줄이야.

내 집 너머로 보이느니 남의 집 담장뿐,
방안에 날리며 마구 구르는 먼지는
셀 레야 셀 수 없는 눈 속의 경극京劇이다.
세월 밖의 편지뭉치로 날 새는 줄 모른다.

13
보시하며 다 빼앗은 날도적

이 까닭에 부처가 설하기를, 보살의 마음은 마땅히 형색에 머무름이 없는 보시라 하느니라. 수보리야. 보살은 일체중생을 이롭게 하기 위해 마땅히 이와 같이 보시해야 하느니라. 여래가 설하시는 일체 모든 상은 곧 비상이고 나아가 일체중생이라 설한 것도 곧 비중생이니라.

【經】 是故佛說菩薩心不應住色布施 須菩提 菩薩爲利益一切衆生 應如是布施 如來說一切諸相 卽是非相 又說一切衆生 卽非衆生

부처는 무위無爲의 사람이다.
어찌 보살을 들먹이며
무엇 때문에 중생을 들먹여 일체 중생을 일컫는가?
중생이라 부른 때 진 빚을 무엇으로 감당할 것인가?

보시하여 베푼다며
남김없이 다 빼앗는 날도적.

"일체 중생을 이롭게 한다."니? 어찌 아난의 허물이 예전에 그러하듯 오늘에도 여전한 것인가? 중생을 중생인 줄 아는 보살의 허물은 그 중생, 부처를 부처로 아는 그 이는 다시 부처를 만든다.

부처 계신 곳이거든 주하지 말고　　無佛處不得住
계시지 않거든 급히 지나쳐 내빼되　　有佛處急走過
30년 뒤에 말 못한다 이르지 말라.　　年後莫言不道
말한 뒤에 이른 것 없다 하지도 말라.　言後莫道不道

본 것이 보는 데도 없고, 보여진 그 곳에도 없다.
그 무엇이 본 상인가?
중생이라 여김은 그대의 착각,
부처라 생각한 그대의 장몽長夢을 그만 쉬어라.

상이 상이 아니라면 무엇인가?
저 초라한 부처의 모습을 보라.
실오라기 하나 걸치지 못한
비구인 것까지는 그런 대로다.

천상천하 다 뛰어도 물 한 모금조차 마실 수 없다.
드디어 속내를 드러내 한 중생도 본 적 없다니?
중생이 없는 것이야 제 업, 제 몸은 과연 구경이나 할 수 있겠는가?
모양도 이름도 없이 부처라니? 집 주인이 없음을 아는가?

일체 중생을 일컫는 이 뉘신가?
애초에 아무도 모르던 이름을.
황면 노인이 공연히 심사 부렸다.
중생 이름 퍼지자, 부처가 허공 뼈가 되었다.

14
안팎이 같은 물건

수보리야. 여래는 그 말이 참된 이며, 그 말이 성실한 이며, 그 말이 여여한 이며, 그 말이 꾸미거나 기만하지 않는 이며 말과 다르지 않는 이니라.

【經】 須菩提 如來是眞語者 實語者 如語者 不誑語者 不異語者

부처는 말하는 이고, 여래는 말 모르는 이다.
이르는 대로 묻고 다그쳐 되물음이 옳으리라.
무엇에 진실하며 어떻게 여여하단 말인가?
세인의 입에 회자하는 말 빌어 부처가 그럭저럭 대꾸한다.

부처도 할 수 없는 말이며, 보살도 알아듣지 못한다.
말이야 입에서 나오나 귀가 듣는다니, 모를 일이다.
입도 본래 모르는데 귀가 어찌 짐작이나 할 수 있으랴.
남을 마음이라 부르지만 영원히 제 몸만 구차하다.

어찌하여 여래인가?
이렇게 온 곳 없는 이여.

이전과 이후가 가지런히 비었으니
여여하고 이름도 낯설다.

아무도 본신本身이라 이를 수 없다.
진짜와 가짜가 본래 똑같으니 더더욱 갈 곳 없다.
동별 모두 혼돈과 갈등이다.
다르다 할 그때 가장 같으며, 같다고 할 때 전혀 짝이 없다.

유무가 도리어 낯설다. 갈 곳 없는 것처럼 온 적도 전혀 없기 때문에 오지 않은 것이다. 당장 이 자리라고도 못한다. 있는 것이 다 있어 마땅하니 여실하고 없음이라는 분별이 다 허망하니 허연虛然이다. 부르는 대로 대답한다. 듣자마자 맞장구치며 깔깔댄다. 외면해도 불쾌하지 않으니 안팎이 같은 물건.

스스로 놀라지 않으니 해와 달이 바뀌어도 그대로다.
바꾸어 불러도 스스럼없이 대답하니 남의 집이 아니다.
영준함을 참지 못하곤 깔깔대고 웃으며,
마음에 그럴싸하여 옳다거니 떠들어 댄다.

또 구담이 이 늙은이를 만나 기뻐한다. 흰 구름 천개의 수레

에 실어 나른 일개 소식이다[白雲千載一知音].[98]
혜충慧忠[99] 국사가 세 번 부르고, 세 번 대답했다. 스스로 답하기를, "그대가 아니라 내가 자네를 배반했다."고 일렀다. 부르는 것과 대답함이 이와 같다. 이 화두를 자세히 살피라고 이른 뜻이다.[입조차 잃을 것이다.]

한가로운 구름은 산자락 위에 거닐며,
계곡의 물은 바위와 나무를 비껴 흐르니
산과 구름을 하나라 둘이라 이르지 말라.
있는 대로 방해 않고 없는 대로 근심 없다.

---

98 「忍俊不禁笑呵呵 / 肯心自許云喏喏 / 且喜瞿曇逢此老 / 白雲千載一知音.」
99 혜충(慧忠, ?~775)은 당나라 때의 스님으로 6조의 법을 이었다. 수행이 끝나자 남양 백애산白崖山에 암자를 짓고 40여 년 동안 들어앉아 내려오지 않았다. 그 도행道行이 임금의 귀에 들어가 현종·숙종·대종의 3대를 지도하는 국사가 되었다.

15
있는 것은 없고, 없는 것은 생생

수보리야. 여래가 얻는 이 법은 허와 실이 없느니라.
【經】須菩提 如來所得法 此法無實無虛

허망을 빌어 진실을 밝히고 진실에 근거하여 가假라 법계가 본래 허망하여 허망하다 이를 수 없으니 허망하지 않은 정토가 더욱 허망한 소리다. 서로 기대어 얻지 못하니 얻는 대로 제 얼굴이다. 말씀하신 것에 아무 이름도 없으나 알고 모르고 때문에 두 가지 다름이 있는 줄 안다.[100]

야보가 송하기를, "물속의 짠 맛이며 채색彩色 안의 아교는 맑다."[101] 굳기가 무쇠 같고 부드럽기가 연유[酥][102]같다고 해도 이러한 즉, 유-무와 허-실이 반반이 될 터이다. 이는 마치 반인半人·반신半神 같아서 외도外道의 법, 인과를 면할 수 없고 의구심을 떨치지 못하여 헷갈리기 쉽다. 나 같으면 그렇지 않아서 있는 것은 없고 없는 것이 도리어 생생하다.

---

100 존재하는 줄 알아 얻을 것이 없으니 ubjectivity도 없고, objectivity라 할 것이 없다. 존재의 주인인 master가 없다고 한 것이다. Master가 없다는 것은 존재의 자유-liberty가 없다 함이다.

101 水中鹹味 色裏膠淸.

102 硬似鐵 軟如酥.

'굽은 것이 곧음을 못 숨기니 허공의 뼈를 추렸다[曲不藏直 空出骨].[103]

존재의 무화[無化, annihilation]를 통하여 마음을 드러내고, 없다는 무를 탈취하여 마음조차 무화시킨다. 들어내는 그 마음은 어디에서 보며 무화된 마음이라니 어디에서 그런 작태가 일어나는가? 따라서 이러한 명제가 가능하다. "뜰 앞의 잣나무다[庭前柏樹]."고 언급했다. 그러나 그것은 뜰에도, 잣나무라는 나무도 아니다. 언급 되어진 것으로 왜 그는 다시 서래의西來意를 찾는가?

잣나무가 존재자의 존재[104]인가?
잣나무에 잣나무 성性이 어디 있는가?
인간의 인간성, 부처의 불성이라는 말과 같다.
실제로 잣나무를 아무리 보아도 잣나무는 보는 데 없다.

부처를 볼 수 없고, 인간을 볼 수 없기 때문이다. 보고 있는 이놈에게는 봄 자체가 없다.

---

103   아我와 인人이 없으면 중생을 두어 공생과 인간을 세우나 이미 아무런 entity가 없는 것의 retrospection에 불과하다. All becomes vain, 즉 voidness of being in itself. 그럼에도 불구하고 ceaseless repetition을 무기로 삼는다. 수자壽者로써 대체해서 intellectual superiority를 구가謳歌한다.

104   Sein des Seiendes.

16
어찌 뜰 앞의 잣나무인가?

수보리야. 만약 보살이 법에 머무름 있어 마음으로 보시하는 것은 비유컨대 막혀 어두운 곳에 사람이 들면 볼 수 있는 것이 없으며, 만약 법에 머물음 없는 보살이 마음으로 보시하는 것은 비유컨대 햇살이 밝게 비출 적에 눈 있는 사람이라면 가지가지 형색을 보는 것 같으니라.

【經】 須菩提 若菩薩心住於法而行布施 如人入闇卽無所見 若菩薩心不住法而行布施 如人有目日光明照見種種色

법에 마음이 머물고 법에 마음 머무름이 없다. 법에 마음을 두고 마음 그칠 무엇이 존재하는가? 달마가 홀연히 서쪽에서 온 까닭을 여쭈니 "뜰 앞의 잣나무"라는 말을 세인이 꿈속처럼 여긴다.

묻는 이가 친절한 말씀 듣고도 꿈결 같이 헤맨다.
마치 배고픈 이가 밥그릇 속에서 굶어 죽는 것과 같다.
대답하는 이의 말에 편승하지 않고 부리기만 했다면
잣나무에 오르지 않고도 문득 혜법慧法을 증득하리라.

발 아래 이 땅이 부르지 않고 다다른 그대의 입지立地, 손들어 가리키고 눈 떠 바라보는 저 잣나무는 아무리 샅샅이 뒤져도 손가락은 눈동자를 겁초劫初에 떠났다. 어이하여 지금도 뜰 앞의 잣나무라는 얘기뿐인가? 어느 달마[bodhi-dharma]이며, 무슨 불법佛法인가?

달마에게 지혜가 없고,
부처에게 법이 없다.
풍류 없는 그곳에 도리어 풍류하나니
천오백 선지식이 화두를 전혀 모른다.

먹고 말함에 무엇이 이득인가? 헤아려 따지다가 문득 쉬어 그친다. 무엇이 보시하고 다시 받은 것인가? 자리自利가 타리利他인가, 이타利他하여 자리를 도모하는가? 남이라니 스스로 이롭지 못하고 올 길이 없다. '나'를 내세우자 '남'의 덕이라 자취 없다. 나와 남이 애착만 가고 없으니 어찌 이로울 것인가? 애착할 자타自他조차 없다니? 어찌 이롭지 않은가?

눈 있고 없음 탓하지 말라.
탓하지 않는 그것이 참으로 마음 없는 보시,
빛과 막힘을 두려워 말라.
눈꺼풀 안의 눈알이니 멀뚱멀뚱 쳐다보지 말라.

육입六入에 접촉함이 육식六識이라 먹지 말라 했고[肉食], 먹지 말라고 함에 스스로 때가 되니 육진六塵이다. 스스로 알고, 아는 줄 아니 심왕心王이 되었다. 다스려 닦고 익힐 법과 유有가 없으므로 아법我法이 공空하다. 육식이 공하니 일체 법이 공한 것이다. 법에는 나다, 일체라 이를 것이 없으므로 법이 다시 공하다 이른 것이다. 이미 법이 공하거늘 채워 메우는 이 누구인가?

있다는 것은 보이지도, 들리지도 않는다.
듣는 이가 없으며, 보는 이도 없기 때문이다.
보고 들은 것이 눈앞의 일, 귀에서도 역력하니
유와 무를 떠난 것이 이렇듯 눈앞에 화급하다.

야보가 이르되, "땅으로 인하여 거꾸러지고 땅으로 인하여 일어난다."[105]고 했다. 땅이 사람에게 넘어지라 일어나라 이르지 않는다. 땅에 무관하고, 깨닫고 미혹함을 법이 간섭하지 않는다. 모두 법이 아닌 사람에서 비롯된 일이다.

밝음과 어둠이 어디에 있는가?
눈도 아니요, 햇빛도 아니니 사람에 비롯함이라 한다.
마음이 머물고 아니 머문다니?

---

105 因地而倒 因地而起.

보시가 무엇인가? 감고 닫으니 눈도 모르는 것을 본다.

존재는 안으로 깜깜하고, 무는 밖으로 환하다.
존재는 돌아볼 눈이 없는 암흑이고,
없음은 비로소 돌아보는 자기 빛이다.
암흑과 빛은 서로 바라볼 수 없는 눈이다.

보살이 보시한다니 우습다.
그 자신이 보시라면 세상이 없고,
보시할 것이 없다면 보살이 없다.
해와 달은 같은 하늘에 사뭇 달리 밝다.

여래께서 부처와 여래를 새삼 감지하니
해와 달을 건네어 빛과 어둠으로 감췄다.
서로 숨고 찾으며 숨바꼭질을 즐기는 가운데
정작 사람의 모습은 보이지 않고 잡음뿐이다.

보시한다는 마음에 집착했다면 참 보시,
보시라는 마음조차 없었다면 거짓 보시다.
마음이 집착한 것은 보시가 아니라 제 마음이다.
주고받음을 교묘히 떠난 마음에 집착이 없다.

17
보시 없이 다 베푸는 이

수보리야. 다가오는 세계에 만약 선남자·선여인이 능히 이 경의 말씀을 받아 지니어 독송한다면 곧 여래라. 불佛 지혜로써 남김 없이 아는 이 사람은, 남김없이 보는 이 사람은 헤아릴 수 없고 끝없는 공덕을 모두 이룩한 것이니라."

【經】 須菩提 當來之世 若有善男子善女人 能於此經受持讀誦 卽爲如來以佛知慧悉知是人 悉見是人 皆得成就無量無邊功德

말씀이 곧 다가오는 세상의 여래 공덕이다. 지혜가 여래의 눈, 여래의 귀인 까닭이다. 말씀이 다만 말하고 듣는 이 사람 안에 있다. 지혜조차 없는 이, 홀로 보시 없이 다 베푼다. 이 이가 부처가 주는 '무량무변 공덕'을 얻는다니? 여래와 불과 세존의 이름을 더럽히는 사람들이다. 삼세에 우러러 가장 거룩하고 존귀한 이가 당신의 깨우침 인간에게 부촉하심을 전혀 모른다.

다시 한 물건이 그에게 있다.
믿는다면 어찌 여래가 '스스로 이와 같이 온 것이랴?'

야보가 송頌에 이르되,

아침나절 남악에 노닐고 朝遊南岳
해질 무렵 천태에 다녀온다. 暮往天台
좇아도 미치지 못하나 追而不及
홀연히 스스로 온다. 忽然自來
홀로 다니고 홀로 앉으니 걸려 매임이 없다. 獨行獨坐無拘繫
마음 열려 트인 곳에 다시 마음 훤하게 트였다. 得寬懷處且寬懷

말씀 지니는 공덕
[持經功德分]

15

1
경의 안과 밖에 없는 경

"수보리야. 어떤 선남자·선여인이 이른 아침에 항하의 모래수 같은 몸으로 보시하고 점심때도 다시 항하의 모래수 같은 몸으로 보시하며, 다시 뒤 나절에 또한 항하의 모래수 같은 몸으로 보시하며, 이와 같이 백 천 만 억겁동안 한량없는 몸으로 보시하더라도 어떤 이가 이 말씀을 듣자마자 신심 거꾸러지는 일 없다면 이 복이야 저 보다 훨씬 뛰어나거니와, 하물며 새겨두거나 지니어 독송하거나 남에게 해설해 줌이겠느냐?

【經】 須菩提 若有善男子善女人 初日分以恒河沙等身布施 中日分復以恒河沙等身布施 後日分亦以恒河沙等身布施 如是無量百千萬億劫以身布施 若後有人聞此經典信心不逆 其福勝彼 何況書寫 受持讀誦爲人解說

해와 더불어 깨고, 깨자마자 스스로 생각한다. 밥 먹듯 시간을 허비하다가도 문득 앞의 일 식별한다. 해와 해가 바뀌니 세 때가 하루와 일생의 일이다. 밝아서 읽으나 여전히 어두워 중생심이라 탓한다. 아침에 죽 들고 점심에 마지 올리거니와 저녁에 문득 허기진 배를 달래되 과식하지도 않는다. 스스로 분별하건대 세 끼도 벅차지만 알고 보면 이 모두가 일생의 일이다.

눈에서 읽은 도둑이
귀에서 낯선 스승이었고
손에서 두드린 천고千古의 벗이 된다.
불법佛法이라 말라, 모조리 백적白賊이다.

초중후初中後 일분日分으로 나눔이여. 옛사람[古人]이 이르되, "한주먹에 큰 허공을 때려눕혔다.[一拳打透大虛空]"고 했으나 나 같으면, "흐르는 세 점이 깔깔대고 웃는다[三點流水呵呵笑]."고 할 것이다.

무엇이 이 경의 말씀을 들을 줄 아는 것이냐?
읽고 들었는데 이를 수지 독송한다고 말하지 않는다.
눈에도 귀에도 이 말씀이 없기 때문이다.
이제 그대는 어찌 할 것인가?

귀를 기울이면 사마邪魔 외도外道에 포섭될 것이며, 눈만 뜨면 바깥 경계에 시달릴 터인 즉 무엇으로 벗어나 해탈을 도모한다는 것인가? 보라, 이 말을 알겠는가? 그렇다면 무엇이 '말씀'인가? "하늘에 태어나고 사람으로 행복함이야 분명 있다. 이 말씀은 억겁에 몸을 바꾸어도 보지 못하리라."[106]고 야보가 일렀다. 이것은 말씀인가 아닌가?

---

106 冶父云, 人天福報卽不無 佛法未夢見在.

발심하여 몸도 던져 버리고 보시를 한다니?
그 던짐은 무엇을 이르는 것인가?
몸은 이미 없고 없다는 생각도 아닐 것이다.
아뿔싸, 마음마저 빼앗겼다.

그것은 그렇다 하더라도 보았는가?
경經의 안과 밖에 경이 없다.
글자도 없고 종이도 아닌 것을
문 앞에서 이와 같이 읽는다.

중생이라 부를 수 있는 것은 그 어느 것도 존재가 아니다. 부처라 일컬을 수 있는 것이 본래 저 말고는 없다. 중생과 부처의 구분은 이전과 이후에 근거를 둔다. 이 근거가 스스로 이전이요, 이후가 되니 자기근거가 아니다. 보지 못하매 도리어 보라 이르면 설명이 아니고, 읽지 않는데 도리어 외우라니? 글자에 언구일 뿐이다.

먹을거리는 눈으로 보아 손으로 집어 올리고
손에 쥔 것은 코와 귀가 의심 없을 때를 기다린다.
남에게 설한다니?
사상四相 없음을 이르는 줄 알라.

2
최상의 수레

수보리야. 요약하여 말한다면 이 경은 사변思辨이나 의논으로 따질 수 있는 것이 아니니 헤아릴 수 없이 크므로 끝이 없는 공덕이라 부르느니 여래가 큰 수레 굴리며 발심하는 이에게 설하신 것이며 최상의 수레를 굴리며 발심하는 이에게 설하신 것이니라.
【經】 須菩提 以要言之 是經有不可思議不可稱量無邊功德 如來爲發大乘者說 爲發最上乘者說

야보가 이르되, "하늘과 땅이 실색失色하니" 없다 함조차 무색無色이요, "해와 달이 빛을 잃었다니" 빛도 본래 실없는 것이다. "한 물건도 없어" 도리어 사람을 보고 "믿음에 믿을 것 없는 데"서 최상의 수레를 안다.

하늘에는 다른 하늘이 없다.
마음에는 다른 마음이 없다.
땅을 기대어 하늘을 의론하나 땅 얘기이고,
허공을 저울질하여 마음을 따지나 볼 수 없다는 말뿐.

눈·코·귀·혀·육근이 육적六賊의 뿌리라면 눈·코·귀·혀·육진六塵이 육도六度의 근본이다. 육식과 육경에 본래 아무 실체

가 없으니 눈과 귀, 지옥과 천당이 모두 수레다. '무생無生'
의 부처를 요달了達함이 곧 이 경의 요지다.

부득불 글과 붓을 다 버리어 얻으나
이 얻음이 도리어 글과 붓보다 먼저 버릴 사변과 의론이다.
먼저 버린다니?
버릴 것 없는 수레가 굉음만 크다.

3
빼어난 끝없는 공덕

만약 이 경을 능히 지니어 독송하거나 널리 남에게 깨닫도록 설하는 이가 있다면 곧 여래라 남김없이 아는 이 사람, 남김없이 보는 이 사람은 사변으로 의논할 수 없으며 헤아리지도 가늠하지도 못하는 끝없는 공덕을 모두 한꺼번에 이룩하는 것이니라.

【經】 若有人能受持讀誦 廣爲人說 如來悉知是人 悉見是人 皆得成就不可量不可稱無有邊不可思議功德

처음에 헤아릴 수 없다 일러 지금 이를 다시 천명하니
이미 이름을 헤아려 알음알이를 내기 때문이다.
이와 같은 공덕은 있음을 내세우지 못하니 이름일 뿐이며,
있지 않다 하나 문득 없다는 소견을 냄도 상相인 까닭이다.

"공덕을 이룩한다."는 것은 부사의不思議를 뒤집은 말이다.
공덕은 불가하다는 말을 가능하게 할 수 없는 까닭이다.
내가 그대에게 이르리라. "내가 이와 같이 들었느니라."
이와 같이 이른 것은 그대를 위함인가? 아니면 내 자신의 신심에서 나온 것인가?

양量과 칭稱을 먼저 내세운 것은 헤아림조차 헤아릴 수 없고

허망한 이름만 나돌기 때문이다.
마치 '파도와 물'을 나누지 못함과 같다.
다행인 것은 저들이 이름이 없으므로 파도라 부르고, 물이라 헤아림과 같다.

물과 달, 달과 물을
함께 속삭이지 말라.
물에는 이 달이 떠 비치고
달은 거기 하늘에 차갑다.

없다 하여 없는 줄 알면 '온 것[來]'이 못되고, 있다 하여 있는 줄 알면 '이와 같은[如是]' 것이 아니다. 온 것이 없고 올 것이 없으므로 "왔다." 부르고 보고 듣는 것이 아니기 때문에 비로소 "이와 같다."고 한다. 여래는 이 사람을 보고 듣는 이가 아니며 세존의 실상이니 영원한 자기지칭인 것이다. 왜냐하면 세상이 스스로 살피는 눈인 것이며, 세상을 간파하는 조찰照察의 눈이기에 '이와 같이' 부른다.

신심을 내는 이는 수승하거니와
이미 낸 이는 무엇이 수승할 것인가?
공덕을 얻기 때문에 수승한 것인가?
수승하기 때문에 공덕을 얻는 것인가?

사상四相이 없는 이에게 무슨 공덕을 상으로 내릴 것인가?
 생각으로 헤아리지 못한다면 사상은 본래 무엇인가?
이미 어느 이름으로도 찬탄하거나 헐뜯지 못할진대
무변하고 불사의한 공덕이 도대체 무엇인가?

겉과 중앙, 높낮음, 전후와 좌우여.
인연과 과보, 중생과 부처, 알고 모름의 일이여.
둘이 없고 차별없는 그것이 무엇인가?
수보리가 여쭙고 부처가 설하시는 것이다.

동구 밖을 지나고 산등성이에 올라
산허리를 가로질러 산머리에 오르니
입 밖에 시발始發점, 산 안의 대문에 들어
마침내 산꼭대기에 오른 수레는 무엇인가?

4
이름도 없는 텅 빈 마음

이와 같은 사람들이 곧 여래를 감당하며 아뇩다라삼먁삼보리를 실어 나르느니라.

【經】 如是人等 卽爲荷擔如來阿耨多羅三藐三菩提

아뇩다라삼먁삼보리는 한편으로 무상無上 정등각正等覺이며, 다른 편으로는 부처의 정편지正偏知라는 또 하나의 이름이다. 이 무상보리는 아무도 이룰 이가 없으므로 위없다 이르며 등각等覺은 여래, 옮겨 나르지 못하므로 "맡아 나른다."고 일렀다.

수레가 실어 나른 진귀한 보배여.
풀어둔 창고가 어디며, 하적할 곳 모른다.
오며 가는 길만 물어 온 일없는 나그네가
묶고 쌓는 일만이 제 일인 줄 어찌 알 것인가?

위없고 비견할 이 없으며 뛰어넘을 것 없음이여.
아래 없고 마주 볼 이도 없으며 오를 곳이 없구나.
없다면서 무엇을 실어 나르고 어찌 감당할 것인가?

삼세에 없는 이가 삼세를 구워 주조한 불상이다.

이 법문이 경이다. 부처의 지견知見이고, 여래의 앎이다.
무엇을 알 것인가?
그대가 얻어 듣고 그대가 보았나니
비록 여래가 천만 억 출현한들 어찌 견문見聞하리오?

글자와 내용을 눈과 귀에 부탁하니 책이고 경이다.
마음 내세워 터득하고 끄덕이니 실어 나름이다.
골백번 읽어도 모르니 여래를 부촉한 것이고,
스스로 중생이 되어 세존을 신심을 내니 짐을 진 것이다.

최고의 수레요, 가장 높은 수레라 함도 모두 여기에서 비롯되었다. 제자가 바야흐로 수보리요, 세존이 여래라 자칭하는 까닭이다. 조사는 저 때에 곧장 공생이라 부르고, 부처는 곧 이 텅 빈 마음이라 이름도 버린다. 둘이 아니므로 법문法門, 안팎이 없으니 여시하다 하지 않던가?
평생에 배운 것이 저 도적질이라 처음에 다섯 비구 외면할 때 알아보았다. 천만 억 시방의 제자들은 세존을 놀리며 놀래킨다. 이럴수록 박수치고 입다물자 눈조차 뜨지 않으니 일대사를 가히 '짐작 할만하다' 하리라. 누가 잃고 누가 얻은 것인가?

눈 덮인 봉우리 드높아 달빛 잃고 차가우니
바람소리 멈추자 새마저 노래하지 않는다.
여래가 공생의 제자, 수보리가 부처의 스승이다.
공생이 여래의 면전에서 세존을 큰소리로 비웃는다.

5
삿된 견해와 형상으로 묶지 말라

어찌하여 그러한가? 수보리야. 작은 법을 즐기는 이라면 이 경과 함께 하고 있을지라도 곧 아견我見·인견人見·중생견衆生見·수자견 壽者見에 집착하므로 알아듣지 못하며 지니어 독송도 못하며 깨 닫도록 남에게 설하지도 못하느니라.

【經】何以故 須菩提 若樂小法者 着我見人見衆生見壽者 見 卽於此經不能聽受讀誦爲人解說

이유를 묻고 수보리의 이름을 뒤에 둔 것은 본구本具 지혜가 여일하나 허공 같은 이름뿐인 때문이다. 수보리를 먼저 부르지 않고 그 이유를 먼저 물으니 묻는 즉시 대답한다. 알아 들음이 아상我相 없음이며, 읽음이 인상人相 없음이다. 알아 듣지 못하니 중생상衆生相, 아는 줄 알면 수자상壽者相이다. 이 모두 마음에서 비롯하니 "모든 경이 이 경에서 나왔다."고 한다. 공들여 쌓아 가면 수지受持, 길을 내 수레를 끄니 짊어 짐[荷擔]이다.

몸 안에 법문法門이 들었으니 읽는 즉시 알고,
곧 그 허물도 깨달으니 여래, 세존을 내 몸에 모신 것이다.
인욕으로 스승을 삼아 몸소 공덕을 닦아 나아가니

반조返照하고 천착穿鑿하며 공력을 쌓아 보리를 닦으니 금강이다.

경을 문자와 글로 된 오의서奧義書로 알면 한낱 아견我見이며 천상의 말씀, 글의 뜻이 무궁하다면 문득 인견人見이다. 한 없는 뜻과 무궁한 지혜가 미묘하다니? 중생견은 종단宗團의 소의경전所衣經典, 말씀대로 봉행하라니 수자견壽者見이다.
어느 견해를 짚어도 다만 일변도에 치우치므로 삿된 견해를 삿된 형상으로 묶지 말라는 것이다. 선지식을 떠나 다만 지지支持하고 타협하며 안일하나니 세상에 널린 모든 지혜가 항하의 모래요, 겁해劫海다.

일체 제불과 조사라 하시니 그 가운데 있는 나,
동명동호同名同號라니 똑같은 나와 똑같은 너다.
나와 네가 따로 없다지만 분명 없음을 극복했으니
불생불멸을 존재의 뒤에 두지 말고 늘 앞에 세우라.

6
빼어나기 이전에 일러라

수보리야. 있는 곳마다 있으며 머무는 곳마다 머무나니 여기 경이 있다면 일체 세간과 하늘의 사람, 아수라가 응당 공양 올려 마땅할진대, 여기가 곧 탑인지라 마땅히 알라. 응당 저들 모두 공경 예배하며 에워싸 돌면서 온갖 꽃과 향을 다 이곳에 흩어 뿌릴 것이니라."

【經】 須菩提 在在處處若有此經 一切世間天人阿修羅所應供養 當知此處卽爲是塔 皆應恭敬作禮圍遶以諸華香而散其處

일체 세간이 곧 아我이며 천인·아수라가 곧 인人과 중생이다. 제불 조사를 어찌 수자로 꾸며 불멸의 진리로 보고자 하는가? 응공 정변지께 공양을 올리나니. 씹고 되씹어 쌀과 콩이 밥과 장을 모르게 하라. 꽃과 향으로 두루두루 장엄하리니. 생각 생각에 돋우어 피어오르는 존재의 샘이다.

『금강경』을 경이라 부르지 말라.
부처를 깨달은 성인이라 부르지 말라.
그 말씀이 곧 부처라 이르지 말라.
이 말씀을 떠나 부처가 있다 이르지도 말라.

이 네 번 "말라."는 그대를 도운 것인가 아닌가? 부처보다
뛰어난 말, 조사보다 빼어난 말이 무엇인가? 뛰어나고 빼어
나기 이전에 일러라. 도대체 무엇이 부처이고, 조사인가?

눈뜬 자에게 묻고, 귀열린 자에게 답하게 하라.
설사 미묘한 법문으로 그럴싸하게 이르더라도
천연 외도外道를 면하지 못해 불법은 꿈엔들 못 보리니.
날개 단 천사나 신통을 엮는 귀신들도 이를 모른다.

초불超佛하고 월조越祖하는 담론談論 여쭈어
운문雲門으로 하여금 호떡[胡餠] 던져 도망치게 했다.
뜻도 모르거든 집 앞에 탑을 세워 예배나 하라.
삼킨 곳이 있는 곳, 내뱉은 곳이 머무는 곳.

방금 그대는 어디에 머물고,
지금 그대는 어디에 있는 것인가?
마지 올리고 내려 먹으니
이 어디인가? 자, 일러라!

능히 업장을 조촐케 한다
[能淨業障分]

1
무념無念, 무생無生, 무주無住

"또 다시 수보리야. 가령 선남자·선여인이 이 경을 지니어 독송하건만 이 사람을 업신여기거나 비천하게 본다면 선세先世의 죄업으로 악독한 갈래 길에 응당 떨어질 것이로되 금세今世의 사람으로 업신여기고 비천하게 본다면 선세로부터 받은 죄업은 즉시 소멸되었으므로 마땅히 아뇩다라삼먁삼보리를 증득할 것이니라.

【經】 復次須菩提 善男子善女人 受持讀誦此經 若爲人輕賤 是人先世罪業應墮惡道 以今世人經賤故 先世罪業卽爲消滅 當得阿耨多羅三藐三菩提

여래한 이는 인과가 없다.
악독한 갈래 길에 든 이는 두 번 우려먹고
선한 여인이나 남자는 한 번 주고 돌려받으나
대승大乘 자는 주고받음이 본래 없어 공생空生이다.

이 사람은 왔으되 출처가 없으니 왔다 이르지 못하고,
온 곳이 없으니 과거의 처소가 없고,
지내고 누리는 곳이 없으므로 향해 가지 않는다.
여래라 부른 것은 생멸하는 모든 것이 한 몸인 까닭이다.

일체가 고苦라니 어찌 열반을 얻으랴.
제행이 무상하거늘 어찌 적정寂靜을 얻으랴.
고를 인내함이여, 무상을 자연함이여.
고락이 평직平直하며 무상이 적조寂照하여 자족하도다.

하나도 남김없이 모두 없애주니 시원하고 나마저 우습게 여겨 죄과를 없애 주었다. 무념無念이 일념一念, 당처當處가 편시便是다. 비천卑賤하여 끝을 보니 도리어 성만盛滿했다. 수보리가 여쭈니 삼세 여래가 도리어 없고 설하는 말씀이 이미 여래의 이름을 얻었다. 설하는 자와 듣는 자가 비록 전후 없기로 기특하지만 삼세를 거슬러 위아래 오가더라도 부처는 볼 수 없다.

존재는 무를 증거 삼고, 무는 존재를 투기한다. 선행된 것을 존재로 아는 것은 무의 기만欺瞞이다. 전후가 없으므로 염념念念을 유무로 명설明說한 것이다. 결국 인과로도 얻지 못하니 겁 밖의 설이다. 있는 것이 자체 존재로서 있는 줄 아는 것은 대상의 인지가 존재의 앎인 줄 알기 때문이며 없다는 것을 대존재의 없음인 줄 아는 것은 없음을 무의 앎일 수 없는 줄 알기 때문이다.
무상無上은 선세先世가 없고, 무인無因이며 무념無念이다. 일정一正은 금세今世와 말세末世가 없고 과보가 없어 무주無住

다. 등각等覺은 겁초劫初에도 없고, 겁외劫外에도 없다. 무생無生인 까닭이다. 세존은 무념無念, 여래는 무생無生, 부처는 무주無住다.

더 없이 높다 했으니 오르려 말 것,
제 스스로 바르니 남의 그름을 봄이 없다.
깨닫고 깨우치니 번개와 우레 뒷전을 칠 때
한 그루 잣나무는 손끝의 뜰 앞에 선현善現했다.

만일 위없는 등정각等正覺이라 부르면 이것이 아·인·중생·수자상이다. 다만 "이 경을 수지하여 독송한다."고 하라.

받아 지닌다니 참으로 허망하다.
읽고 또 읽기를 하루 종일 해도
글자 하나, 소리 한 마디 없다.
눈앞에 환하고 귓전에 또렷하다.

보는 거울이 제 얼굴, 눈앞의 경치가 제 눈이다.
얼굴을 못 보니 그대에게 묻고,
귀를 듣지 못하여 네게 답한다.
이다만 앞과 뒤가 있을 뿐 과보는 없다.

원인이 결과, 결과가 원인이 되어 다시 결과다. 선세先世의 죄업을 금세의 원인으로 간주한다. 당래의 과보를 몰라 전가轉嫁시킨 선세를 추궁한다.

읽고 또 읽으며 소리 내어 공덕을 기리니 기쁘고 기쁠 손 관세음이 자재함이요, 지녀 남을 위해 설하며 베풀기를 그치지 않고 여래께서 몸을 드러내니 마치 '해와 빛', 이름하여 일광日光 여래다. 빛이 두루하여 닿지 않는 곳 없다.

보광普光하여 편조遍照하니
없음을 무無로 보지 말라.
있음이라 할 수 없는데 어찌 없다 할 것인가?
서로에게 묻고 대답하느라 '고-생[苦-生]'이라 부른다.

2
헛됨 없이 지내옴

수보리야. 내 무량한 아승지겁의 과거를 생각하여 보니 연등부처님 전에서 팔백사천만억 나유타 수의 온갖 부처님을 만나 뵈며 다 공양올렸으며 이 일을 계승시켜 헛됨 없이 지내왔느니라.
【經】須菩提 我念過去無量阿僧祇劫 於燃燈佛前 得值八百四千萬億那由他諸佛 悉皆供養承事無空過者

무엇이 아승지겁인가? 생각으로 미치지 못하고, 되새겨 반복이 없다. 가장 오랜 것이 친근한 벗 되고, 생각 많을수록 요원하니 남남 된다. 우정이 두터우니 진종일 끝이 없고, 먼 발치 남남에게는 할 말도 삼간다. 무엇이 나유타 제불諸佛인가? 시시처처에 같은 물과 구름이 없다.

아승지겁劫, 얼마나 오래 되었나?
천 만년 흐르는 물은 봄 오는 줄도 모른다.
없는 줄 알면서 무엇을 봄이라 부르는가?
부르는 대로 오고, 마음먹는 대로 간다.

한없이 많은 말로 여쭈어 볼수록 멀어지고 셀 수 없는 부처

님들께 공양 올려 왔다니? 사람이 하나면, 입도 하나. 비록
수가 없다 하나, 하나도 너무 많다.

예전에 떠난 적 없고 오지 않았으니 아승지겁,
본래 하던 일 배움 없고 기억 없으니 나유타 부처다.
하늘에는 서릿발 휘날리고 달빛 떨어져 요요하다.
더욱 깊어 가는 밤에도 아침은 아예 기다리지 않는다.

무엇이 연등불 전에 있으리오?
일념 미생전未生前의 반딧불이다.
없는 것은 있는 것으로 둘러치니 솜씨야 가상하나
처량하고 외롭고 쓸쓸하여 가련하다.

빈털터리 거지가 되어서야
비로소 사람이라 부른다.
과거에도 없고, 현재에도 없으며,
미래도 있다하지 못한다.

처음과 중간과 마지막이여,
특히 생생한 지금이여.
중생이 아니되 들은 바 있으면 사람,
현재에 살고 있으니 축생과 수라다.

천국이 미래이나 도인道人의 미움만 산다. 육도 윤회가 곧 아·인·중생·수자다. 윤회가 없으면 삼세가 없고, 삼세가 없으니 부처와 중생이 없다. 부처도 중생도 없으니 선혜善慧와 여래가 없다. 이는 인과에 떨어진 것인가 아닌가? 공양 올려 계승시킨 공덕이 무슨 말인가? 거룩하신 어른이 번거로이 설명을 아끼지 않음은 자비심 간절함이 아니라 헛됨 없이 지내왔기[無事空過] 때문이다.

3
배고픈 비유

만약 다시 사람이 있어 뒤에 오는 말세에 스스로 이 경을 수지 독송함으로써 얻는 공덕은 내가 제불께 공양올린 공덕으로는 백분의 일에도 미치지 못하며 천만억분 내지 수로 계산하는 어떤 비유도 미칠 수 없느니라.

【經】 若復有人 於後末世 能受持讀誦此經所得功德 於我所供養諸佛功德 百分不及一 千萬億分乃至算數譬喻所不能及

수로 계산하는 것은 미래 없는 육근六根의 현재다. 아무리 커도 과거의 삶은 무명無明 함장含藏의 먼지일 뿐이다. 그러나 내세來世는 옷과 화장으로 가려진 미인과 같아서 알수록 모르고 모를수록 잘 안다. 비유가 배고프다.
심량心量이 광대하니 손가락으로 많고 적음을 헤고 심지心地에 한 가닥 구멍도 없어 "수 없다."고 한다.

수數와 수手가 모두 양 손의 떡,
먹지도 버리지도 못해 지금껏 다툰다.
안팎으로 숫자 많으니
눈앞의 경계와 귓속의 울림이다.

눈에서 소리가 들리니 헤아리고, 귀에서 형상을 보니 분별을 즐긴다. 배고픔을 한 끼, 두세 끼로 세어 먹고 전혀 없는 사람을 비량比量하며 크다고 한다. 숫자가 없어지면 문득 세상이 어지러우나 숫자일 뿐이라 탓하며 양심도 팔아치운다.

양심이라니 그대는 아는가?
활통豁通하여 이르는 곳 없고,
헤아릴 수 없어 헤고 헤어 끝없을 때
문득 억만億萬으로 무량수無量數를 가늠하고 있다.

무량수壽가 곧 아미타, 아미타는 한 살 먹는 데 억겁을 쓴다. 먹고 또 먹어 배도 부르지 않으므로 물을 마시듯, 숨을 쉬듯 다만 한 맛으로 한다. 온 곳 없는 불청객이 자리를 비울 수 없으니 한 끼 밥 때우기가 이렇듯 힘든 줄 몰랐다. 평생에 공덕을 베풀라고 타이르긴 하지만, 부처와 예수도 마지막 만찬을 피할 수 없다. 어찌하면 저 죽음의 만찬을 지나치리오.

손 안의 저 잔을 무엇으로 피할 것인가?
먹어도 죽고 아니 먹어도 죽을 양이면 부활이 곤혹스럽다.
일내고 혼쭐이다.
대적大賊은 집 안에 대적大寂하다.

모든 공덕이 배고파 항상 자신보다 높고 위가 있으니
탑을 쌓아 아무리 높이 올라도 항상 하늘 아래다.
하늘이 높다는 것은 태산의 위에 있기 때문이 아니다.
태산의 준령이 끝나는 곳에 하늘은 비어 맑은 까닭이다.

4
생각으로 의논할 수 없는 경

수보리야. 만일 선남자·선여인이 뒤로 말세에 이르러 이 경을 수지 독송하는 이가 증득證得하는 공덕은 내가 모두 갖추어 설명하더라도 이를 듣는 사람들은 마음만 미칠 듯 혼란하고 여우같아 의심하며 불신하리라. 수보리야. 마땅히 알지니 이 경의 뜻은 생각으로 의논할 수 없어 그 과보 또한 생각으로 의논할 수 없을 것이니라."

【經】 須菩提 若善男子善女人 於後末世 有受持讀誦此經 所得功德 我若具說者 或有人聞 心卽狂亂狐疑不信 須菩提 當知是經義 不可思議 果報亦不可思議

한 생각도 일어나지 않는 그때에 비로소 비로자나 부처의 상투 끝자락에서 노닐 것이다.

부디 쉬고 쉼도 쉴 수 없게 하라.
생각은 꼬리 끝에서 온다.
머리를 취하라.
생각이 무엇인가 묻지 말라.

묻자마자 다시 생각에 떨어진다. 떨어지는 생각은 그렇다

치더라도 그대 마음 스스로 다침을 걱정한다.
여우는 제 스스로 여우, 남모르는 영악함이다. 영악히 떨어지는 과보를 감당하지 못하여 오늘도 천하의 납자들이 옷 속의 꿰맨 자국을 잊는다. 인과를 스스로 터득하고, 과보를 스스로 받을 줄이야.

읽지 말라, 경은 읽을 수 없다.
보지 말라, 눈으로 읽으면 아무도 믿지 않는다.
소리 내어 외우지 말라, 그 소리가 바로 장애다.
이다만 빛을 돌이키어 빛과 소리를 거머쥐어라.

서릿발처럼 차가운 외기러기 울음소리 허공을 가른다.
좋은 일을 두고 요리조리 갸우뚱 대는가? 알고 본 일이지만 전혀 믿을 수 없다고 한다.
세상이 물처럼 흐른다면서 한 물 같은 강이여.
단 한 사람이라면서 다른 얼굴, 여러 모습이다.

믿을 수 없어 믿기에 이르고,
둘 곳 없어 꾸미고 여민다.
천만 년 내려온 이야기 되풀이해도
어른 아이 할 것 없이 즐겁다 한다.

구경究竟은 무아
[究竟無我分]

1
머무는 곳 어디인가?

이때 수보리가 부처님께 사뢰었다. "삼세에 가장 거룩하고 존귀하신이여. 선남자·선여인이 아뇩다라삼먁삼보리심을 내고자 하거든 어디에 머물러야 하며, 무엇으로 그 마음을 항복받아야 하오리까?"

【經】 爾時 須菩提白佛言 世尊 善男子善女人 發阿耨多羅三藐三菩提心 云何應住 云何降伏其心

어디에 머물러야 하는가[云何應住]. 주소가 있으면 번지가 따른다.

부처의 주소는 어디며,
하나님의 번지는 하늘 어느 곳에 매달릴 것인가?
매달고 따르니 사뭇 사람의 흉내나 내는 것.
착한 이들이여, 곡조 없는 자리에 풍류 가득하다.

삼보리는 알갱이 없는 보리다.
납작보리·육모보리·갈보리로도 차지 못한다.
어찌 빈 껍질로 허구한 춘궁기 넘길 것인가?
텅 빈 배 움켜쥐고 태평가를 부르는 것이다.

삼먁삼보리심은 이미 정등正等한 각覺, 정변正遍한 지智이다. 머물러 정변이 아니고, 어디에 있다면 등等이 아니다. 다시 처음으로 돌아가 수보리가 부처님께 되 여쭈니 공생과 여래가 진종일 나눈 대화를 양구良久하여 마무리 짓는다.
대승경전이라면 마땅히 이로부터 시발始發할지라도 두 번째 시작을 삼았다.

보라, 눈을 부릅뜨라.
무상심無上心을 내니
어디에 머물러 어찌 항복받으리오?
아·인·중생·수자를 버리고 고집멸도를 여의었다.

사상四相과 사제四諦를 여의었으니 마땅히 금강金剛이다.
여의어 버리기를 밥먹듯 하니 불법佛法이 아니다.
이미 불법이 아닌데 어디에 금강 같은 말씀이랴.
허다한 말씀이건만 적고 지닐 길 없으니 고맙다.

2
삶과 죽음이 없는 곳

부처님께서 수보리에게 이르셨다. "가령 선남자·선여인이 아뇩다라삼먁삼보리심을 내는 이는 그 마음을 응당 이와 같이 낼 것이다. 내 마땅히 일체의 중생을 건네어 다 없게 하더라도 일체 중생을 건네어 다 없게 하여 마치었다면 실로 건네어 없앤 단 하나의 중생도 있을 수 없는 것이다.

【經】 佛告須菩提 若善男子善女人 發阿耨多羅三藐三菩提心者 當生如是心 我應滅度一切衆生 滅度一切衆生已 而無有一衆生實滅度者

중생을 위하여 깨달았던가? 부처를 위하여 중생이던가? 깨달음은 중생에게 아부했고, 중생은 어설픈 자책일 뿐이다. 하늘과 땅을 온통 뒤엎어도 있는 것이 없다. 어디에 머물러 하늘을 보며, 어느 마음을 달래어 땅을 굽어보리오? 하늘도 땅도 없으니 인천人天의 스승이다.

부처는 중생에게서 무슨 업보를 보았는가?
만일 본 것이 있다면 참으로 불쌍한 부처다.
허구한 세월에 허다한 절을 지어 모시고 절하니
예수쟁이들이 우상에 절한다는 칭찬까지 듣는다.

알기 어려운 말로 무식한 쌈꾼들 대드니
유식하더라도 본전이나마 건질 길 없다.
혹 건져 내더라도 이문이 박해 얻을 것 없다.
차라리 속내 드러내 나는 우상을 믿노라 하리라.

석가[黃面老子]도 처음부터 모르는 일이다. 백억 항하사 모래알이 시종始終을 짐작치 못하며 만년 유수流水가 흐르고 흐르되 세월을 알 리 없다. 스스로 푸르른 물결 넘실댐을 알 리 없다.
야보가 이르되,
"이따금 달이 좋아 창주滄洲를 지난 줄도 몰랐다."[107]
한 가닥 마음을 달래어 하늘과 바다를 삼킨다. 삼키는 일이야 없지 않으나 토할 곳이 없다. 무슨 말인가?
세존이 열반의 길에 경희慶喜가 물었다.
"남은 한량없는 중생들을 뉘 있어 제도하리까?"
세존께서 말씀했다.
"멸도滅度할 중생을 어디서 보았는가?"
아느냐? 고집멸도苦集滅道를 있는 것으로 보면 외도이며, 생사를 보되 생사 없는 곳인 줄 알면 문득 부처와 어깨를 나란히 하니 보살이다. 보살은 유무를 다투지도 분별하지도 않는다. 수없이 듣고 또 들으나 아무도 본 적 없다.

---

107 有時因好月 不覺過滄洲.

미혹하여 깨달으면 중생도 부처라니?
중생이 본래 없거늘 무슨 부처를 이루리오.
부처도 이미 아니라면 무엇으로 중생 탓하랴.
말은 들되 생각을 뒤집지는 말라.

3
진흙소를 타고

어찌하여 그러하겠느냐, 수보리야. 가령 보살에게 아상·인상·중생상·수자상이 있다 하면 곧 보살마하살이 아니다. 이 무슨 까닭이겠느냐? 수보리야, 아뇩다라삼먁삼보리를 일으킬 여실한 마음법이 존재할 수 없기 때문이니라.

【經】何以故 須菩提 若菩薩有我相人相衆生相壽者相 卽非菩薩 所以者何 須菩提 實無有法發阿耨多羅三藐三菩提心者

보살[Bodhisattva]은 누구의 이름인가? 없는 이에게 모두 보살, 하늘이라 부른다. 부른다는 것은 re-call이다. coming to be이다. 왜 부르는가? 내 앞에 상相을 만드는 일이기 때문이다. 불러 모시자마자 나는 '나'라는 말로 주인이지만 주인으로 불러 모신 존재의 상에 자신을 던져야 한다. 상에게 던져진 나는 이미 나를 잃고 caller로서, 더 나아가 존재하기 위하여 나를 예속隸屬시킨다. 이 말은 보통 subsist라는 말로 통용된다. 그리하여 나는 내가 일으킨 상에 의하여 사람이 되며 사람이자마자 곧 무리들 가운데 던져진 중생이며, 나를 영원히 죽지 않는 존재로 만들고자 근념勤念한다.

보살이 보살에게 보살이라는 이름을 줄 수 없을진대 뉘 있어 보살이라 불렀는가? 수보리여 부르더니만 스스로 궁색해지자 선남자·선여인이라 하더니 자신조차 감당하지 못할 지경에 문득 대유大有로써 바꾸었다. 스스로 작명가로서의 권위를 잃으므로 그 자체로서[an sich Sein] 대자對自[being for himself]이니 자신을 향유할 아무 내용과 속성[attribute]이 없으므로 중생의 소원을 들어 주는 높은 분으로만 존재케 만들었다.

눈은 제 속성을 믿지 않나니
눈 밖의 사물이 모두 안에 있다.
안에 있다지만 돌이키면 없나니
이 없다는 것도 제 말일 뿐이다.

초라하고 사뭇 가련한 일이다. 스스로 속인 것도 모자라 남까지 거들먹거리니. 앞으로만 나아가다 퇴로가 끊어지고 후회는 무용無用하니 모든 돌아올 길을 스스로 차단하지 않을 수 없게 되었다.
부대사傅大士가 일찍이 송했다.
"사람이 다리를 건너가는데 물은 아니 흐르고 다리가 흐른다. 손 없이 호미를 들었고 소를 탔는데 진흙덩이일 뿐."
부처에게 32가지 상호가 있거나 80가지 종호種號가 참으로 있다면 이와 같이 가진 자는 부처가 아니다. 저들은 어디서 온 것인가?

32가지의 상호를 어디서 보았는가?
80가지 종호를 어떻게 보았는가?
확실히 보았는지를 묻고 다시 물을 것이다.
본 것을 여실히 보여 달라.

4
깨닫지 않았어도 연등 부처님

수보리야. 어찌하여 그러하? 여래가 연등불 처소에 계실 제 증득한 아뇩다라삼먁삼보리라는 법이 있는 것이더냐?"

"아니옵니다. 삼세에 가장 존귀하신 이여. 부처님 설하시는 뜻을 제가 헤아리건대 부처님께서 연등불 처소에 계실 제 증득한 아뇩다라삼먁삼보리라는 법이 없는 것이었나이다."

【經】 須菩提 於意云何 如來於燃燈佛所 有法得阿耨多羅三藐三菩提不 不也 世尊 如我解佛所說義 佛於燃燈佛所 無有法得阿耨多羅三藐三菩提

세존이 있어 무상 등정각을 이룬 것인가? 무상 정등각을 이루니 세존이라 부르는가? 보고 들음 없건만 위없어 비견할 수 없다니? 깨달음의 전후사를 부촉받기 전에 수지受持했다. 깨닫지도 않았건만 이미 연등 부처님, 깨닫자마자 뒤에는 미륜迷輪 업생業生의 춤이다. 불보살이 무량한 법계를 즐겨 여행할 때 보이지 않는 무식함이 저들을 선도한다.

삼세가 무엇이며, 무엇이 삼계인가?
연등燃燈 이전의 암흑은 누가 알아 어두움이라 불렀고
연등 이후는 누가 있어 밝다 할 것인가?

지금도 아는 이 없으니 광명이 도리어 무명이다.

이름이 없으니 세존,
시방이 없으니 정등이다.
세존이 곧 무상 정등각, 정변지正□知다.
각지覺知하는 자여, 세존을 보기는 보았는가?

그대가 지금 어디에 있기에 위없음을 보는 것인가?
본다는 것은 뒤로 앞이요, 앞으로 뒤이다.
어떻게 앞뒤가 없는 무변無邊이며, 아래 없는 위일 것인가?
툭 터진 하늘에 떠가는 구름도 모르는 일을 돌사람이 헤아린다.

이 세상에서 가장 높고 고귀한 이여
스스로 오르고 스스로 내려온다.
높낮이 없는 곳에서 미끄럼틀을 타고 다니니
위 부처 아래 제자들이 하염없이 비웃는다.

5
동녘 하늘의 석가모니

부처께서 이르시되, "그러하고, 그러하니라.
【經】 佛言 如是如是

세존이 체면도 불구하고 문득 공생空生의 꾀에 넘어갔다. 차라리 저 때에 홀연히, "어찌하여 그러하다 여기더냐?" 한번 이렇듯 물어만 주었더라도 단순한 좀도둑에게 허망하게 당하진 않았을 것이다. 세존의 일이 본래 그렇다. 주연은 사실 공생이다. 이름을 훔쳐 쓴 아난이요, 조연은 카필라Kapila국 존귀한 태자로 태어나 출가한 저 새벽 금성 반짝이는 동녘 하늘의 석가모니다. 이것이 저렇듯 한없는 세월을 기다린 보람이다.

그렇고 그러하다니 무엇인가?
아난은 주연을 소화하지 못해 들켰고,
세존은 주연노릇 하려다 빼앗겨 잃는다.
주연과 조연 없는 각본 밖에 도리어 무대다.

부대사傅大士가 이르되, "북과 비파를 다 치고 뜯었다."고 했다. 여운은 아직도 귀밑에 생생하고 쟁쟁하다.

자랑스런 소리꾼들이야 절세의 기교 갖추었다지만
돌아갈 제 마음속에는 답답함 금할 수 없다.
아뿔싸, 하나만 알고 다시 나머지 다 놓쳤다.
무엇이 그 둘이더란 말인가?

꼭 알고자 하는가?
부처와 공생이 본시
블랙홀 같은 한 통 속,
본전과 이자까지 다 삼켰으니 차라리 그대로다.

강남땅에 비 뿌리고 하늘 맑기 그 몇 번이던가?
세고 세며 그리고 다듬어도 한조각 하늘은 멀다.
아버지와 아들이 서로 맞장구침이 절묘해도
세상은 다만 그 애비에 그 아들이라 부른다.

부처는 공생에게 옳다 이르고, 공생은 짐짓 모르는 척 물어주었다.
무엇을 모른 것이요, 무엇을 안 것인가?
묻기 전에 안 것이다. 대답하면 틀린다.
그러하고 그러하다니? 아버지와 아들이 다 헛꿈 꾼 것이다.

대답할 줄 안 것은 모두 물은 그곳이다.
백천만겁을 두고 이른들 뉘 있어 들을 것이냐?
듣는 대로, 아는 대로 모두 사상四相에 떨어진 것이다.
떨어짐이 또한 담 밖이 아니다.

6
돌아보면 꿈 속의 일

수보리야. 여실하나 있다 할 수 없는 법으로 여래께서 아뇩다라 삼먁삼보리를 증득하신 것이니라. 수보리야. 만약 법이 있어서 여래가 아뇩다라삼먁삼보리를 증득한다면 연등불께서 곧 나에게 네가 내세에 마땅히 부처가 되어 그 이름을 석가모니라 하라고 수기授記하지 못할 것이니라.

【經】須菩提 實無有法如來得阿耨多羅三藐三菩提 須菩提 若有法如來得阿耨多羅三藐三菩提者 燃燈佛卽不與我授記 汝於來世當得作佛 號釋迦牟尼

부처는 무엇을 동의한 것인가? 수보리가 말한 것이 그다지도 옳고 바른 것이라면 무엇 때문에 부처가 다시 그 문제를 언급할 것인가? 공생은 제 이름이 공하여 아무 것도 낳지 못함만 안다.

부처는 무엇을 공생에게 물었는가?
수보리에게 알고 모르고를 물을 일이라면
무엇 때문에 설說하심이 있을 것인가?
부처는 깨달음이 없고 경을 설한 적이 없다.

다시 매무새를 바꾸어 묻는다.
『금강경』이 무엇이며, 무엇을 금강 같다 이르는 것인가?
공생과 세존, 수보리와 불佛, 연등과 여래는 그 누구인가?
차가운 하늘 외로이 가르며 배고픈 기러기 울부짖는다.

과거가 없고 한없는 이전이 없으니 공생,
지금 머리를 돌리어 헤아리는 이들이 수보리다.
업이 없어 불佛, 어둠이 없으므로 연등이다.
이다만 그대 눈앞에 역력하여 홀로 밝으니 불전佛前이다.

야보가 이르되, "넉넉하기로는 천의 입도 모자란다. 가난하기로 하면 몸 하나도 많다."고 했다.[108] 있는 병이 없는 병 만들고 없다하여 되레 생병生病된다. 친절한 한 마디 이르기를, "살길을 찾다 되레 망하리라." 수없이 많지만 없느니만 못한 귀[耳]이며, 하나도 없지만 열어 탈 많은 입[口]이다.

생각으로 갈래를 펴 윤회의 늪에 떨어지니
몸은 한없이 바쁜데 돌아보면 몽중사夢中事다.
꿈 이야기 하지 말라.
그 또한 꿈이다.

---

108 富嫌千口少 貧恨一身多.

7
뜻과 실재가 같은 여래

증득하는 아뇩다라삼먁삼보리법이 실로 있지 않을 새 연등 부처께서 나에게 수기를 주시어 이르시되, '네가 내세에 응당 부처 되어 자비로운 성자聖者라 부르리라' 하시었나니. 어찌하여 그러하겠느냐? 여래라 함은 온갖 법이 여의如義하여 뜻과 실제가 같다는 뜻이다. 만약 어떤 이가 '여래가 아뇩다라삼먁삼보리를 증득했다'고 말한다면 수보리야. 실제로 증득한 아뇩다라삼먁삼보리법이 없기 때문이니라.

【經】 以實無有法得阿耨多羅三藐三菩提 是故燃燈佛與我授記作是言 汝於來世當得作佛 號釋迦牟尼 何以故 如來者 卽諸法如義 若有人言如來得阿耨多羅三藐三菩提 須菩提 實無有法佛得阿耨多羅三藐三菩提

수기授記를 준다니? 수행에 적고 읽을 서책 없음이며 증명하는 글이 없다면 종초지말終初至末 또한 없다. 인과와 과보 없는 곳에서 심심心心으로 전등傳燈이며, 연등燃燈이 상속함이 명명하여 무궁한 까닭이다.

그 이름을 석가모니라 불러 부른다니?
그대 이미 들어 적는 그곳이 어디인가?

한 걸음 더 나아가면 구구남남喔喔喃喃 부르는 이는
작금 문 앞에서 글 없는 책 읽는 그대로다.

아뇩阿耨 삼보리는 모두 무엇인가?
무무무無無無이니 한번 부딪혀 보라.
무라 부르며 이를 없는 것이라 말하지만
이미 없거늘 어찌 없다 부르는 것인가?

증득했다니 대개 '무엇을' 묻거니와
거꾸로 뒤통수를 보라.
앞서 먼저 증득한 이는 무엇으로 수기하며,
뒤에 증득한 이 무엇으로 수기를 받을 것인가?

작불作佛함이 이와 같다. 이와 같은 뜻으로 수기하고 이와같이 증득한 것이며 이와 같이 부처를 지음이다.
삼라만상에 각각 이름을 부여하는 이여. 저들이 내 눈앞에 있다고 말하는 이여.
저들이 이 세상이요, 세상이 저들이라 말하는 이여.
이름 없는 것들에게 이름을 통하여서만 아는 이여.

여래라는 이름을 바라보니
지은 이가 자못 여럿이다.

사람은 도처에 있을 수 없건만,
가고 오는 그대로 여래라 한다.

자비의 몸으로 정각을 이루어 최고의 성인이 되니
정각을 얻은 이 아니요 성인이 아직 아닌 이다.
서로서로 남만도 못한 알아 볼 길 없는 사람들이
밤낮으로 한담하는 모양이 가관이요, 구경거리다.

금까마귀 둥지 없이 한없는 세월을 손바닥처럼 읽고,
옥토끼는 굴 속 아닌 차가운 허공을 치달린다.
온 세상이 경배하고 하늘이 예배할 존귀한 이 앞에
패거리 떼거지 삼독三毒 오욕五慾 팔풍八風의 바람만 여전히
분다.

8
무엇이 위, 무엇이 아래?

수보리야. 여래가 증득한 아뇩다라삼먁삼보리는 그 자체에 있어 실함도 허함도 없으므로 여래가 설하기를 일체법이 다 불법佛法이라 하시었느니라. 수보리야. 이른바 일체법이란 곧 일체의 법이 아닌 까닭에 일체법이라 부를 뿐이니라. 수보리야. 비유컨대 사람의 몸이 장대하다는 것과 같으니라."

수보리가 이에 사뢰기를, "삼세에 가장 존귀하신 이여. 여래께서 설하는 장대한 몸 가진 사람이란 몸집이 큰 사람이 아닐진대 이이를 일컬어 '큰 몸'이라 하옵니다."

【經】 須菩提 如來所得阿耨多羅三藐三菩提 於是中無實無虛 是故如來說 一切法皆是佛法 須菩提 所言一切法者 卽非一切法 是故名一切法 須菩提 譬如人身長大 須菩提言 世尊 如來說人身長大 卽爲非大身 是名大身

정등각이 문득 무상의 법인 줄 알진대 참으로 실하나 무엇의 아래일 것이며, 무엇의 위일 것인가? 위아래가 없다면 비견하여 설명을 들이지 못할 것이다. 세상 법이 다만 인과로 터전을 삼음인 까닭이다.

부처를 세존이라 부르니 삼세 아니었던들

어디에서 존귀함을 얻으며 칭송받을 것인가?
부르는 이 없는데 칭송함이여.
오늘 같은 말세를 납자들이 누비는 원인이다.

스스로 여래라 칭하니 여래라는 이름이 아닌 때문이다. 여래가 본 적 없는 중생들이 스스로 세존이라 부르나니 삼세가 어디에 있으며 그렇듯 존귀한 그것이 무엇인가? 보일 것 없는 이가 볼 수 없는 이를 의지하여 이름을 얻다.

본 것을 이름 지어 곧 실재라 부르는 줄 알지 말라.
본 것은 이름을 갖지 못하고 실재에 그 이름 없거늘
무엇이 이름을 지으며 무엇을 실재인 줄로 보는가?
무명無名이 천지의 태시太始라면 처음은 어찌 시작되었는가?

볼 때마다 태초이고, 태초마다 온 생각을 삼키어 텅 비니 보는 동기가 실재하지 않고 '나'라는 이름이 무색無色하다. 본 뒤에는 오로지 자신을 돌보기도 스스로 어려우니 생각은 꼬리를 물어 결국 실재의 이름에 의지할 뿐이다.
희랍인들은 어찌하여 아르케[arche : 지배자]에 집착했는가?
모든 일체 법[존재하는 사물]에 아르케를 물었는가? 본질이라 근본이라 우회하여 새기는 현대인이여! 스스로 문명의 노예인 줄 안다면 입만은 살터인데.

아르케를 태초라 새기는 바이블bible적 오류여.
만물의 시작이 어디이며 누가 그 일을 하는가?
시작을 보았다니 이미 끝이 난 뒤이고
시작을 창조하는 누구는 어리석은 마음 끝이다.

문자를 만들어 내니 만든 글자에 소리가 없다.
대문자와 소문자의 어처구니없는 신화다.
하느님이 일체 소유법을 창조하는 그 순간
자신의 입을 사람들에게 송두리째 빼앗겼다.

마음은 형상 없음이 두려운 나머지 자신의 모습을 보고 들은 대로만 그린다. 비추어진 그림자는 경멸스러운 나머지 억겁의 상념을 밖으로 표상화하기에 이른다. 없는 것이 두려우면 있는 것을 경멸하고, 공포와 경멸은 쉽게 유무를 다투는 논리의 표적이 된다. 없기를 바랄 수 없으므로 있음을 뒤집어엎고 있음이 절대 부당하니 없음을 참 존재로 여긴다.

무엇이 비유이며, 어떤 것을 격외格外라 부르는가?
하나씩 둘을 만들면 은유隱喩라 부르고,
둘 없이 한 가지로 비유譬喩를 거론해도 좋으나
상 없고 안팎 없는 허령虛靈한 격외는 알 길 없다.

9
비워도 비워지지 않는 금강

"수보리야. 보살 또한 이와 같으니 만일 '내 마땅히 무량한 중생을 건네어 없게 하리라.'고 말하는 이는 곧 보살이라 일컬을 수 없으리니. 왜냐하면 수보리야. 실로 법이라 이를 것 없는 것을 보살이라 부르기 때문이다. 그러므로 부처가 설하시되 온갖 법에 아도 없고 인도 없고 중생도 없고 수자도 없다 하니라.

【經】須菩提 菩薩亦如是 若作是言 我當滅度無量衆生 卽不名菩薩 何以故 須菩提 實無有法名爲菩薩 是故佛說一切法 無我 無人 無衆生 無壽者

무엇이 아상인가? 주인공이 없기 때문이다. 무엇이 인상인가? 상대할 사람이 없기 때문이다. 무엇이 중생상인가? 주체와 객체가 없으므로 일체유가 없기 때문이다. 무엇이 수자상인가? 없다는 것도 없고 공하다는 것도 없기 때문이다. 말씀이 따로 없고 모두가 불설이라는 말도 없으며, 들을 자가 없으며, 말하는 자가 없어서 아무 것도 없다는 말도 없기 때문이다.

금강이라 부르는 것이
어찌 금강 같은 눈이 아니며

어찌 금강 같이 굳지 아니할 것이냐?
비우고 비워도 비워지지 않으니 금강이라 부르라.

일체법이 무엇인가?
한 낱개도 본 적이 없거늘 일체라 말하니
입에서 나오는 소리야 수천만 억일지라도
상하 양편피兩便皮 아니고야 어찌 감당하랴.

10
장엄이 아닌 장엄

수보리야. 만약 보살이 말하기를 '내가 마땅히 불국토를 장엄하리라'고 한다면 보살이라 부를 수 없느니라. 왜냐하면 여래가 설하시되 부처님 땅의 장엄은 곧 장엄이 아닌지라 이를 일컬어 장엄함이라 부르는 것이니라.

【經】須菩提 若菩薩作是言 我當莊嚴佛土 是不名菩薩 何以故 如來說莊嚴佛土者 卽非莊嚴 是名莊嚴

『능가경楞伽經』의 사바세계는 무엇인가? 무량 법계는 또 무엇인가? 항사恒沙 법계가 무량 불국토다. 낱낱의 모래알 같은 국토마다 그 누가 주인일 것이며, 모든 국토를 항하의 강처럼 지어 부른 이가 왕이다. 세계는 혼돈의 질서이다. 질서는 곧 인과와 사유의 고리다. 항하사 국토 세계는 얽히고설킨 혼돈의 자기부정적 질서다. 부정은 낱낱의 국토들이 자기무화하는 과정이므로 사유 속에서 자신을 사유함으로써 자기화해 가는 원동력이다.

한 생각 일어나는 그 즉시 혼돈과 질서가 탄생한다. 유지維持와 폐기廢棄를 통하여 염진念塵과 청정淸淨이 국토를 구성한다. 항하사 티끌 같은 미진微塵 속에 항하사 청정 국토가 들어 있다. 하나가 다수이므로 일세계가 청정하면 다세계가 청정하게 된다.

꿈속의 불 국토여, 약속의 땅이여.
꿈의 주인이 누구며 객은 누구인가?
주인도 객도 서로 알아보지 못하는 중에
서로서로 나와 너다.

일체 법은 그리하여 일심 법계의 미진 같은 몸이다.
미진은 서로서로 똑같지만 크기와 이름만 다르므로
없는 마음 들지 않으면 그 자체 존재하지도 않는다.
존재 아니면서 유를 세우므로 일체법이라 부른다.

수천만 가지의 꽃과 향으로 장엄했다니?
이다 한 사람 처녀로 하여금 부인이 되게 함이다.
터를 잡아 새 집을 지어 새 주인 맞으니
본래 없던 땅, 없던 집이다. 네 알아 하라.

떠도는 구름 산과 하늘의 주인 되고
봇짐 가벼운 납자 심심산천의 주인된다.
구름도 없고 산 또한 내세움 없으니
오가는 사람들 다투어 한가롭다.

11
마침표를 모르는 통달

수보리야. 보살이 만일 아가 없는 법을 통달한다면 여래가 설하시되 이 사람을 참된 보살이라 부르는 것이니라."

【經】 須菩提 若菩薩通達無我法者 如來說名眞是菩薩

이미 공생空生이거늘 무엇 때문에 다시 무아無我를 통달할 것인가? 부처는 말이 없는 분이다. 구태여 여래로 입을 열어 설하고 또 설하심이 사뭇 번거롭기 그지없다.

무엇이 금강인가?
번거로움 없는 것이다.
통달洞達은 마침표를 모른다.
그래서 금강이다.

항하사 세계를 바라보는 이여.
마침내 무엇을 보는가?
아·인·중생·수자를 낱낱이 조찰照察하는 이여.
보지만 봄이 없고, 인과에 노닐며 허우적거림 없다.

무아無我를 통달한다니 이미 내가 없거늘 없는 나를 무엇으로 통달할 것인가? 만일 이것으로 불법의 골자를 삼는다면 참 깨달음 없으니 부처라 하지도 못할 것이다.

이름을 통찰하는 이가 누구인가?
수보리도 공생이라 생이 공적空寂하거늘
여래는 다만 이렇듯 와 있다니.
이렇게 오지 않았을 때는 어떠한가?

육조六祖의 언설을 미루어 볼진대 설령 온 곳 없음을 "이와 같이 왔다."고 이르더라도 오는 곳 없다고 한다. 이 오가는 것은 무엇인가? 생사거래가 끊겨 신광神光이 빛을 잃는다.

어두운 만큼 밝아서 밝은 그만큼 어둡다. 어두운 놈으로 검정[黑]을 치고, 밝은 놈으로 흰 것[白]을 친다. 어둠이 없다니? 환하지 않고 밝음 없으니 깜깜하지도 않다. 이놈 저놈 다 그만두니 도리깨로 친 것이다.[109]

---

109 날카로운 기봉으로 임제 스님의 주변에서 무수한 일화를 뿌리고 다닌 보화普化 스님의 노래다. 어두워지면 무덤가에 가서 잠을 자고 해가 뜨면 시정에 나가 밥을 빌었다. 그 때 요령을 흔들며 노래를 불렀다. "밝음에서 오면 밝음으로 치고 / 어둠에서 오면 어둠으로 치고 / 사방팔면에서 오면 회오리바람 일으켜 치고 / 허공에서 오면 도리깨로 친다[明頭來明頭打 暗頭來暗頭打 四方八面來旋風打 虛空來連架打]."

한 몸 같은 줄 관하라
[一體同觀分]

1
육안肉眼이 보고 듣는가?

"수보리야. 어떻다 여기느냐? 여래께 육안이 있는 것이더냐?"
"이와 같사오니 세존이시여. 여래께 육안이 있으시옵니다."
【經】須菩提 於意云何 如來有肉眼不 如是 世尊 如來有肉眼

"그대가 수보리더냐?"
"당신이 여래이신지?"
"공에 태어남이니 온 곳과 있는 곳이 어디더냐?"
"이미 묻는 뜻이 분명한지라 묻는 뜻 그대로입니다. 오는 곳이 비록 공하나 세상에 가장 존귀하고 거룩하신 분이여."
부를 때 앞서거니 뒤서거니 이름 붙여 공을 명료하게 했다.
육안肉眼을 보았는가? 육안은 이미 육신의 안공眼孔과 눈매다. 동공은 비추는 대로 모르고, 눈매는 미추美醜가 없어 무엇을 보는지, 무엇이 보였는지 알 길이 없다.

눈과 시선과 산하대지가 이와 같이 와 있다.
공생의 "이와 같다."는 말, 경희慶喜가 아니라 이르지 말라.
이와 같이 보는 것은 육안이냐 아니냐?
육안이라면 무엇이 이 때의 육안일 것인가?

대비對比여, 수보리와 여래다.
댓구對句여, 물어보고 대답한다.
대안對案이여, 맷돌 맞듯 대쪽 맞듯 한다.
대면상조對面相照여, 하나도 아니요 둘도 아니다.[110]

하나로되 둘인 것이며,
둘이로되 하나인 것이다.
하나면 둘이 맞고, 둘이면 하나도 틀린다.
아이가 인사하니 어른이 뒤에서 뺏는다.

불상은 부처에서 온 것이지만
부처에게는 형상이 본래 없다.
부처는 입도 눈도 없건만
여전히 말하고 본다.

사실이 아니기에 이렇듯 말하여 그르지 않다. 사실이 먼저인가, 말이 옳기 때문인가? 알아도 옳지 않고, 몰라도 본래 그르다.

---

110 vis a vis, tete a tete다.

2
하늘눈

"수보리야. 어떻다 여기느냐. 여래께 천안天眼이 있는 것이더냐?"
"이와 같사오니 세존이시여. 여래께 천안이 있으시옵니다."
【經】 須菩提 於意云何 如來有天眼不 如是 世尊 如來有天眼

땅에서 속는 자, 하늘에서도 속는다. 지상의 눈이여, 얼마나 많은 것을 다시 볼 것이냐? 여태껏 한 물건도 보아 건진 것이 없을진대 하늘에 올라 천사의 눈을 단들 무엇에 쓰리오. 가장 존귀하니 하늘에서 강림하고, 삼계의 눈으로 보지 못하는 것 보니 하늘눈[天眼], 하늘에 하늘이 없으니 여래의 눈이다. 이 때문에 부처에게 세 번째 눈을 같이 덧붙일 수 없는 일이다.
꽃과 향기와 법우法雨를 내리고, 뇌성벽력이 진대지盡大地를 흔들 때 이와 같이 여래는 스스로 설하는 것이다.

무엇보다도 육안을 비하하지 말라.
천개를 갖추어도 둘보다 나을 것이 없다.

하늘 위, 하늘 아래 천하를 다 뒤져도 없다.
문득 눈썹 밑이요, 수직 콧날 바로 위에 누웠다.

천안天眼이 있다니? 천안天安은 서울 밑이다. 이와 같이 천안으로 본다. 육안이 아니라 천상의 눈인 줄 안다. 참으로 안다면 이 역시 천안이 아니다. 대전大田 위다. 육안은 밖으로 얻고, 천안은 안으로 얻는다. 안팎이 모두 없을 새 얻음이 어디로 갖추어 일어나는가? 육안은 보는 것마다 다 형상을 갖추어 주며 천안은 보는 것마다 다 형상을 여의어 버린다. 갖추는 그때에 있는 대로 잃고 버리는 그때 없는 대로 두루 즐긴다.

중생만이 저들 다섯 눈길 다 갖추었지만
스스로 풀숲에 들어 길 잃고 헤맨다.
여래는 그 어느 것도 소유한 바 없는 까닭에
육안같은 하늘눈, 육안같은 불안佛眼이다.

3
안과 밖의 눈

"수보리야. 어떠하다 여기느냐. 여래께 혜안(慧眼)이 있는 것이더냐."
"이와 같사오니 세존이시여. 여래께 혜안이 있으시옵니다."
【經】 須菩提 於意云何 如來有慧眼不 如是 世尊 如來有慧眼

눈은 상(相)을 위한 것이다. 상은 자신을 알[知] 이유가 없다. 스스로 자신에게 상없는 줄 앎이 혜(慧)다. 상은 빛을 향하는 나무의 눈이다. 여래는 안에서 밖으로 향하지 않으며, 밖으로부터 안으로 들여보내지도 않는다. 안에 눈이 없고 밖에 눈이 없기 때문에 이와 같이 여실하게 마음과 몸 밖일 뿐이다.

눈 안의 산이 눈 밖에 산을 쌓는다.
눈을 벗어난 산이 눈을 산으로 채운다.
산은 이미 산이었고 그때 산 밖이다.
산이 그리하여 다만 이와 같이 있다.

누가 지혜로운 눈을 가진 것인가?
부처와 보살이라면 다 망어妄語가 될 것이다.
천안千眼 대비大悲인 관음도 보지 못하는 것이
바람따라 비가 되어 앞산을 지나가 버렸다.

4
보지만 못 보는 것

"수보리야. 어떠하다 여기느냐? 여래께 법안法眼이 있는 것이더냐?"
"이와 같사오니 세존이시여. 여래께 법안이 있으시옵니다."
【經】 須菩提 於意云何 如來有法眼不 如是 世尊 如來有法眼

자신의 존재를 존재자로 볼 줄 아는 놈이다. 마음 안에도 마음 밖에도 존재하는 어떤 것도 없다. 존재가 마음을 선험적으로 예상하기 때문이다. 무엇이 법안法眼인가? 보면서 못 보는 것이다.

진리의 눈이라는 말은 핫바지 입고 넥타이 맨 것이다.
눈은 보면서 무엇을 보는 줄 모르기에 다만 눈일 터인데
어찌 나무를 보는 눈이 따로 있고 부처 봄이 다를 것인가?
다르다면 그 눈이 아니고, 같다면 아무 것도 볼 수 없다.

부처가 스스로 여래를 보고 동시에 공생을 본 것이며, 서로 부르고 기꺼이 묻는 대로 대답하기에 한 마디 일렀다.

"부르고 돌아보는 곳에 불법佛法이 있다 이르지 말라. 애초에 터럭만큼도 나뉘어 벌어진 적 없다."

육안肉眼·천안天眼·혜안慧眼·법안法眼·불안佛眼은 눈의 분류가 아니다.
제 눈을 문득 돌이켜 하늘과 땅을 평탄케 하다.
눈인즉 흑백이 자명하고, 붉고 푸름 다를 것 없지만
태양보다 눈부신 광명 칠통 속에 있는 줄 어찌 알리오?

고목 둥치 속에 용의 울음소리 천지를 뒤흔들고,
눈 달린 돌사람 눈물 흘리며 크게 드높여 탄식한다.
무쇠 가지에 첫 봄을 귀띔하는 꽃망울 터지고,
오뉴월 따가운 햇살 위로 눈발 흩어 서리 뿌린다.

5
천의 눈 달린 부처

"수보리야. 어떠하다 여기느냐? 여래께 불안佛眼이 있는 것이더냐?"
"이와 같습니다. 세존이시여. 여래께 불안이 있습니다."
【經】須菩提 於意云何 如來有佛眼不 如是 世尊 如來有佛眼

본다는 것이 그르쳤고 보지 못한다는 것 역시 그르다. 본다는 그 자체가 이미 꾸밈이요, 만들어진 상이다. 여래, 즉 무엇이 '이와 같이 오는 것'인가? 한 손으로 거울 들고, 다른 손으로 얼굴 살핀다. 세존께서 알 수 없는 것을 공생이 이미 알았다.
눈에 여러 가지가 있는 줄로 이르지 말라. 보는 눈은 다만 한 쌍인데 다르다고 말한다. 한 부처도 이르지 않았거늘 마음이라 부른다. 이 허령한 공양을 불심이라 내버려 두었는가? 공생이 못보는 것을 내가 지금 보는 것이다.

눈 안에 눈 없고, 나무는 없는데 나무를 본다.
세존에게 삼계가 없는데 온통 보는 그대로 법계다.

삼계가 곧 그의 눈이며 법계가 부처의 육안이다.
아무 것도 볼 수 없으나 이렇듯 여래를 본다.

하나로 천 가지의 변화신[變化身, metamorphosis]을 얻으니
천백억 화신이라 부르나 하나조차 없음을 어찌할 것인가?
화신化身과 본신本身에 머리와 꼬리도 없는데 본신과 화신,
보신報身이라 생각 내키는 대로 부른다.

세존은 부처로서 육신·지혜 등을 갖출 이유가 없거늘
스스로 초월을 포기하고 영육靈肉의 질곡에 빨려드는가?
부처의 눈을 본 뒤로 다시는 아무 것도 돌아보지 않으니
동네 거지가 하나뿐인 쪽박마저 깨부순 격이다.

부대사가 이르기를,
"하늘의 눈은 통해서 걸리지 않고 육신의 눈은 걸리어 통하지 않으며, 법의 눈은 오로지 속된 것을 관하고 지혜의 눈은 곧장 공한 것에 반연攀緣한다. 그러나 부처의 눈은 비춤이 다르나 당체는 같아서 법계 내에 뚜렷이 밝아 다다르지 않는 곳 없는 천개의 해와 같다."
나는 이 또한 모자란다 말한다. 사상四相이 분명하니 글귀에 매달린 때문이다. 하늘의 눈은 걸리지 않고 통하되 막힌 것이요, 육신의 눈은 안통하며 걸리지만 본래 트였다.

18. 한 몸 같은 줄 관하라

법의 눈은 법을 고집하여 스스로 속되었고,
지혜의 눈으로 없는 형상에 반연하여 육신에 종속된다.
부처의 눈이라니?
육신도, 하늘도, 지혜도, 법도 아니다.

무엇을 보아 무엇을 알며 같고 다름이 어디인가?
천 가지를 있는 그대로 내버려 두라.
하나인들 이름에 묶어두지 말라.
지금도 보고 듣고 맡고 말하는 놈은 여전하다.

6
산 위에 흐르는 강

"수보리야. 어떠하다 여기느냐? 마치 항하에 있는 모래와 같나니 부처가 이 모래를 설하지 아니했더냐?"
"이와 같습니다. 세존이시여. 여래께서 이 모래를 설하시었나이다."

【經】 須菩提 於意云何 如恒河中所有沙 佛說是沙不 如是 世尊 如來說是沙

서로가 서로를 모르니 무식하고 무식으로 돌아볼 길이 없으니 홀연 자기라 이른다. 이르는 까닭에 그곳을 실재하는 존재로 알고 앎으로 분간하므로 중생과 지속하는 삶을 내세운다. 육문六門 앞에 걸어 내세우면 곧 상이요, 상은 오고 가는 생멸을 낳는다. 생멸이 있으므로 생멸법이 있고, 생멸하는 법이 없으므로 상도 없다. 상이 없으므로 내세울 것이 없다고 했다.

강에 이르니 문득 없고, 모래 만지니 말만 많다.
하나와 많음이 다 한 마디로 터져 나왔다.
하나다, 많다, 같다, 다르다 함부로 이르지 말라.

18. 한 몸 같은 줄 관하라 • 363

하나로 강이 허망하고 많음으로 모래가 허망하다.

강에는 물이 없고, 물에는 강이 없지 않은가?
강은 산 위로 흐르고, 물은 구름 따라 흐른다.
모래 없는 백사장 비단길 드리운 미지의 길에
망망히 펼쳐진 하늘과 땅을 강과 물은 알 길이 없다.

생멸이 본래 없으므로 법이 본래 법 아니다.
아닌 줄 아는 법은 이미 문밖에 드러났다.
모래와 강이 둘이 아니며
하나도 아닌 것과 같다.

아무리 많아도 항하의 한 모래,
아무리 달라도 모래알은 모두 같다 한다.
삼천대천세계가 모두 나의 눈에서 지새고,
미세한 먼지보다 작은 털끝에 수미산이 들었다.

여래가 설하고 부처가 설한다니.
설하는 말씀은 귀에도 눈에도 없다.
눈과 귀가 없으니 눈먼 봉사에 벙어리,
발없는 말이 되어 동서로 종횡무진이다.

7
가득 차 텅 빈 그릇

"수보리야. 너는 어떻게 생각하느냐? 저 항하의 모래수 만큼의 항하가 이와 같이 있고 이 모든 항하의 모래수 만큼 불세계가 이와 같이 있다면 일컬어 많다 하지 않겠느냐?"
"매우 많사옵니다. 세존이시여."

【經】 須菩提 於意云何 如一恒河中所有沙 有如是沙等恒河 是諸恒河所有沙數佛世界 如是寧爲多不 甚多 世尊

『원각경圓覺經』에 "법계가 나의 눈과 귀로 꽉 들어 차 빈 곳이 없다."고 했다. 두루 차 빈 곳이 없다니? 나의 눈과 귀는 어디에 있는가? 육문이 텅 비었으므로 채울수록 비니 이미 가득 찼거늘 도리어 비고 참을 좇으면 그대로 삼계의 울에 갇힌다.

그 모래알이 얼마이던가?
하나하나 짚어 세노라면 시간이 얼마나 걸릴 것인가?
많다고 대답함이여, 다 세기도 전에 늙었다.
억겁이 모자라다 이르니 시작을 기다리지 않음이다.

되풀이하며 다만 지금이라니. 멈출 줄 모르는 것, 항상 이 손가락 끝에서 벗어나 멈추게 한다. 이 무슨 말인가? 지금이 지금이듯 어제도 내일도 지금의 변신이다. 하나 둘 헤아림 없이 포대에 담지만 밑이 없다.

무명無明은 지금, 기억은 지금의 추억, 절망은 기억의 무화無化다.
삼세三世를 셋으로 나눈 것은 돌이킴의 돌아갈 곳 없음이다.
없는 데서 홀연히 돌아봄은 나와 남이라는 망상이다.
아·인·중생·수자없는 것을 당당한 세존이라 부른다.
놀라지 말라. 삼계에 울 없어 얻은 이름이니 삼계가 우러르는 어른이 바로 그대의 놀람이다. 놀라 물러난 즉 중생 이름 평생 지니고, 물러설 곳조차 없는 줄 문득 깨우치면 도사導師다.

얼마나 많은지 수로는 셀 수 없겠으나
많을수록 아무 방해가 되지 않는다.
많을 때 저들이 도리어 하나이기 때문이다.
모래라는 이름이 몸·마음·하늘·법·지혜에 없다.

8
부를수록 개운한 마음

부처께서 수보리에게 말씀하셨다. "국토마다 살고 있는 중생의 몇몇 부류로 된 마음들을 여래가 남김없이 아나니, 어찌하여 그러한가? 여래가 설하시는 마음은 다함께 비심非心일새 이를 마음으로 부른 것이니라.

【經】 佛告須菩提 爾所國土中所有衆生若干種心 如來悉知 何以故 如來說諸心 皆爲非心 是名爲心

몸·마음·하늘·법·지혜가 없으니 불국토다.
불국토에는 아무 것도 없어 없음조차 없다.
일체 중생이 묻고 되묻나니
불국토에는 설하는 부처님이 계시지 않는다.

산과 바다에 사는 산과 바다 같은 마음,
어디에도 사는 곳 없는 텅 빈 마음이여.
문득 구름바위 위에 집터를 잡았나니
오가는 인적 없고 담과 부엌도 없다.[111]

---

111 국어에도 주어와 동사가 있고, 영어에도 주어와 목적어가 있다. 같은 나라에 말은 서로 다른 말이나 각각 다른 소리 모이자 곧장 알아듣는다.

눈 코 귀 밝은 육식肉食 사냥꾼에게 찬 지옥이 매몰차고
온통 먹어 치우는 주인공에게 아귀와 수라 할퀸다.
분별 잘하니 인간, 꿈꾸며 나르는 하늘이다.
무엇을 다시 알고자 하는가, 한결 같다.

하나부터 열까지 마음인데
하나도 세지 못하여 열[十百千]을 받는다.
친근할수록 다시 소원해지니
옛 사람[古人]이 간절하게 이르기를 '일체'라 부른다.

마음을 마음대로 마음이라 부르는 마음이여.
허락할 능소能所가 없건만 여전히 마음이라 부른다.
불러 지치지도 아니하므로 마음이다.
무엇이 마음인가? 흐르는 물소리 본 적 없다.

중생이 서로 주고받는 하염없는 마음을
다시 빛을 돌이켜 탐색하니 찾는 놈이 새롭다.
여전함을 벗어난 듯 분간키 어려우나
어려운 줄 알 때 다시 그 하염없음이다.

덧없는 마음이 참으로 어처구니없이 항상恒常한다.
덧없음을 도리어 항상하여 얻어 갖추었으니

더불어 살지 않으므로 도리어 한 몸이 되었다.
무엇이 없는 몸 한 몸이라 가당케 했던가?

진리를 구하고 참 법을 기다리며 세계를 이루니 억천만겁을 헤아려 아직도 모자라지만, 모자란 그곳이 도리어 가장 친절한 곳이다. 한 순간 일념一念을 즉시 무량겁無量劫이라 이른다. 이 모두 생각 그 자체의 시간을 일컫는다. 생각의 너울에 진행과 역행 되풀이한다. 처음조차 없는 것이 앞뒤를 슬그머니 다투고 문득 자신을 반조返照한 뒤로 나와 너라 화합한다.

세고 헤아리면 중생, 그 상相이라 하지만
같다거나 다르지 않다고 말하면 보살이다.
부처는 꿈엔들 보지 못하리라.
수자壽者여, 없는 것 어찌 세랴. 앎에 이미 헤아릴 것 없다.

상 지음이 마음이요, 마음 자체 역시 상이다.
세계와 나라와 중생 모두가 부처라는 마음이다.
심중心中에 부처 없고, 부처 또한 무심한 까닭이다.
남산에 구름 일자 북산에 비 뿌린다.

9

벌써 코 앞, 등 뒤에서 부른다

그 까닭이 무엇이더냐? 수보리야. 과거의 마음을 증득하지 못하며, 현재의 마음을 증득하지 못하며, 미래의 마음을 증득하지 못하느니라."

【經】 *所以者何 須菩提 過去心不可得 現在心不可得 未來心不可得*

얻을 수도 없고, 얻으려는 이 또한 없다.
얻어 지닐 곳이 없는데 낚시줄에 제 목을 달았다.
삼점三點은 개울물처럼 흐르고,
굽어 돌기는 풀 베는 낫과 같다.

원상圓相을 맴도는 다람쥐의 튼튼한 앞뒤 팔뚝이여.
뛰는 쥐에 쳇바퀴 소리 크니 필경 주객主客을 잃었다.
증득證得하지 못했다니 필경 무엇인가?
급하여 육십에 하나를, 느긋하여 하나에 예순이 들렸다.

과거심이 무엇인가? 헤아림이 수미산만큼 크나 얻을 것이 하나 없다. 현재심이 무엇인가? 두려움이 사하처럼 흐르니 마구니 짓거리다. 미래심이 무엇인가? 공포가 은산철벽이니 외도外道의 임금이다. 얻지 못함이 무엇인가? 법과 법이 두루 모양을 갖추어 여섯 가지 먼지를 이룬다. 앎은 무엇인가? 눈으로 귀를 열고 입으로 귀를 당부하니 생사를 너울댐이다.

모르는 것은 무엇인가?
지옥 속에서 빛을 보나니
스스로 밝아 칠흑 같다.
얻을 것 없고 얻을 수 없어 마음이란 말인가?

어제와 오늘과 내일이다.
같다 이르지 말라.
삼세三世가 참으로 있게 된다.
마음의 숨겨둔 별명別名이 시간일 줄이야.

퇴거退去했다니? 무엇이 물러간 것인가?
흘러지나 간다니? 어디로 향하는 것인가?
가기 전에 출발하는 곳은 어디며 지금 있는 곳은 어디인가?
무엇을 그대가 보았는가?

그대는 두 눈으로 본 것인가?

그대가 본 것은 누구의 것인가?
아무의 것도 아니라면
어찌 내가 보는가?

야보가 이르기를,
"목소리를 낮추라. 곧 코에서 기氣가 나오는 줄 알게 되리라."[112]

삼제三際는 마음으로 구하지만 못보고, 못보는 두 눈이 여전히 두 눈을 대면對面하고 있다. 현재의 마음이라니. 눈앞에 무엇이 있는가? 허망한 마음이 다만 그대가 펼치는 경계다. 미래의 마음이라니? 오지 않은 것이 무엇이며 무엇이 올 수 있는가? 비어 없는 자리는 무엇으로 채우나? 과거심過去心이 누구의 심장을 달고 다니던가? 미래의 마음이 맴돌기도 이전이건만 이렇듯 거꾸로 말을 타고 달린다. 삼성參星 반월半月이요, 남면南面하고 북두칠성을 본다[觀北斗].[113]

---

112 低聲低聲 直得鼻孔裏出氣.

113 시간의 분별은 곧장 시간의식으로 되돌아간다. 시간 의식은 사료思料된 것에 대한 반성과 형상이다. 시간은 그리하여 의식의 당체에 소여所與된 것과 의식이 기술記述한 내용의 종합 내지 총체적 반성이다. 앞선 생각은 뒷생각을 불러일으킨다. 이것을 반성된 시간 속의 인과라 부른다. 인과는 시간 의식의 자기정립이다. 저것은 결국 이것, 어떤 것으로 된다. 시간의 무화는 반성에 대한 반성이 이루어질 때를 말한다. 추운 날 꽃 한 송이는 놀라운 아름다움을 준다. 꽃은 추위와 연관된 반성 자료가 단순한 때문이다. 이름지어 부를 때는 꽃의 아름다움이지만 사실은 반성의 역행으로부터 점화된 총체적 평가다. 오온이 불러들인 최초의 배경은 의식 속에 첫 경험으로써 각인된다. 이 정립이

과거가 없는 것이 아니며 현재와 미래도 그러하니
작명가에겐 마음밖에 다른 이름을 붙일 수 없다.
이름지었으면 과거, 그 이름 부르면 현재이며
과거와 현재를 삼키고 토해낸 배설물이 미래다.

어제의 그대는 누구인가?
그래 뉘신가?
지금의 그대 내일의 그대는 뉘신가?
지나갔다.

같은 놈이라면 귀신일 터이지만,
방귀마다 털 난다.
같지 않다 해도 도깨비일 따름이다.
뽑지 마라.

시간은 마음속에는 있지만 그 마음이 없으며,
과거는 현재하지만 점지點指하는 마음은 벌써 지금이다.
현재를 점지하니 이미 과거의 지난 마음이며,
미래를 점지하니 문득 과거의 지금이기 때문이다.

마음 본래 머무름이 없는 것이라면

대상평가의 주원인이 된다. 미추는 대상의식이 아닌 주인의식이 된다.

시간 또한 머무르는 곳 없을 터
과거·현재·미래를 나누어 쓰니
쓰는 그것은 마음인가 아닌가?

머무름이 없거늘 어느 곳에서 그 마음을 쓸 것인가?

홀연 신령한 거북 나래 편[靈龜展翅] 그 곳이라니.
대답이 이러하다면 뉘 있어 불법佛法을 믿으랴.
상원上元 달 밝고 둥글다.
두 손 모아 소원 빈다.

수보리는 허공으로 태어난 물건이다. 가없는 허공이 놀라 아목구비를 잊은 그 얼굴[無邊虛空이 覺所顯發], 부처의 마음을 온통 중생에게 빼앗겼다. 증득치 못할 그 마음이 빛 없는 두두물물頭頭物物의 곳집이다.[不可得心 無明法藏] 백천만 겁, 무량광겁의 이때가 그 어느 때인가? 돌아와 같은 곳이라 말라. 시작도 없다. 끝없다 이르지 말라. 벌써 그친 것이다.

주周 금강[德山]은 눈앞에 떡을 놓고도 먹지 못했고,
노파는 떡판을 비우지도 못하며 모두 놀아났다.
부처는 공연히 시간을 끌어들여 자식을 괴롭혔지만

천하의 웃음거리는 여전히 선객禪客들의 몫이 되었다.[114]

선험적[a priori] 시간에 물으니 봄[watch]을 탓하고,
볼 수 없는 시간을 물은 수보리는 아비만 욕보였다.
한밤에 떡판을 이고 집으로 돌아가는 노파여!
나서지 말고 "마음껏 드시라."고만 했어도 떡값은 챙길 터.

생각이 일어난 줄로 터득하면 즉시 지옥과 축생,
생각이 여실한 줄 알면 사람에 떨어진다.
생각이 없거나 무한한 즉 천상에 곧 낳으련만
어느 때에 한가로이 도인의 낮잠 즐길 것인가?

---

114   덕산 선감(德山 宣鑑, 780~865)은 당대唐代의 걸출한 스님이다. 늘 『금강경』만 강설해서 주금강(周金剛, 속성이 周)이란 별명을 얻었다. 『벽암록碧巖錄』 제4칙 「덕산이 위산에 가다德山到潙山」에도 등장한다.

법계에 두루 나투다
[法界通化分]

1
칠보를 가득 쥔 텅 빈 손

"수보리야. 어떠하다 여기느냐? 만약 어떤 사람이 삼천 대천세계를 칠보로 가득 채워 보시한다면 이 사람이 이 인연으로 '많은 복을 증득하리라' 이르겠느냐?"

"그와 같나이다. 세존이시여. 이 사람은 이 인연으로 심히 복을 많이 증득하겠나이다."

【經】 須菩提 於意云何 若有人滿三天大天世界七寶 以用布施 是人 以是因緣 得福多不 如是 世尊 此人以是因緣得福甚多

복을 지어 공덕 쌓음을 어찌 시간에 부촉했는가? 대천세계가 모두 칸트Kant의 눈에 비친 초월의 컨셉트transcendental concept, 순수이성Pure reason이 청순하여 떡 한 덩이조차 삼킬 수 없다. 입 속의 떡이나 배꼽시계는 본래 맛과 바늘이 아니다. 부처가 모르는 것을 공생의 삶이 가득 채우며 삶이 모르는 것을 열반涅槃의 중생이 행한다. 햐향下向하는 천만 갈래의 길에 조사가 부끄러워 숨고, 상향上向하는 한 가닥 길목에 제불諸佛이 두려워 옹송그린다.

행상일로向上一路를 그 누가 알리오.

심중의 끝없는 감회 풀길 없어 벽과 벽,
울과 울 타고 넘는 늙은 원숭이에 부촉한다.
울음소리 그치면 홀연히 뒤를 돌아보라.

하향만반下向萬般을 어찌 가늠했으리.
손과 발이 각각 다섯씩 나누어 뻗었고,
눈과 귀는 양쪽에 하나씩 공공空孔을 보탰다.
보고 듣지 못하나 육창六窓이 밝고 밝아 의심이 없다.

산과 들이 내 눈을 시원하게 하고,
햇살 뒤엔 달빛으로 산하대지 거머쥔다.
새와 꽃이 코끝 꾀어 귀 북을 친다.
천당과 불찰佛刹이 몸 밖으로 넘쳐흐르는 줄 모른다.

세계가 무엇이며, 무엇이 다시 삼천인가? 눈 밖의 경계가 모두 한 눈에 의지하여 생멸한다. 생멸은 돌아옴이 없건만 마음 없이 있고 없다. 있고 없음이 부단히도 현전하되 찾으면 없기 때문이다. 큰 복이 그대에게 임할 것이다.

마음 없는 그대의 것, 문득 만복이 깃든 줄 안다.
부처가 미운 그 곳이다.
밑도 끝도 없는 일에 목숨 다 바치니

목숨 내던질 때 비로소 참 목숨 얻는다.

무엇이 부처님께 올려온 공양인가?
텅 빈 손에 칠보를 가득 쥐었다.
머리와 목, 양쪽 손발까지 줄줄이 드리우나 알고 보면
모두 이 손가락 끝에서 나왔다.
손가락과 입이 어릴수록 절친하다.

겁초부터 부처님들 끊임없이 공양 올렸는데
문득 금세의 시간, 해탈의 경계라 한다.
무량겁 이전에 그 누가 거기 있었는가?
뜬금없이 금세인이 부처를 이룬다 하네.

화분 안의 버들강아지 삼복더위 알렸는데,
난간 앞의 대나무 온 누리에 새봄이라네.
씹어 삼켜 먹음도 없이 배부르니
평생 한가로운데 모든 경經을 쓰셨다.

먹은 적 없고, 삼킨 적 없어도 배부르다.
뻰대고 한가로이 노닐며 모든 경 손수 쓰셨다고 우겨대니
봄 이전 삼복더위, 자운紫雲 밖의 법우法雨인가?
갖추어 이루지 못하는 일을 텅 비워 얻는다.

2
복 없는 복

부처가 이르시되, "그러하고 그러하니라. 수보리야. 만약 복덕이 실하다면 여래께서 '복덕을 많이 증득한다' 설하지 않으실 터이다. 복덕이라 할 것 본래 없던 까닭에 여래께서 '복덕을 많이 증득한다' 설하시었느니라."

【經】 須菩提 若福德有實 如來不說得福德多 以福德無故 如來說得福德多

실實은 과실果實과 같아 가을에 낙엽지고, 겨울에 쉰다. 인연으로 인연을 설하지만 숨긴 것이 너무 많다. 무엇을 그다지도 숨겨 누구에게 유언遺言할 것인가? 내 몫 챙기는 자손마다 모자라다고 투정을 부린다. 복없는 물건이 찾는 것은 복일 수 없고, 복다운 복은 찾음도 얻음도 없다. 욕심과 간탐심慳貪心으로 얻고 잃는다면 과일마다 버러지 먹어 따는 수고도 아깝다.

밖에 있으면 실하고, 안에 있으면 허하다.
제불諸佛과 중생이 같은 상이므로 안팎으로 넘나든다.
마음을 두어 안의 부처, 밖의 중생이라면
안의 부처가 밖의 중생에게 무엇으로 넘나들 것인가?

안과 밖이 없다 일러 다른 수자상 짓지 말라.
없음으로 얻을 것이 있다면,
차라리 얻지 못함이 복덕이다.
복덕을 구족九足에 십분十分하더라도 만족 아니다.

인연 없는 중생에게 "일체 중생이 실유悉有 불성이라."고 외치고도 "아무 말도 한 적이 없다." 다시 외쳐 대었다. 부처가 체면불구하고 스스로 토한 말이다. 아무리 따져도 답변이 없으니 이 또한 그이 탓이다. "중생이 본래부터 부처의 성품을 다 갖추었다." 하여 여래는 당신의 살 길을 열어주고자 했으되 어찌 사하에 구제할 중생 없는 줄 알았는가? 그때 내주었던들 조주趙州의 모진 강탈强奪은 면했을 터이다.[115]

개와 사람의 다른 점은 개는 복뿐이고,
사람은 복이 하나도 없다는 것이다.
오죽하면 사람으로 태어나 복이 되며,
하필이면 오뉴월 개 팔자 타고 났는가?

복없는 것으로 도리어 복을 삼으니 뒷날 모든 이들이 그를 '지혜로운 거지'라고 불렀다. 상갓집 개가 다복하기 성인군

---

115 조주 선사께 한 스님이 "개에게도 불성이 있습니까."라고 물었다. 조주가 "없다."고 대답했다. 일러준 기연機緣을 들어 말한 것이다. "있다."고 일러 준 것으로 의혹을 일으켜 망설이지 말라.

자보다 한 줄 위고, 칠보로 단장한 세상이 도인을 두려워하게 되었다. 보배로써 온 세상에 공양하고 공양을 올렸다는 네 가지 상도 지음이 없으면 상이 없다. 그러므로 덕도 복도 전혀 없어야 할 것이다. 수보리는 무엇을 믿고 당연한 듯 "그렇다."고 한 것인가?

이것이 물음인가, 대답인가?
물음이라면 그렇지 않다 할 것이요,
대답일지라도 옳지 않다 할 것이다.
옳은 것은 복이 없고, 아닌 것은 덕이 없기 때문이다.

수보리는 묻지 않을 때 대답을 알아야 하고 모를 때 스스로 들을 줄 알아야 한다. 부처는 왜 수보리의 질문을 의지하여 하찮게 대답하고 수보리의 물음을 기다려 겨우 "여래"라 자칭하는가? 수보리와 여래는 한 번도 만난 적이 없다. 모든 복덕 역시 부처를 의지할 수 없다. 무엇이 복이며, 덕인가? 사람들이 "양족兩足한 존尊"이라 부를 때 모두 잃었다.

상相에 네 가지가 없고, 네 가지에 상이 없어
듣도 보도 못했다고 생각한 적도 없다.
앞뒤, 위아래로 좌표 그릴 수 없으니
한바탕 휘둘러 이름만 허공에 걸어놓았다.

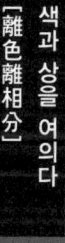

색과 상을 여의다
[離色離相分]

1
색과 상은 눈과 귀의 여래

"수보리야, 그 뜻이 어떠하다 여기더냐? 두루 갖춘 색신으로 부처라 볼 수 있는 것이더냐?"
"아니옵니다. 삼세에 가장 존귀하신 이여. 여래를 마땅히 구족된 색신이라 볼 수 없나이다. 어찌하여 그러냐 하면 여래가 '구족색신具足色身'이라 설하심은 그 자체 '색신이 구족된 것'이 아니므로 이를 색신을 구족했다고 일컫나이다."

【經】 須菩提 於意云何 佛可以具足色身見不 不也 世尊 如來不應以具足色身見 何以故 如來說具足色身 卽非具足色身 是名具足色身

색과 상을 처음부터 일러오고 있지만 아무도 색과 상을 보아 온 적이 없다. 눈에 안 보이되 머리 안에서만 떠오르니 너도 나도 상과 색이라 불러 댄다. 구족具足이라고 우겨대니 이 또한 눈과 귀의 메아리echo다. 상과 색을 구족한 어떤 색도 상이 없으니 보는 것 자체와 듣는 것 자체를 교묘하게 세운다. 그러나 교묘할수록 색과 상은 눈과 귀의 여래다.

이름이 색신色身, 무엇이 이름인가?
외로운 작명가는 겁초 이전부터 있어 왔다.

해와 달을 부르고, 강과 산을 불러 들였다.
있으라면 있다, 어찌 이렇듯 의심하기에 이르렀는가?

색과 상 없는 것이 참으로 부처라면,
색과 상 있는 것은 도대체 무엇인가?
수보리는 아니라 부르면서 여래를 보고,
부처는 색상을 말하며 무엇이 없다는 것일까?

보았다면 남을 속여 가보를 삼음이요,
못 보았다면 자신을 속여 돼지우리에 넣음이다.
가보도 찌꺼기도 서로 냄새나는 줄 알아
서로에게 떠넘기느라 세월을 잊는다.

혜명慧命 수보리는 '지혜의 명줄'을 타고 난 몸이거늘 타고 건넨 배를 되잡아 타는 격이다. 저 때 홀연히 대답하기를, "불연不然입니다."라고 했던들 천오백 선지식의 핀잔을 맞지는 않았을 것이다.

색신色身은 육창六窓을 거느려 보고 듣고
온통 알음알이라 보이는 대로 들리는 대로 낚아챈다.
구름이라 불러 놀던 비바람이라 일러
뿌리던 무슨 법에 저촉되고, 어떤 법에 걸림 있을 것인가?

20. 색과 상을 여의다

다시 한 번 이른다. 모자람 없음이다.
이미 구족이라면 두루두루 막힌 곳 전혀 없다.
색신의 몸매 천하게 다루어 향상로向上路 막지 말라.
천한 것은 본래 법신法身으로 색신 자리 탐내는 것이다.

여기서는 부처를 묻고 다음으로 여래를 되묻는다. 선찰善察, 각찰覺察하여 털끝 하나도 놓치지 말라. 보고 듣고 말하는 그 이가 누구며 보고 들으나 보고 듣지 못하는 것을 열어 펼친다. 산과 강, 해와 달, 신의 팔과 다리이며 그의 입과 귀다. 몸과 마음이 있으면 신의 구족 색신이거니와 몸도 마음도 없으면 부처의 색신이 구족된다.

창조를 주인이 있다 부르니 아와 인이다.
가르치고 배우며 말하고 들으니 중생과 수자다.
아·인이 없다니, 산하대지가 모습을 감추었다.
중생과 수자가 없다니, 너와 내가 없다.

부처가 색신 없다면 멀쩡한 중생 사라진 것,
부처가 색신 있다면 여래의 이름조차 사치다.
중생이 없건만 만인을 제도하고,
부처가 없건만 절집마다 불상으로 그득하다.

일체가 마음의 조작일 뿐이라니?
세상만사가 모두 눈 속에 든 먼지다.
먼지마다 먼지 하나 없이 똑같은데
입 속에서는 여전히 무진장 많다 말한다.

만법귀일萬法歸一하니 일귀하처一歸何處리오?
제상諸像을 일법一法에 붙잡아 매려는 수법이다.
한강물 다 마시면 일러주겠다니?
하나도 없는데 백 천 가지로 방편을 부렸다 한다.

야보여, 스승 없는 자리에 의논이 분분하다.[116]
손가락 열 개로 두 손을 폈다 오므린다.
주먹 숨겨 열이 드러나고,
열을 펴 바닥난다.

---

116 "공적으로는 바늘도 용납되지 않지만, 사적으로는 수레와 말도 통과한다.[官不容針 私通車馬]"

2
하나도 아니고 둘도 없음

"수보리야. 그 뜻을 어떠하다 여기더냐? '온갖 형상 갖춘 이'로 여래라 볼 수 있는 것이더냐?"

"아니옵니다. 삼세에 가장 존귀하신 이여. 여래를 갖추어진 형상들로 볼 수는 없나이다. 어찌하여 그러냐하면 여래가 설하는 '제상구족諸相具足'은 그 자체 구족이 아니므로 이를 '구족된 제상'이라 부르나이다."

【經】 須菩提 於意云何 如來可以具足諸相見不 不也 世尊 如來不應以具足諸相見 何以故 如來說諸相具足 卽非具足 是名諸相具足

여래가 어찌하여 여래라 불리게 되었는가?
형상 없음을 어찌 알아 이르게 된 것인가?
옴이 없어 여래라면 어찌 와 있는 것인가?
형상을 본다고 부르니, 새삼 무엇이 보는가?

부처의 몸과 여래의 마음이다.
몸과 마음을 나누니 둘이 곧 하나요, 하나가 둘.
곰곰이 생각하니 더욱 생각꺼리다.
둘 없는데 하나도 아니며, 하나 아닌데 둘도 없다.

여래의 설說이라니? 누구에게 무엇을 이르려는 것일까? 여래가 어찌하여 남의 귀에 자신의 이름을 들추는 것인가? "수보리여"라고 호명했으니 듣지 못하는 귀 뿐이요, "세존이시여" 라고 되받아 부르니 말 못하는 입일 뿐이다.

이르시는 대로 어김없이 되받아 대답하는 빼어남이여.
마치 잘 다니든 길에 들고도 깜박 놓친 것을 몰랐다.
푸른 하늘에 매서운 매[鷹]인들 어찌 알 수 있으랴?
토끼 또한 사냥꾼이 일찍이 던져 놓은 덫일 줄이야?

생멸 없이 관觀하여 늘 이렇듯 지어 간다면
진眞과 망妄이 평평하고 자연[坦然]스럽다.
삼세의 마음을 이와 같이 지어감은 무엇인가?
부대사는 기둥만 뽑고 깃발은 감췄다.

야보가 이르되,
"설雪 달, 바람과 꽃에서 늘 제 얼굴을 보리라."

깃대를 뽑고도 깃발은 거두어 체면을 유지했다. 알겠는가? 불상은 대면對面하지 않더라도 절을 빠뜨리지는 말고, 경은 보지 않더라도 좌선을 게을리 않았다 할 것이다. 없던 것이 비로소 생생하여 구름 벗은 해와 같아 큰 것이 도리어 작은 것에 그 몸을 숨기었다. 모든 조사[諸祖]의 모습이 본래 이와 같을 지경이다. 자식이 부모되고, 부모이자 자식이다.

세 가지 마음이 삼세가 되었으나 오온과 육근이 도리어 삼심三心의 모체라니? 사사四蛇는 원래 육근이라 불리기 이전에도 삼세심의 일체 사상四相이요, 비상非相이다. 무엇이 사사인가? 확보된 시야 속에서만 노려보는 뱀[眼是前看蛇], 소라 껍질 등에 지고 다니는 파란 뱀[耳是靑螺蛇], 붉은 혓바닥 날름거리며 도사린 뱀[舌是赤鄕蛇], 다섯 발 전후좌우 당할 자 없는 뱀[鼻是五步蛇]이 그것이다.

3, 4, 5, 6 모두가 자랑스러운 그대의 심보다.
무엇이 이다지 기특하다는 것인가?
스스로 무너뜨리고 넘어진 곳에서 스스로 일어나니
적멸한 그곳이 그대의 지혜, 불조佛祖의 혜명慧命이다.

눈에서 본 것을 입에서 벌려 흩어내고,
귀에서 들은 것을 몸에 간직하고 섞는다.
벌려 흩음이 없건만 나와 남을 만들었고,
나와 남이 다시 세상과 창조인 줄 안다.

중생은 색과 상 없는 것을 일컬어 색상이라 부르고,

여래는 색과 상 있는 것을 도리어 부처라고 부른다.
중생은 산과 구름 있다 없다 하지만,
여래는 산과 구름 그 이름조차 없다.

설할 법이 있는 설이 아니다

[非說所說分]

1
있음과 없음의 심상心相

"수보리야. 그대는 이와 같이 생각지어 이르지 말지니.
여래께, '나에게 마땅히 설할 법이 있으리라'고 이르지 말라.
【經】須菩提 汝勿謂如來作是念 我當有所說法

사상四相에 따르고 육진六塵에 의지하며 생각을 좇아 바로 이르려 논리를 펴니 이치는 옳은 듯하나 옳은 것이 상이라 말한 즉 곧 존재하는 줄 알기 때문이다. 먼저 "네 뜻에 어떠하냐?" 묻고, 다음에 옳다고 "여기지 말라." 이르시니 누구를 위하여 상대의 뜻을 묻고 누구에게 생각을 일으키지 말라는 것인가?

의중에 오로지 뜻 없는 사람만 간직하고 있으니 뜻을 두어 묻는 이가 제 말에 놀라 멈춘다. 뜻을 두어 논리적 허상을 지은 것이라면 이 까닭에 법을 유무로 판가름하기에 이르렀다. 아난이 불멸후 제도받지 못한 중생들을 근심하니 여래께서 기꺼이 경희에게 깨우쳐 물었다.

"나 죽은 뒤에 남아 있을 중생들을 걱정하니 그 걱정스런 중생들이 본래 없는 줄로 아노라."

선혜善慧는 허상의 무화無化이며 전법傳法이다. 만일 전법을 빌미로 부처의 상을 지으면 불법佛法을 삼세에 널리 유포하고 구도救導 중생함이 옳으나 이 옳음은 스스로 그르니 남김 없는 제도가 남을 것이다. 존재하는 것과 존재하지 않음은 시대示對이나 아·인과 중생·수자다. 오로지 대시對示했음이다.

있다고 해서 걸리고,
없다고 해서 스스로 무너지므로
있다고 해서 살리고,
없다고 하여 걸림이 없게 했다.

부처가 있으면 불상이 없고
불상이 세워지면 부처가 사라진다.
사라지면 부처를 다시 증험하게 되고
얻음이 있자마자 다시 나와 남이 태어난다.

야보가 송頌했다.

여러 해를 돌덩이 말이 백호白毫로 방광하니	多年石馬放毫光
무쇠소는 크게 소리 내 울며 큰 강물로 든다.	鐵牛哮吼入長江
허공의 한 외침에 종적이 전혀 없어	虛空一喝無蹤跡
어느새 몸을 감춰 북두에 숨어 들었다.	不覺潛身北斗藏

수보리 말고 다른 이가 여쭈었고 여래께서 입을 다문 뒤에 누군가 해설한다. 감추고 숨은 들 무슨 소용이랴. 숨을수록 드러나고 감출수록 벗겨진다. 한 임금 밑에 네 신하가 늘 보필하지만 임금은 예외없이 한 신하로 대변하도록 한다. 대변代辯은 곧 칙령이 되어 유포되지만 책임은 오로지 임금의 몫이다.

말과 법은 이미 주인이 없고 실체도 없다.
말은 스스로 주인이려 하고,
존재하는 법은 스스로 실체로서 군림한다.
말과 법은 자신을 무화시킨다.

야보가 이르기를,
"설하고 무언無言함이 서로 용납되지 않고 비방을 면할 수도 없겠으나 그대에게 획을 그어 통하게 하라. 하면 마치 해무리가 동쪽에서 무심히 비치는 것 같다."[117]

무엇이 "유심으로 비추는 것인가?"
말똥을 피하려다 개똥을 밟은 격이다.
다행한 일은 해와 달뿐 아니다.
천지만물이 모두 말없이 설한다 말질하는 것이다.

---

117 "爲君通一線 亦如 日輪照無心."

무심이라 하자마자 도리어 이렇듯 유심 같으니
없는 마음은 없음이 있을 수 없어 없다고 했고,
있는 마음은 있음이 없을 수 없어 있다고 했다.
있다, 없다는 것은 어느 쪽도 다 같이 심상心相이다.

2
모름과 앎

그와 같이 생각을 짓지 말지니라. 어찌하여 그러한가? 만일 어떤 이가 여래에게 설할 법이 있다고 말한다면 곧 여래를 비방하는 것이니 내가 설한 뜻을 헤아리지 못한 것이니라. 수보리야, 법을 설한다는 것은 설할 수 있는 법이 없어 설법이라 이름지었기 때문이니라."

【經】 莫作是念 何以故 若人言如來有所說法 卽爲謗佛 不能解我所說故 須菩提 說法者 無法可說 是名說法

설과 법이 아상, 뒤집어 인상, 헤아림과 비방이 모두 법과 설자說者의 중생상, 있고 없음을 초월하여 부처와 여래의 법이라 세우니 하늘과 마음에 똑같이 님이 수자壽者로서 우뚝 선다.

입 없는 말씀이 듣지 못할 귀를 위하는 말이며,
말할 수 없는 입이 귀 없는 말을 듣기 위함이다.
설하여 줌은 없는 말씀의 자기 소외,
들어 깨우침 그 자체가 공덕을 밝히는 빛이다.

하늘에 님이 없다. 그 이름이 하느님이며,

하나도 신이라 부를 이가 없어 하나님이다.
찬성과 반대하기 어언 몇 겁을 더하여 왔던가?
일월日月이 흐르며 너울대는 이름들의 잔치다.

하나가 많음, 많음이 하나다.
깨달은 이가 무엇을 깨달았을까.
깨달을 것이 이미 있었다면 학생일 뿐이다.
깨달을 것이 없음이 옳다면 여기 올 까닭도 없다.

이름을 이름이라 하여 이름이라 부르지 말라.
이름이 이름이다.
이미 여의어 그대 앞의 현존재가 되었다.
이름으로 존재를 헤아리고 그 헤아림도 명칭 덕에 익숙하다.

익숙하니 다시, 이름 있음을 마치 명호名號 자체의 존재로 안다.
법이 없되 법을 설하고 조각에 양편이 없으나 입술을 편다.
모양도 형상도 없으니 부처의 상像이라 하며 달리 수고하느니 차라리 이렇듯 보여줌이 낫다.[118]

"보여준 것"을 보인 그놈이라 이르지도 말며

---

118 야보가 "따로 마음을 쓰는 것보다는 낫다.[由勝別勞心]"고 말한 것을 뜻한다.

"이르지 말라."고 한다.
이 놈 또한 각별하다 말라.
보여주는 일이 곧 우리 스스로의 담연湛然함이다.
이름에 휘둘리지 않음이 곧 활용함이다.
"모른다."가 곧 "안다."와 다르지 않다.
알기 때문에 모르는 줄 알고 알기 때문에
다시 모르듯 세존은 여래를 모르므로 오히려 부처다.

야보가 스스로 "토끼 뿔 주장자, 거북 털로 만든 털이개[拂子]"라 불렀다.[119] 부처에게 효가 되는 소리인가, 아닌가?
"허공에 외쳐 북두칠성 속에 몸을 감추게 했다."[120]

알지도 말라. 교敎를 설하고 법을 설한다고 이르기 좋아하는데
말하는 사람은 정작 무엇을 말하고 있었는가?
듣는 이에게 설명하는 것은 생사를 맡겨줌,
스스로 앎이 있으면 무명無明과 우치愚癡다.[121]

---

119 兎角杖 龜毛拂.
120 虛空一喝 北斗藏身.
121 태어나 보지도 못하고 지옥에 떨어졌다.

3
법을 설하지 않는 불타

이때 혜명 수보리가 불타께 사뢰었다.

"삼세에 가장 거룩하고 존귀한 이시여. 적잖이 존재하는 자못 중생들도 오는 세상에 이 법문 설하심을 듣고 신심을 낼 수 있으리까?"

【經】 爾時 慧命須菩提白佛言 世尊 頗有衆生於未來世 聞說是法 生信心不

지혜가 없으니 착하고 지속하지 않아 명줄이다. 찾아도 못 볼 불타를 불러 젖히니 삼세가 무너져 내리고 시방이 입 다물었다. 문밖을 나서자 다시 올 수 없는 길을 헤맨다. 경희慶喜가 세존의 열반에 즉하여 여쭌 것이라 "이 자못 적잖은 중생들을 장차 어찌 제도하리까." 여래께서, "나는 적잖은 중생을 있는 줄로 보지 않노라." 경희는 말씀 얻는 그날이 생일인 존재이니라.

경희와 여래가 동성동본이요 동갑내기라니?
말하는 이와 듣는 이가 서로 가가대소한다.
듣지도 않고 문득 삼배하여 세상의 존자요,

설한 바 없으나 사십구 년의 서리와 이슬이다.

상은 곧 모든 존재의 실증되어진 이름인 것이며, 실증 되어진 존재의 이름이 곧 상이라. 중생이 곧 상이거늘 어찌 신심을 내어 상을 부수며 상이 없어 도를 이루거늘 어찌 그때 중생이라 부르랴. 가없을 때 허공은 실증화 된 존재로 모습을 드러냈다.[122] 그 드러난 허공은 "본래 텅 비었다."고 다시 말한다. 말했다고 해서 허공이 있는 것은 "아니어야 한다."이다. 중생이 이 허공, 부처가 그 가없는 중생이다.

불타는 설하는 입이 없다.
중생이 입을 가진 것이 아니기 때문이다.
불타는 법을 설하지 않는다.
설하심을 들을 중생이 없기 때문이다.

들을 수 있다면 이미 중생이 아니요,
법이 있다면 부처가 아니다.
설하고 들음이 없으니 이심전심以心傳心,
가르쳐 배우지 못하니 교외별전敎外別傳이다.

마음이 마음을 듣고 설한다. 여시如是 내설來說하고 선문善聞

---

122 無邊虛空 覺所顯發.

현법現法한다. 마음이라 부르는 까닭에 찾지 못하니 마음은 없고 마음이라는 이름뿐이다. 뉘 있어 각覺을 각이라 불렀는가? 부르니 각이 딴전 피우고 소리가 흩는다. 여래가 설하자 말자 이름조차 잃으니 혀가 혀를 탓하고 말 없음을 내세운다.

천 백억 대중이 모이자 내 뺨 저 꼴을 보라.
이후로 사람과 하늘의 스승이라 불렀으니
지상에서 이루지 못한 사랑 하늘에 맹세한다.
아뿔싸, 금강을 금강이라 부르지 않았을 제 좋았다 하리라.

꽃 한 번 잘못 들어 올리어 만세萬世에 꾸지람 듣고,
쓴 바 없는 금강경 탓에 할아비들 잔소리 듣는다.
평생을 남의 이름 빌려 살면서 얻은 바도 없거늘
바다와 하늘을 송두리째 삼키고 뱉은 것.

뒷세상을 걱정하니 단 한 명도 보이지 않고,
옛일을 돌이키니 한없이 많은 꿈틀거림이다.
변방에 나아가 오랑캐를 무찌른 대 장군도
집에 오면 환대를 받자마자 독방신세일 뿐이다.

4
지워버린 최고의 이름

불타께서 말했다.
"수보리야. 저들은 중생도 아니며 중생 아님도 아니다. 어찌하여 그러한가? 수보리야. 중생이 중생이라는 것은 이 까닭에 여래가 없는 중생을 설하여 중생이라 부르느니라."

【經】佛言 須菩提 彼非衆生 非不衆生 何以故 須菩提 衆生衆生者 如來說非衆生 是名衆生

뜻을 좇아가지 말라. 중생이라 부르지 말며, 중생이 아니라 부르지도 말라. 부처가 아닌데 어찌 중생인가? 중생들로 하여금 부처라는 이름을 쓰게 말라. 저들이 찾는 것이 전혀 엉뚱하다. 부처로 하여금 중생이라 부르지 못하게 하라. 중생이 오온을 버렸다. 어찌 중생이냐?

사바세계에 단 하나의 중생도 없기를 다행으로 여긴다.
궁색한 세존이여, 그대가 본래 있을 곳이 아니다.
부르는 자와 이름이 서로 맞아 떨어지는 경우를 찾으니
갈수록 먼 길이라 첫걸음 한 발자국이 가장 무겁다.

하늘과 땅이 뒤집혔고,
사람과 귀신이 서로 무섭다.
뒤집히고 무서움이 짝하니
본래부터 안신입명安身立命.

존재함이 있으면 없음은 무를 유라 부른다. 보고 들음이 있는 줄 알므로 아상, 보고 들을 존재가 있는 줄 알므로 인상이었다. 생멸을 하찮고 비속한 것으로 여겨 중생상, 불성을 항상하다고 믿어 수자상에 떨어진 것이다.

봄이 없고, 본 것이 없으므로
거래가 없어 창조하고 태어남도 없다.
생멸도 무생이라는 것이 없다.
없다하여 어찌 아무것도 없다고 이를 것인가?

아상이라고 말한다. 무엇이 아상인가? 물을수록 대답할 수 없다. 남이 아니기 때문이다. 아가 아상을 이르는 동안 아가 사라지니 상을 도리어 자신에게 물으니 이름만 세울 뿐이다.

제자는 "부처님이시여."라고도 뫼시지 못하고
도리어 '세존世尊'이라 하여 뫼시니

부처는 스스로 여래라 부르며 '최고'의 이름을 지운다.
앞뒤에 오롯한 이름은 수보리, 선현善現 뿐이다.

까닭 없는 선현에 뜬금없는 여래가 대하여 나서고,
여래는 자신의 몸도 잊고 선현을 위하여 답한다.
남산에 구름조차 없는데 북산에는 이미 비 뿌리고,
뉘 있어 연못 위 서릿발 서린 달그림자와 더불어 있으리.[123]

---

123 벽암록 100칙 가운데 최대의 노래다. 제40칙인 「남전의 한 송이 꽃」에 실린 전문은 다음과 같다. "듣고 보고 깨닫고 아는 것이 서로 다르지 않으니, 거울에 비친 산하 거울 속에 없네. 서리 낀 하늘에 달은 지고 밤도 깊었는데, 차단한 물에 어리는 그림자, 뉘라서 나와 함께 이 밤을 지새랴[聞見覺知非一一 山河不在鏡中觀 霜天月落夜將半 誰共澄潭照影寒]."

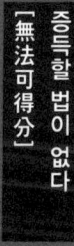

증득할 법이 없다
[無法可得分]

1
증득할 바 없는 얻음

수보리가 붓다께 사뢰기를, "삼세에 가장 존귀한 이시여. 붓다께서 증득하신 아뇩다라삼먁삼보리는 증득할 바 있지 않음입니까?"

【經】 須菩提白佛言 世尊 佛得阿耨多羅三藐三菩提 爲無所得耶

새로이 얻은 진리가 있던가? 얻기 전에는 무엇이든가? 얻을 몸은 누구이며, 얻어 무엇이 다른가?
야보가 이르기를, "사람을 구함은 제 몸을 찾는 이만 못하다."고 했다.[124]
밖으로 찾음과 안으로 돌이켜 봄이다.
끝에 이르러 시작을 보고, 목표에 앞서 자신을 돌아본다.

있거나 아니면 아상에 떨어질 것이고,
얻거나 잃으면 중생상에 떨어진다.
사람이 주인이 되고 종살이를 하려면
무엇을 깨닫고, 어찌 어리석은 줄 알리오?

---

124 求人 不如求自己.

새롭다면 이미 예전부터의 진리가 아니며,
옛 것이라면 다시 이를 이유도 없다.
부언하고, 마음을 잃고 얻고자 할 때 밖이 없다.
증득할 것 없다고 할 때 모두 얻었다.

진리를 모르는 이가 어찌 진리라 말하며,[125]
진리를 아는 이가 어찌 진리를 말하랴.[126]
진리가 아니거늘 아닌 데서 진리를 말하며,[127]
진리를 땅위에 내려놓지도 말고 하늘에 올리지도 말라.[128]

해와 달이 밝지만 별자리 깊은 안자락이고, 가문의 영광은 빛나지만 영웅의 주먹에 가린다. 백 천 가지로 많다니? 하나가 드러난 말이다. 하나라니? 본래 없는 것에 혹을 달았을 뿐이다. 무엇이 무상無上 정등각正等覺인가?

밑바닥에는 마른 풀 더미에 불 지핀 것이요,
바라보니 위에는 훤칠하게 뚫린 파란 하늘뿐이다.
누가 위아래라 불렀는가?
가로 찢긴 입 위에 코가 수직으로 내려 뻗었다.

---

125 이상의 극치인지라 이치가 드높으나 하나도 맞지 않는다.
126 인상이 제 얼굴 아니니 더럽다.
127 중생상에 몰래 자리 깔고 앉는다.
128 높으면 자연히 떨어진다.

2
소리없는 박수

붓다께서 말씀하시되, "그와 같고 그러하니, 수보리여. 내가 아뇩다라삼먁삼보리라 말하는 것이 아주 작은 것일지언정 증득할 법이 있지 아니할 새 아뇩다라삼보리라 부르니라."

【經】 佛言 如是如是 須菩提 我於阿耨多羅三藐三菩提 乃至無有少法可得 是名阿耨多羅三藐三菩提

무상無上은 위가 없는데 도리어 위를 만들어 두었고
정등正等은 바르고 등등等等하고도 차별을 벗어나지 못했다.
어찌하여 저들을 각覺이라, 깨달음이라 불렀는가?
천만년 무량한 겁劫[흘러가는 힘]에 불법不法이 겁怯난다.

맞장구치는 선현이 우습다.
아무리 여래의 남다른 제자일지언정
다르다면 다른 이와 무엇이 다르다는 것인가?
선현은 박수에 소리가 없다.

터럭만큼도 얻을 것이 없다는 것은 모도毛道 중생이라,
생각이 있는 중생은 보고 듣는 것 없더라도 믿고 의지하나니 믿고 의지하지 않으면 죽는 줄 빋느냐.
말 떨어지는 곳에서 믿음을 내나니 믿고 의지할 것 없다 믿지 말라.

있음 잃고 없음 믿어 그 잃음도 즐긴다.
있고 없음을 일컫는 자 누구인가?
믿어 죽고 믿지 않아 마귀의 길에 든다.
죽어야 믿고 파멸하여 겨우 착해진다.

하든, 안하든 30방棒을 면치 못할 것이다.
믿던 말든 궁색한 그대가 스스로 택하라.
활로를 모색하는가?
선택했다. 모든 경이 다 이 경에서 나온다.

문득 돌이키곤 이것이라 말하지도 말라.
이것이 이것인지라 너도 나도 없느니라.
'말라' '없다'는 말도 다만 없는 말이다.
말 오가는 곳에 육창六窓이 그윽하여 밝다.

몸통 하나에 네 개의 머리를 달았고,
한 개의 머리마다 두 개씩 양쪽 구멍이 뚫렸다.
한 입 가진 뱀은 말솜씨와 먹새도 빼어나건만

두 입 가진 뱀은 아무 말도 모르는가?

머리도 꼬리도 다 없다 이르던가?
모양도 형상도 멀리 여의었는가?
머리와 꼬리가 없으니 없을 것도 없고,
모양과 형상이 없으니 여읠 것은 무언가無言歌.

부처님 팔만 사천 경전이 모두 마설魔說이라더니
지금 보니 한 마디 들은 이조차 없다.
마설도 불설佛說도 본시 그러하지 않다.
아뇩보리가 부처와 마군魔軍에게 먹히지 않는다.

마음 조촐한 것이 선

[淨心行善分]

1
진짜 이름은 가짜

"다시 수보리야. 이 법은 평평하여 높고 낮음이 있지 않으니 이것을 이름하여 아뇩다라삼먁삼보리라 하느니라. 아도 없고, 인도 없고, 중생도 없고, 수자도 없이 일체 선법을 닦으면 곧 아뇩다라삼먁삼보리를 증득하느니라.

【經】 復次須菩提 是法平等無有高下 是名阿耨多羅三藐三菩提 以無我無人無衆生無壽者 修一切善法 卽得阿耨多羅三藐三菩提

여래께서 드디어 자신의 비밀을 폭로당했다. 염화拈花는 두타頭陀, 무설無說은 관음觀音, 부처는 중생에게. 조촐하다 못해 초라한 당신은 필경 누구인가? 한 번도 와 본 적 없는 사바세계를 "선현善現한다."고 말한다.

한 손은 하늘, 다른 손은 땅 밑을 가리키니
손이 하나뿐이었다면 어디를 가리킬 것인가?
하늘 위에 땅 펼치고, 땅 밑에 하늘 덮였다.
나와 남이 없고, 중생과 영원이 모두 거짓말이다.

명호名號 가짐은 이름 남기어 제 눈과 귀를 확인하고

듣고 봄이 사람마다 천만이 다른 때문이다.
놀라지 말라, 다를수록 다 한 이름 때문이다.
천만으로 많다 하되 여럿은 천만의 말씀이다.

네 가지 상이 없어 선하다 하거늘, 일체 선을 닦아 가되 사상四相을 없이하라고 한다. 어떻게 닦으며 사상을 없이 할 것인가? 증득했다면 사상이니 증할 것도 없다. 나라고 부르니 삼세를 온통 뒤져 없는 상이요, 남인 줄 아니 버리고 버리어도 타인이 아닌 상이다. 종속과 의존으로 자기를 삼으니 중생상이 되고, 자체로서 존재하여 지속할 수 없으니 수자상이다.

상이 없다 이르지 말라.
말 있건 없건 모두 상이므로
언하言下에 즉견卽見하라 이른 것이다.
말과 봄을 귀중히 여겨 빼어남을 구하지 말라.

부처와 중생의 진짜 이름은 가짜다.
온 법계 허공계 시방세계가 끝없는 중생뿐이지만
삼계三界가 본래 없는 까닭에
중생이 곧 부처다.

중생으로 중생을 보면
부처도 또한 중생이지만
부처로 부처를 보면
모든 중생이 다 부처다.

있음의 이름이 하늘,
없음을 부처라 한다.[129]
무상無上, 정등正等, 각覺이라니.
부모가 자식에게 빚진 격이다.

사과와 물과 떡이 모두 한 똥으로 나온다. 평평하고 등등하
여 겨우 불법의 수승함을 보이니
무상無相, 무공無空, 무무공無無空하여 삼획三劃을 그었다.[130]

선한 법이라니? 무엇을 악한 법이라 부를 것이냐?
제 몸의 껍질 벗어 환생하기를 비는 것이라면
팔만사천 법문이 모두 아·인·중생·수자의 묘墓자리다.
환생한 아뇩보리는 다시 무엇으로 태어날 것이냐?

---

129   무명無名은 천지의 시초, 유명有名이 만상萬象의 어미다.
130   서산西山 청허淸虛가 "魚生一角鶴三聲"이라고 頌했다.

2
무생無生이 곧 선법善法

수보리야, 선법이라 일컫는 것은 여래가 설하되 즉 선법이 아니니 이를 선법이라 부르느니라."

【經】須菩提 所言善法者 如來說卽非善法 是名善法

이름이 창조자이기 때문에 명호가 곧 조물주다. 태어남은 모두 거짓이니 무생無生이 곧 선법善法이다. 조물주가 곧 이름이기 때문이다. 있는 것으로 있다 부르면 모두 악법惡法인 것이다. 인과는 사유의 법칙인가, 존재의 규칙인가? 무엇이 존재하기 위하여 인과하는가? 아니면 인과에 의지하기 때문에 사유되는 것인가? 원인과 결과는 사유의 속성이로되 존재의 주체다.

아가 인이므로 인이 과일 수 있지만 아의 과라 사유되었기 때문에 인이라는 독자존재를 확보한다. 즉 사유思惟된 인人은 다른 존재의 인이 될 원인을 만든 것이다. 존재의 원인은 스스로가 얻은 사유의 과인 것이다. 인과로부터 자유로워지는 것을 구경究竟에 얻는 해탈이라고 한다.

왜 하필 구경에 얻는 자유이겠는가? 자유로워진다는 것 자체가 사유된 인과이기 때문이다. 사유되어진 자유는 인과 안에서 얻은 자유의 존재다.
제일 원인은 여타 일체 존재의 원인이기 때문에 그 원인으로서 존재하기 위하여 사유되어진 것이다. 사유되기 이전이라 그 원인을 다시 구하면 그 구함이 타당한지 아닌지 다시 사유되어야 할 것이다.

부르면 오고 오면 가나니 선악을 모른다.
있음을 있게 하거나 있는 줄 믿으면 악하다.
없음으로 없게 하거든 선한 존재라 부르며
있음을 믿으므로 악은 그 이름으로 선을 죽인다.

"이전에 없어 지금에 없고 나중에 없다."고 했다. 때와 장소가 없기 때문에 나 홀로 선하다. 전에 있다 지금에 있고, 나중에 있다면 존재는 자신을 소외시켜 스스로 무화되기 때문이다. 없다는 말은 존재한다는 말을 위해서 인과에 따른 결과다. 유무를 서로 상대적으로 사유하기 때문에 하나님이 존재하느냐 않느냐 논쟁하고 불성佛性을 묻는 이에게 도리어 "없다."고 대답할 수 있게 한다.

부처는 말이 없다.
소리 없는 그곳에서 여래가 '들을 수 없는 것'을 상설常說한다.
하나님은 존재를 모른다.

없는 그곳에서 창조주가 '당신의 모습 그대로' 만상을 지어 만든다.

복과 지혜에 견줄 것이 없다
[福智無比分]

1
활구活句, 부처의 해와 달

"수보리야. 만일 삼천대천세계 가운데 뭇 산의 왕인 수미산만큼 큰 칠보 더미로 널리 보시하며 그칠 줄 모르는 이가 있을지라도 이 반야바라밀경이나 내지 사구게四句偈를 수지하여 독송讀誦하거나 다른 사람들을 위하여 설하는 사람이 있다면, 앞서 이른 이의 복덕은 여기 백분의 일에도 미치지 못하고 백·천·만·억분의 일 내지 숫자 세기를 다하여 닿는 대로 비유할지라도 미치지 못하리라."

【經】 須菩提 若三千大千世界中所有諸須彌山王 如是等七寶聚 有人持用布施 若人以此般若波羅蜜經乃至四句偈等 受持讀誦爲他人說 於前福德百分不及一 百千萬億分乃至算數譬喻所不能及

마침내 창조된 모든 만물이
세상을 덮으며 아비가 낳은 자식은 무럭무럭 자라 아비를 들어 올린다.
넓기가 바다 같고 크기가 수미산보다 높으나
작고 초라한 아비의 깡마른 손가락을 여전히 두려워한다.

삼천대천세계는 무엇인가?

빛의 주인이 마음 문 열어 밝히고
밤이면 어둠 뚫고 빈틈없이 자재하니
산 밖의 산, 물 건너 물이라 아득하다.

한 점 물방울이 모이고 쌓인 것을 말하지 않으리라.
바다의 온통 큰 물결조차 이 한 점 안에 들었고
하늘과 그 끝에 펼쳐진 모든 자취 없는 산과 구름 역시
눈 안에 넣을 수도 없이 적은 이 한 점에 빠지고 말았다.

밖으로 건네고 넘으니 끝없는 하늘이 열린다.
가는 곳마다 그와 같은 하늘이며 해와 달이다.
이와 같이 열리고 헤아리지 못하여 다시 건네니
태양과 달과 수미산은 작은 하늘 되어 펼쳐진다.

큰 산을 맴돌아 큰 바다와 대양이 사방에 있어
하나의 세계라 불리고
이 천 개가 소천세계이며 천 개가 천 개 모여 중천이요,
다시 대천이니 소·중·대 세 개가 각각 일대 삼천세계.

산과 물이 세계의 울타리요, 생각의 울타리다.
천태天台는 일체 삼라만상을 삼천이라 불렀고,
지옥 아귀에서 불보살까지 십지十地를 십계十界라 하여 아우

르고
조합을 이루어 성상性相 구경究竟에 천여千如한다.

아·인·중생·수자로 서로 배척하고 화합하니 이와 같이 세상을 이루고 부수고 만들고 보인다.
없는 성품 들어내 세상만사를 꾸미니 다 허망한 꿈이로되 삼세가 이와 같아 천여다.
허망을 허망으로 보면 해와 달이 빛을 잃나니
허망도 역시 허망, 한낱 이름에 불과한 까닭이다.

이름을 이름으로 보아 실체가 없다 이르면 다시 아·인·중생·수자에 걸린다.
없다고 믿음이 아상이요,
허망하다 여김도 인상이며, 이름이라 단정하면 중생의 상에 떨어지고
실체가 없음을 믿으면 수자상이다.

믿고 생각하고 판결을 내니 모두 중생이라
이미 믿는 이도 생각하는 이도 없거늘
시비를 분별하고 알음알이를 일으키니
분별하고 아는 것이 무엇인가를 묻는다.

사구게는 사구死句로 사상四相을 괴멸시키는 활구活句다.
달리 부처와 금강 반야를 찾지 말라.
이와 같이 보고 듣고 문 앞에 읽고 외운다.
저 활구가 곧 부처의 해와 달이다.

밤하늘에 별을 세지 말라
낮에 없는 꼬리를 어두운 뒤에야 머리 센다
지혜와 복덕이 온 세상을 덮더라도
망설이고 의심 많은 그대의 병통인 것을

뛰어난 복덕이 무엇인가? 사상이 물고 뜯는다.
무상의 깨달음이 무엇인가? 미혹을 여의지 못한다.
티 없는 정각正覺이 무엇인가? 각覺이 스스로 각角지다.
지선至善은 다만 없지만도 않은 꿈인가? 있지도 않은 현실이다.

육체와 정신은 어느 것이 위인가?
육체가 위이면 정신은 모자를 쓴다.
정신이 빼어나니 육신이 더욱 기가 세다.
다르다고 내세울수록 같은 통박이다.

나투나 나툼이 없다 [化無所化分]

25

1
중생의 건넴, 반야바라밀

"수보리야. 그 뜻이 어떻다 여기느냐.
여래가, '내 마땅히 중생을 건지리라' 작심하나 너희는 이르지 말라.
수보리야. 이와 같이 생각지 말라.
어찌하여 그러한가?
실로 여래가 건넬 수 있는 중생이 없기 때문이다.
만약 중생이 있어 여래가 건네는 것이라면
여래는 곧 아·인·중생·수자가 되기 때문이니라.

【經】 須菩提 於意云何 汝等勿謂如來作是念 我當度衆生 須菩提 莫作是念 何以故 實無有衆生如來度者 若有衆生如來度者 如來卽有我人衆生壽者

여래가 마침내 실토했다.
서로서로 마주 앉아 얼굴을 살피니 나와 너는 분분하여 이름이 분명한데
말이 오가매 밤 지새우는 줄 모른다.
아·인·중생·수자는 금강 같은 지혜의 골자다.

여래가 또한 필경 아·인·중생·수자인 까닭에 수보리는 부처

를 대신하여 공생空生인 것이다. 중생을 선넴이 곧 반야바라
밀婆羅蜜이기 때문이다.
"중생이 끝남이 있으면 무량한 부처가 없고
부처가 끝이 없으므로 중생도 끝이 없다."[131]

신통한 묘리를 다 증득하고도
아·인·중생·수자를 결코 여의지 못하니
부처 또한 제 몸을 헌신 같이 버린다.
얻은 것이 있다 이르지 말라.

여래는 곧 세존,
"온 법계, 허공계, 시방 불국토의 삼세에 가장 고귀하고 거
룩하신 분이다."고 했다.
드높고 위대함이 장대이나 잴 곳이 없음이요,
존중스럽고 거룩할 터이지만 그 무엇이 없다.
삼계가 있어 삼계를 벗어날 것이로되
삼계가 없으므로 부처와 중생이 없고
중생이 없으므로 그 해탈의 법이 없으며
해탈이 허명虛名이므로 지옥 등이 다 가명假名이다.[132]

---

131 『화엄경』「불사의품不思議品」
132 규봉 종밀(圭峰 宗密, 780~841)이 "성취상成就相으로 못 보나 상相을 성취하여 본
다."고 비견하여 일렀다. 규봉은 당나라 스님으로『원각경』에 밝았다.『선원제전집도
서禪源諸詮集都序』를 지었고,『금강경오가해』의 핵심 편집인이다.

밥 먹는 손 따로, 똥 닦는 손 다르다.
싸우니 매차기 그지없고 자식 때릴 때 따뜻하다.
입과 귀가 이처럼 너나 없어 다 다르지만
아무도 내가 한 짓임을 자인하지 않을 이 없다.

야보가 송했다.

손에 깨진 사기그릇 잡고,	手把破砂盆
몸에 명주 비단 걸쳤다.	身披羅錦綺
모양새 지어 오고가기 백 천 가지,	做模打樣百千般
갑자기 코빼기 잡아당기니 바로 너다.	驀鼻牽來祗是你

정안正眼으로 살피니 오직 한 사람이다.
능能이 없고, 주主가 없으며, 주관도 없으므로 아와 아상이 없다.
소所가 없고, 빈賓이 없고, 객관이 없는 것이므로 인人이다.
즉 남과 인상人相이 없다는 것이다.
생사 번뇌가 없고, 법계가 없으며 윤회조차 없으므로 중생과 중생상이 없다는 것이다.
해탈·열반이 없고, 중생·부처가 없으므로 항상恒常·무상함도 없는 것을
같이 일컬어 단멸상斷滅相도 없고 수자상도 없는 것이라고 한다.

몸을 나라 부르면 마음이 너,
마음을 나라고 부르니 몸이 너다.
나와 네가 오가며 다투니 중생이고,
이들 밖에 불멸하는 것이 있는 줄 아니 수자다.

불과佛果를 얻으면 중생이니 부처에 인과가 없기 때문이다.
얻었다면 모두 중생의 수업修業이요, 조업造業이다.
부처와 중생이 이와 같이 서로 물고 물리니
없으면 없는 줄 알지도 말아야 없는 것이다.

진가眞假 위에 항유恒有하는 줄 뒤집어 알기 때문에 열반을 상락아정常樂我淨이라 뒤집어 부를 뿐이다.
고苦 조차도 즐거움이다. 뒤집어 앎이 있으며, 마치 불성佛性을 보불처럼 뒤집어 아는 까닭이다.

종경宗鏡이 다음과 같이 일렀다.

무아無我 무인無人이니 중생 스스로 정각正覺을 이룬다.
불생불멸이니 "범부가 아니다."고 여래는 설했다.
낱낱의 실제사實際事 이렇듯 분명하거니와
기틀을 만나 대하면 어긋나 그르치니 어찌하랴.[133]

---

133 無我無人 衆生自成正覺 不生不滅 如來說非凡夫 雖然箇事分明 爭奈當機蹉過.

지난 날 어떤 중이 취암翠巖에게 묻기를,
"환약 한 알을 쇠붙이에 칠하면 금이 되고
이치에 다다른 한마디 말이 범부를 성인으로 바꾼다."고
하셨으니
이제 학인은 일러주라고 여쭙는다.[134]

취암이 이르되, "한마디 이르지 않으리라."
중이 여쭙기를, "어찌 이르지 않는 것입니까."
취암이 여기에 이르러 말하기를,
"네가 범성凡聖에 떨어질까 두려운 것이니라."[135]

다시 일러보라.
범성에 떨어지지 않는 저 이는 어떤 눈을 갖춘 것이냐?
설사 곧바로 성인의 알음알이 채워 범부의 성정性情 다했다 할지라도
눈 뜨고 보면 아직껏 꿈속에 있다.[136]

---

134 昔有僧問翠巖云 還丹一粒 點鐵成金 至理一言 轉凡成聖 學人上來 請師一點.

135 師云不點 僧云爲什麼不點 師云恐汝落凡聖.

136 且道 不落凡聖底人 具什麼眼 直饒聖解凡情盡 開眼依然在夢中.

2
홀연 보이는 듣는 이

수보리야. 여래가 '있는 아'라 설한 것은 곧 존재하는 아가 아니나 예사 범부들이 아를 있는 줄로 여기는 것이니라. 수보리야. 범부도 여래가 설하시되 곧 범부가 아니니라."

【經】 須菩提 如來說有我者 卽非有我 而凡夫之人以爲有我 須菩提 凡夫者 如來說卽非凡夫

이상하다.
여래가 설을 하고 있다.
아我 없이 무엇을 설하는가?
아는 아가 아니라 그 이름이 아라고 한다.

없는 아를 어찌 아라 이름을 지었는가?
창칼은 번득이나 공산空山에 새소리도 끊겼다.
이와 같이 말하는 이가 도리어 아닌데 이와 같이 듣고 있다.
듣는 이가 홀연 보인다.
나와 너라 이르고도 나와 너는 없는데,
흔해 빠진 무리도 여전히 없다고만 이른다.
나를 나라 부르는 데에도 뜻이 백 천이다.

부름에는 나와 너가 분명하지만
나는 너 때문에 나이고 너도 나 때문에 너다.
너가 나 때문이듯 나도 너 때문이니 아여我汝라 한다.
네가 아니므로 나라 부르고, 나 아님에 너다.

상대를 부름은 다만 제 자신의 반향反響인 까닭이다.
나는 나를 부르는 내가 아니므로
너는 네가 부르는 너가 아니다.
비너스의 거울, 나 자신을 에코echo한 소리다.

중생이 가장 흔히 쓰는 말 하나 있다.
"나도 내 마음 모른다."
모른다는 말은 분명하고 확신이 서지만
어쩐지 모두 안다고 떠드는 것 같아서 탈이다.

있다 함은 없기 때문이며
없다 하자 곧 있기 때문이다.
있고 없음을 양단에 쳐 없애니
쳐 없애는 놈이 스스로 텅 빈다.

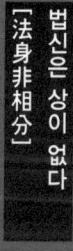

법신은 상이 없다
[法身非相分]

1
불상佛像은 사바세계 출입하는 비자

"수보리야. 그 뜻이 어떠하냐? 가히 서른 두 상으로 여래라 볼 수 있다 여기느냐?"

수보리가 사뢰었다. "이와 같고 이와 같습니다. 서른 두 상으로 여래라 볼 수 있사옵니다."

붓다께서 말씀하시기를, "수보리야. 만일 서른 두 상으로 여래라 본다면 전륜성왕도 곧 여래이니라."

【經】須菩提 於意云何 可以三十二相觀如來不 須菩提言 如是如是 以三十二相觀如來 佛言 須菩提 若以三十二相觀如來者 轉輪聖王卽是如來

4·8이 32다. 어디 두고 보자.
머리에서 발끝까지 그대의 몸매를 향유한다.
그대가 부처라 말하지 말라.
부처는 이미 너와 나의 말거리가 아니다.

한 사람이 말하기를,
"저기 부처님이 오시었다."고 한다.
누군가 묻기를,
"그가 어떻게 모양을 지었던가?"

"4·8(32)가지 모습, 여든 가지 특성을 갖추었다."고 한다.
말하는 이도, 들은 이도 다만 놀라워 할 뿐이다.

네 가지 상을 8의 심의식心意識에 각각 부촉하니 혹 이름하여 45상이라 명명해서 부른다. 사상四相이 본래 없지만 팔식八識을 따라 구분되어지고 마음 뜻 앎도 없지만 가지가지 모양을 그린다.[137]

1. **족하안평입상**(足下安平立相, su-pratisthita-pāda)

발과 땅이 둘이 아니니 같음도 없다.
중생을 두루두루 이익되게 하지도 않고
중생의 근기에 맞추어
군림하지도 않기 때문이다.

2. **수족륜상**(手足輪相, cakrāvkita-hasta-pāda-tala)

오고 감이 여일如一하여
제자리도 없기 때문이다.
복과 불행은 상대로 인하여 얻는다 하겠으나
돌과 보석은 씀씀이가 달라도 동일한 것이다.

3. **장지상**(長指相, dīrghāvguli)

---

137 32상相은 범어梵語의 「dvātrijśan mahā-purusa-laksanāni」, 빨리어巴利語의 「dvattijsa mahā-purisa-lakkhanāni」, 32대장부상大丈夫相, 32대사상大士相, 48상四八相, 80종호八十種好(미세하고 은밀한 자)와 합칭合稱하여 「상호相好」라 불렀다.

모자라거나 남음이 없으니 일념무량一念無量이다.
두루 널리 쓰되 섬세하고 면밀함을 잊지 않으니
일념에 만년이 흐르고
영원이 도리어 순간이다.

4. **족근광평상**(足跟廣平相, āyata-pāda-pārsni)
 손에도 발에도 없는 것이 문득 손발이다.
 넓고 평평하나 맞추어 집고 지켜 나아가니
 일체 중생이 모두 이 덕성을 갖추었으되
 스스로 알고 모름이 다르므로 덕상이라 부른다.

5. **수족지만망상**(手足指縵網相, jālāvanaddha-hasta-pāda)
 몸에도 눈에도 없는 것을 보고 매만진다.
 몸 그 자체가 본래 없는 것이로되 바로 불족佛足이라
 명名하나 본 적 없고 볼 수 없어
  문득 신묘한 부처의 모양을 갖추었다 이른다.

6. **수족유연상**(手足柔軟相, mrdu-taruna-hasta-pāda-tala)
 거친 손발에 자애로움이 가득하니 부모요,
 일그러진 수족에 일과 노동이 무르녹으니
 하는 일마다 당신의 숨결과 베풂을 느끼고
 나를 위하는 가장 위대한 조력자helper라 말한다.

7. **족부고만상**(足趺高滿相, ucchavkha-pāda)
 모르는 것 없고 할 수 없는 게 없으니

모두 내 마음 내가 정하여 그가 군림한다.
하느님이 어찌 그를 알아보지 못하며
천지신명께서 어찌 이를 몰라볼 수 있을 것인가?

8. **이니연족상**(伊泥延䏛相, aineya-javgha)
    손으로 있는 대로 훔치니 모두 입에 쳐 넣는다.
    굳건한 발이 모른 채 몸을 떠받치되 말이 없다.
    눈과 귀가 총명하여 발길이 가볍고 장애 없으니
    상왕象王 같은 권실權實에 녹왕鹿王의 고매高邁한 영민함이다.

9. **정립수마슬상**(正立手摩膝相, sthitānavanata-pralamba-bāhutā)
    평등함은 없되 모두 나 닮은 이 뿐이다.
    좋은 것을 싫어하고 싫은 것을 좋아하니
    귀 속에 눈 반짝이고 눈 안에 귀 기울인다.
    도리어 중생을 탐하니 부처의 앞뒤 없는 재주다.

10. **음장상**(陰藏相, kośopagata-vasti-guhya)
    하늘과 땅을 취하여 물과 바람을 일으키고
    해와 달을 머금어 북두칠성에 숨는다.
    세월을 낚아 손가락 튕기며, 한 줌 흙먼지에 부치니
    승속 없이 구름처럼 땅을 깔아 산을 덮어 쉬어간다.

11. **신광장등상**(身廣長等相, nyagrodha-parimandala)
    부비고 찾으나 없지만 조용히 감으면 모두 있다.
    오를 수 없고, 내려갈 수 없으니 천상천하다.

넘어서면 벼랑 끝이지만 벽이 없고 계곡이 없어
촌보도 움직이지 않고 천상과 천하를 누볐다.

12. 모상향상(毛上向相, ūrdhvaj-ga-roma)
상서로운 털끝마다 향상일로向上一路를 치달리니
삼라만상에 우요右繞 삼잡三帀하며 예배한다.
보고 듣는 대로 신심을 내니
자운紫雲 흩고 방방곡곡 굽이굽이 집집마다 풍년가다.

13. 일일공일모생상(一一孔一毛生相, ekaika-roma-pradaksināvarta)
하나로 하느님과 부처를 친하지 말라.
중생을 잃고 많음을 모두 빼앗길 것이다.
도둑이 도둑을 쫓고 도둑에게 도둑맞으니
낱낱의 물건마다 신령스런 하늘과 열반이다.

양쪽으로 열 겁劫씩 죄업을 쌓아 장애를 만드나
죄지은 중생이 도리어 부처의 생명줄일 줄이야.
푸른 눈초리의 배고픈 수리는 구름만 탓하고
고래 적부터 다니던 옛길에 토끼는 한가롭다.

14. 금색상(金色相, suvarna-varna)
눈이 볼 수 없는 것을 입과 머리가 말하고,
입과 머리에 문득 없을 때 안견眼見이라 부른다.
고로써 낙을 얻으며 도 닦는다 말하면서
무색無色인 벽옥碧玉을 또 자금紫金색이라 바꿔 부른다.

15. 대광상(大光相, Mahā-prabhāsa)
밝을수록 어둡고 어두울수록 밝다.
불행할수록 다행이고 오해를 잘 이해한다.
밝지도 어둡지도 않아 빛이 전혀 없을 제
무안無眼 석인石人이 하염없이 통곡하며 칭송한다.

백 천만리 길이 눈 깜빡이는 순간이요,
백만 유순 억겁億劫이 홀연히 손뼉 치며 콧잔등 때린다.
눈 속에 강물 재빠르게 흐르는 소리 요란하고
귓바퀴 안에 번갯불 번뜩이며 간격 없이 뒤섞인다.

16. 세박피상(細薄皮相, sūksma-suvarna-cchavi)
모진 시집살이에 거칠게 굳었더니 비로소 꿈 깨었다.
피 먼지 눈물 바람에 고운 옷 입고 금상에 눕는다.
여전히 잃지 않는 윤택하고 자상한 미소 터지자
미운 이도 한껏 보듬어 주며 언제 적 일이냐고 묻는다.

17. 칠처융만상(七處隆滿相, saptotsada)
사지四肢가 없고 머리와 꼬리도 없다는데
어이하여 구하고 찾으며 양두兩頭에 삼족三足인가?
차물此物을 차물借物로 알므로 무두無頭에 무미無尾라 했건만
피치 못하여 부른 이름에 안방까지 내주었다.

18. 양액하융만상(兩腋下隆滿相, citāntarājsa)
없다 말하면 믿지 않고 있다 말하면 발광發狂하더니,

텅 비었다 일러주니 도리어 허공에 절한다.
없다거나 있다거나 믿지도 발광하지도 않으면
고불古佛이 그대 앞에 이르러 예배 올릴 것이다.

19. 상신여사자상(上身如獅子相, sijha-pūrvārdha kāya)

배울 사람 없는데 스승은 무엇을 가르치며,
마음 없는데 고귀한 분신賁身 어찌 뽐낼 것인가?
삼라만상이 원적圓寂에 들었으니 오온五蘊이 공한데
드높은 기상 날렵한 몸매조차 쓸모없이 되었다.

걷고 치달음에 종적을 남기지 않고 앉고,
누우나 아무도 의중을 살필 수 없다.
뽐내지 않으니 천만가지 토설吐說이 잠들었고
하늘과 땅을 구분하지 않으니 밤낮도 없다.

20. 대직신상(大直身相, rjugātratā)

곡불장직曲不藏直, 직불장곡直不曲藏이다.
감추면 감출수록 더더욱 드러나니
불법佛法을 지시하려 하매 도리어 손과 혀를 잃는다.
흐르는 물소리는 볼 수 없다.

중생의 고통을 먹고 사는 하찮은 위인이여.
배고플 제 어느 곳에서 음식을 공양하며
병들어 누어있을 제 무엇으로 위로하는가?
선도 악도 보이지 말라. 바를 때 그르쳤다.

21. **견원호상**(肩圓好相, su-sajvrta-skandha)
부처의 다섯 마당이 모두 어깨 위의 잔일이라
미묘한 웃음이 꽃 들기 이전에 허사가 되었다.
이목구비가 훤칠한 키에 더없이 늠름한 모습이나
저 둥글고 둥근 것은 제 둥근 줄도 모른다.

22. **사십치상**(四十齒相, catvārijśad-danta)
부처와 중생의 생업이 무엇이겠는가?
사상四相과 사상事相, 사상事象과 사상思想을 곱씹어 삼키는 것이다.
탁마하고 천착하니 일생의 일이 매우 단순하나
씹고 소화시키는 바가 각각 다르니 무궁무진이다.

23. **치제상**(齒齊相, sama-danta)
무엇이 저들로 하여금 부처인 것이라 하는가?
들여다 본 적도 없고, 본들 보임이 없는 것이다.
보이지도 않거늘 도리어 이 부처의 성품이라니? ㅋ
조주趙州 땅에는 널판때기 이빨에 털이 난 것이다.

24. **아백상**(牙白相, suśukla-danta)
숨지 않고도 적을 속이며 감추지 않고도 취할 수 없다.
밝은 태양 아래 산과 계곡이 깊을수록 빛은 가득하고
만 길 대양大洋 속은 담과 벽이 없어도 바라볼 수가 없다.
입 안에 하얀 이빨과 붉은 혓바닥을 감춘 날도둑이여.

26. 법신은 상이 없다 • 445

25. 사자협상(獅子頰相, sijha-hanu)

외마디 표효에 만수萬獸가 숨소리를 죽이고
마군魔軍들은 달려와 머리를 조아린다.
억겁을 기다려 얻지 못할 과분한 물건이라 숨죽이고
머리 조아리니 과연 무엇을 얻을 것인가?

겁 많고 두려워 떠는 오만을 지탱치 못하나니
중생은 사납고 잔인하며 자신에게도 지독하다.
눈과 귀의 여섯 도적이 눈귀 밖에 바라밀이라
사자의 위용은 다리가 아닌 양 볼 위에 있다.

26. 미중득상미상(味中得上味相, rasa-rasāgratā)

여지없는 한 맛으로 모든 맛을 갖추니
혀와 이빨 속에 향기를 빚어 감추었다.
항상 배고픈 까닭에 보는 즉시 삼키니
덤불 속에 가린 발톱에 번개가 오간다.

27. 대설상(大舌相, prabhūta-tanu-jihva)

길이가 팔만 사천 리, 넓이는 12억 겁이다.
궁리하여 백두白頭되어 빈손으로 돌아오지 말라.
가슴 속 깊은 비밀은 오직 저들의 몫이다.
빈 개울에 너울대는 달그림자 만고에 밝다.

단 한마디 되돌아보는 소리조차 없으니
일생을 묻어 둔 보물은 찾을 길이 없고,
말마다 소리마다 저들이 놀라 따라 되뇌니

49년 장광설에 한마디 대구對句 뿐이다.

28. **범성상**(梵聲相, brahma-svara)
　　말 없다 해놓고 말만 늘어놓으니
　　상 없는 부처가 도리어 상을 짓는다.
　　맞는 말이 아니니 옳다 이르고
　　그르치는 말도 아니니 잘못이라 이른다.

　　마야의 옆구리에 무슨 죄가 있으리오.
　　공연히 룸비니 동산에 올라 큰 소리 지른다.
　　이전도 이후도 없는 때에 하늘을 두 쪽 찢어
　　"나 홀로 거기에 있다." 외치는 것이다.

29. **진청안상**(真青眼相, abhinīla-netra)
　　생각 이전에 무엇이며 생각 뒤에 무엇인가?
　　전후가 있자마자 홀연히 자취 없이 왕래한다.
　　맹물에 소금을 푸니 맛은 짠데 볼 수 없듯
　　동구 밖 복숭아밭에 때 아닌 봄소식 한창이다.

30. **우안첩상**(牛眼睫相, go-pakṣmā)
　　무쇠를 자르고 돌덩이를 삶아 익히니
　　천 개의 눈이라도 예측하기 어렵다.
　　끌려가는 소와 끄는 목동 알 수 없으니
　　꿈속에 만난 님은 깨어서도 꿈속이다.

31. **정계상**(頂髻相, usnīsa-śiraskatā)

　　허공 속에 뼈를 추출해 발라내고
　　바다 밑에 몰록 장작 연기가 맵다.
　　말없이 49년, 태어남 없이 82다.
　　관음은 관을 썼고 여래는 살-상투다.

32. **백모상**(白毛相, ūrnā-keśa)

　　밝고 다시 밝으니 있는 그대로 세상,
　　밝고 밝으니 다시 부처와 조사들이다.
　　죄 짓고 도리어 단박에 부처를 이루니
　　중생과 부처가 한 가닥 백옥 터럭이다.

흐르는 물 위로 떨어지는 꽃잎의 눈물 천만가지다.[138]
눈 속에 박힌 4·8상이건만 빛은 눈에 없다. 몸매가 밖으로 4·8가지니.
과연 어디서 왔는가? 생각으로만 보아도 4·8가지 성왕聖王의 모습이다.
이와 같이 나타난 부처가 눈앞인 줄은 모른다.

4·8(32)가지는 성왕이나 여래의 같음이건만 터럭 같은 범부도 다름이 무엇인지 환하다. 마땅히 같은 줄 알았다면 스스로 의심하라. 안의 것이 밖에, 밖의 것이 안에 있다. 32상이

138　落花流水淚千行

라 말하면 그 누가 32를 가저 올까? 오히려 서른두 가지가 모두 다 사라진 뒤의 일이다. 여래를 본다고 이른 수보리는 이미 알아들었지만 도리어 상과 여래만 가지고 다투려 하는 것이다.

무엇이 4·8응신應身 상을 드러내 보이는가?
조주를 만나 고불을 묻는 것과 같다.
부처도 본 적 없는 이를 마치 다그치듯 묻는다.
묻게 버려두라. 대답하면 꼬임에 떨어진 줄 알라.

불상은 볼수록 나를 닮았지만
내 얼굴은 여전히 불안[不安, 佛眼]한 중생이다.
안팎이 분명코 없지만
닮은 바 없는 쪽에서 도리어 똑같은 놈이다.

그리움 비껴 날 자리 없으니
한가로이 타향이나 구경하고,
헤매고 못내 아쉬운 정 달랠 길 없으니
거울 속 들여다보며 화풀이 한다.

불상 속에 저 부처 계시지 않으니
이 몸을 굽혀 절하기에 안성맞춤이다.

이 몸 안에 참 부처 계시니
눈 감고 다리 꼬아 조사관祖師關을 투득透得한다.
불상佛像은 사바세계를 출입하는 비자[visa]다.

2
32상호, 한 얼굴이며 한 몸

수보리가 부처님께 사뢰기를, "삼세에 가장 존귀하신 이여. 부처님 설하시는 뜻을 제가 헤아리기로는 32상호로 여래를 관할 수 없습니다."

【經】 須菩提白佛言 世尊 如我解佛所說義 不應以三十二相觀如來

수보리는 부처님 십대 제자다.
어이하여 동분서주하며
"내가 헤아리기로는 관할 수 없다."고 바꿔 말한다.
헤아려 관하지 않으면 어찌할 것인가?

수보리가 진정 묻고 대답하는 것인가?
듣도록 대답하여 세존께 보여 주는 것인가?
저 답은 누가 확인하고, 누구에게 부촉한 것인가?
도리어 세존도 들어 본 적 없다면 어찌할 것인가?

삼세에 가장 존귀한 분은 오직 부처님뿐이다.
어찌 아난 등 수보리에게 그만 들렸을까?

동일 중생이 꿈의 안팎을 다시 꿈꾸는 얘기인가?
다람쥐 쳇바퀴 돌듯 삼세의 뒤안길을 헤매나 한결같은 서른두 가지 나눠진 상호여.

하나는 내가 갖고 하나는 네가 갖는다. 서로 다른 줄 알면서 같다 하는 데는 중생의 수승한 근기가 있기 때문이다.

서른두 가지 상호에 어찌 시간이 간섭되는가?
맨 처음은 무엇이 보이며 나중에 본 것은 무엇인가?
코와 눈과 혀와 귀 중에 어느 것이 먼저인가?
먼저와 나중이 없으니 멋대로 뜻대로 다투고 화해한다.

상호는 비록 서른두 가지로 벌어지지만 한 얼굴이며 한 몸이다.
야보[들-도인]가 이르되,
"당나귀와 노새에 가지 수 많으나 모두 말[馬]로 비롯된다."
고 했다.[139] 탈 것은 이뿐이다.

이렇게 보는 데 저렇게 말하니
저런 말은 듣지도 않고
이 말을 알며 이 말을 뱉지도 않았는데

---

139 馬字驢名 幾百般.

저 말부터 안다.

이도 저도 아니니
이다만 내 말이 그 말이다.
해와 달은 무엇이 명백히 다른가?
등토시와 장갑은 같은가 다른가?

서로 같다면 부처와 조달이 한 사람이요, 서로 다르다면 이 사二四가 팔八이 아니다. 서른두 가지 상호라니? 어디에서 저들이 왔는가? 손발 머리 얼굴이 다 각각이다. 땅에서 주운 것으로 하늘을 덮어 억지 부리니 텅 빈 하늘에 바다가 깔리고 숲에 구름 무성하다.

서른두 가지 상호로 못 본다니 무엇을 보아 왔던가?
서른두 가지 낱낱을 어디에서 나누어 펼쳤던가?
백주白晝에 밤 귀신 이야기 하니 모두 재미있어 하고,
온 적 없는 여래가 떠나는 길손의 발길을 막는다.

기다림의 끝 간절함만 같지 않더니
누구인지도 모르다 만나니 바로 그다.
찾을 일 없어 눈꼬리 치켜뜰 일 없더니
곧장 거꾸로 말 타고 앉아 위음왕궁威音王宮으로 간다.

3
경은 중생의 헤아림, 불의 무언

그때 세존께서 게偈로 설하여 이르셨다.

[經] 爾時 世尊而說偈言

왜 여기에서 경이 끝을 맺는 것일까?
그동안 무엇을 말하여 온 것일까?
서른두 가지 상이 아니라면서
홀연히 마무리 지음은 무엇인가?

오직 부처와 여래만이 참으로 존재한다.[아상]
그리하여 중생들이 대응하여 있다.[인상]
부처와 중생은 동시이며 하나다.[중생상]
부처와 중생은 본래 존재로서 존재가 아니다.[수자상]

스스로 존재하지 않는 까닭에 중생이다.
존재가 아닌 까닭에 부처는 무가 아니다. 존재하지 않는 것과 비존재는 같지 않다.
중생과 부처는 그리하여 둘이 아닐 뿐이다.
중생이 아니었다면 부처 또한 아니다.

중생이 옳다면 부처 또한 옳아야 한다.
중생이 부처이고,
부처가 바로 중생이다.
중생이 중생일 수 없으므로 부처도 부처 아니다.

중생은 이렇듯 말씀 되어진 부처,
부처는 말이 없는 중생.
일체 삼라만상이 곧 불佛의 설이다.
경은 중생의 헤아림, 불의 무언이다.

오직 중생을 위하여 부처는 말이 없다.
말없는 부처가 중생의 헤아림을 끊는다.
눈 없는 돌사람,
글자 없는 책을 읽는다.

온 법계와 허공계, 부처님 국토마다
모든 부처가 게로 말씀하시니
부처는 설명하지 않고 토를 달지 않으며,
남이 알아듣게 일러주려 노력하지도 않는다.

한 구절마다 분명하여 저들의 머리 식히며,
가지가지 분노와 질시 차례차례 잠재운다.

저들의 근본 성품이 일용하는 산 말씀이다.
듣자마자 곧 깨우쳐 열반을 얻는다.

화중會中은 곧 그 심회心懷다. 개경開經하여 초구初句이고, 이구二句에서 시경示經하니 미혹을 깨는 불의佛意다. 삼구三句에서 각오覺悟하니 전법轉法하여 펼친 것이다. 말구末句에서 격외格外 등으로 증입證入하니 실상을 마무리한다.
가장 논리적이고, 이치와 사상事相이 분명하고 일치하여 명료하게 합일을 현현顯現해야 옳다. 일체 여래의 설이 일체 중생의 심중에 있어 견문見聞에 장애가 없이 증득하는 것이 게언偈言이다.

4
본 것과 보는 물건이 없다

"만일 형색으로 나를 보거나, 음성으로 나를 구하면 이는 삿된 도를 닦는 사람이라 여래를 볼 수 없으리라."
【經】若以色見我 以音聲求我 是人行邪道 不能見如來

어찌 설명도 없는 게로 설하는가? 사구四句로 이루어진 게는 결국 무엇인가? 전념前念이 종말終末을 치자 후념後念이 시작되었다. 전후가 모두 절단되자 불어佛語로 바뀌었다. 형색形色으로 본다는 것은 모두 형색인 까닭이며, 음성으로 구한다 함은 성색聲色이 자연인 이유다. 전후로 나눔은 생사의 끝없는 윤회, 그 절단은 스스로 자성을 건네는 해탈락解脫樂이다.

들림이 없다면서 듣고, 보았으되 봄이 없다.
본다면 봄이 있어야 옳고,
듣는다면 들음이 있어야 옳다.
옳음 자체도 그 근본, 이와 같이 없다.

수자壽者가 후념의 시작이 되면 곧 다시 아상我相이다. 아·인.

중생이 모두 끊어진 곳에 수자이면 격외선지格外禪旨, 교외별전敎外別傳이다. 직지인심直指人心은 아니다. 직지直指할 것이 없기 때문이다.

'나'라는 것이 무엇인지 당체當體가 되묻는데 상대相對하여 물을 부처가 안팎에 없으므로 도리어 형색을 갖추어 스스로 부정한다. 사상四相을 여의고 다시 상을 보라는 것인가?

삿된 것이 이와 같이 삼세에 존귀한 이를 모신다.
사특한 것으로 세존과 다름없다는 말조차 말라.
저들이 끊임없이 다른 이를 모셔 온다.
평지에 풍파 일으킨 허물을 면할 길 없다.

기승전결에서 형색과 아를 제기했다. 인간사에 견문이 제일인 까닭이다. 본다는 것은 만법을 이르니 나의 대경對境이다. 경계에도 능견能見에도 본 것과 보는 물건이 없다. 없다는 것은 안팎에 보이지 않기 때문이다. 이름지음으로 여래가 이와 같이 존재하지만, 있음은 여래의 가장 초라하고 부끄러운 이름이다. 이름은 이미 없는 것이기에 부처의 존재이며, 이름이 없는 것을 여래는 '게타偈陀gatha'로 설한다.

눈·귀·코·혀로 사특함의 근본을 삼지 말라.
사물邪物은 신성함을 구하는 그대의 심보다.

보고 듣는 그대로 이미 정사正邪에 걸림 없다.
어찌 육근六根을 탓하며 여래를 친견했는가?

들린 소리 있으나 들림 없듯이
비친 형색 있으나 보는 것 없다.
눈이 눈을 보지 못하고
성색 자체는 듣고 보는 것이 없다.

여래를 볼 수 없다니, 어찌 보지 못하는가?
골몰하여 헤아리며 궁리하고 깜빡이는 이여.
보고 있는가, 못 보는 줄 알기 때문인가?
칠통 속에 말하며 웃되 아무도 그 얼굴 모른다.

끊고 멸할 것도 없다
[無斷無滅分]

1
어디에서 온 것인가?

"수보리야. 네가 만약 생각을 내되 '여래가 아뇩다라삼먁삼보리를 증득하는 것은 구족한 상相 때문이 아니라' 했다면 수보리야, 그와 같이 생각하지 말 것이니라. 구족한 상 때문에 여래가 아뇩다라삼먁삼보리를 증득하는 것이 아니니라.

【經】 須菩提 汝若作是念 如來不以具足相故得阿耨多羅三藐三菩提 須菩提 莫作是念 如來不以具足相故得阿耨多羅三藐三菩提

아상은 있음과 없음에 두루 걸린다.
걸린 줄 아는 것도 다시 중생의 상인 까닭에 다시 아상을 끌어들이고 인상을 봉착할 것이다.
아인중생에 걸리지 않으려 수자壽者를 짓는다.
아는 것은 스스로 알았다 이름으로써 수자다.
수자라 지어 부르는 것이 바로 아상이다.
아상인 줄 아는 그때 아가 곧 대자對自인 타인이다.
대자와 즉자卽自는 보편적 실체로서의 중생이다.

없음은 그 원인을 없음 자체에 둘 수 없다.
원인에 따라 결과가 일어나면 이미 없는 있음이다.

없는 존재는 존재의 무가 아니므로 무가 독립된다면
무는 자신의 무화를 통하여 존재를 무라 부르게 된다.

존재와 무는 심리적 논리일 뿐,
두뇌는 모두 불신하여 사실을 유발시킨다.
처음부터 존재는 감각의 분뇨일 따름이다.
무에는 재래종과 교배종이 있다.

이미 아뇩다라삼보리를 위없는 등정각^{等正覺}이라니?
아래 위도 없는 물건에 어찌 이름을 붙였는가?
상하 좌우에 일물^{一物}도 없다면 그곳은 어디며,
천안^{千眼}도 못본 구족한 상을 보는 이 그 누구인가?

사방 둘러 하나도 없는데 홀연 창조하니
해와 달도 없고 산과 들이 비었다.
그는 어디에서 이와 같이 온 것인가?
돌아보라[μετάνοια], 그대들 거기가 어디인 줄 아는가?

없음이 없음인 줄 알면 도리어 있음에 얽매이고,
있음을 있는 줄 믿으면 되레 비어 멍청하다.
스스로 있는 것은 하찮은 이름으로 광채나고,
스스로 없는 것은 눈부신 광명에 트여 비추인다.

깨우쳐 얻을 바 없는 곳에서 홀연히 깨닫고,
이름조차 없는 곳 위에 모든 이름을 세운다.
번뇌하고 혼탁하매 맑아 조촐해지며
무엇인지 전혀 모르매 불러들여 앎이 터진다.

오로지 석양石羊이 강아지 출산하는 것만 눈여겨 살펴라.[140]

---

140 但看石羊生得狗

2
타고 흐르는 불과 물

수보리야. 네가 만약 생각하기를 '아뇩다라삼먁삼보리심을 낸다는 것을 가리켜 모든 법이 끊어져 없어지는 것'이라 생각하거든 이러한 생각을 일으키지 말라. 어찌하여 그러한가? 아뇩다라삼먁삼보리심을 낸다는 것은 결코 법이 끊어져 없어진 것이라 설함이 아니기 때문이니라."

【經】 須菩提 汝若作是念 發阿耨多羅三藐三菩提心者 說諸法斷滅相 莫作是念 何以故 發阿耨多羅三藐三菩提心者 於法不說斷滅相

무상無上이요, 정등正等이라니 어느 곳인가?
위 없으니 아래 없고 바르고 견줄 것도 없다 말라.
일러주자니 내뱉은 억지 말이 아니다.
입이 모든 화의 근본이니 부처를 탓하지 말라.

부처가 무언이라 믿지도 말라.
믿으면 그만큼 화를 자초한다.
영축산 봉우리에 뭇 근기根機 사라지니
뿌리 없는 나뭇가지에 꽃이 피었다.

법은 여시如是 유有이며, 견見이며, 지知다. 있다, 보았다 이르며 안다고 설한다. 보고 들어 안다 말하지만 단멸의 상이니 실지悉知 실견하고서야 여래할 따름이다. 무엇이 단멸斷滅, 끊기고 없어지는 법의 상인가? 시간적 단멸이나 공간적 소진만 고집하지 않는다.

'듣고 보고 깨닫고 아는 것 다르지 않으니見聞覺知非一一'
낱낱이 아님을 모름이다. 어찌 그러한가? 밖이 밖으로, 앎이 다시 안이다.

설두雪竇가 계속해서 이르기를,

산하가 경계 보는 데 있지 않느니라	山河不在境中觀
서리 어린 못에 달 떨어져 한밤이니	霜天月落夜將半
뉘 있어 맑은 못 찬 그림자 벗하리	誰共澄潭照影寒

잠시 덧칠을 꾀하면 이러하다.
보고 듣고 아니 낱낱이 따로 아니라 산과 강이 비친 대로 경계 아니다.
텅 빈 눈귀에 비춤조차 없는 곳에 볼 놈도 다시없이 산과 강은 흐른다.
어떻게 무상無相 정등각正等覺을 무상無上에서 얻을 것인가?

오르고 또 오르니 아래뿐이요,

오른 길 없으니 내려갈 길조차 없다.
다시 위가 어디인가 물어 보라.
아래위 상 바가지 썩은 물만 새어나온다.[141]

신이 존재하는 이유는 신 자신에게 있고,
신이 존재하지 못할 이유는 인간에게 있다.
그 자신과 인간이 서로 본 적도 없으면서
신은 인간에게, 인간은 신에게 서로를 구걸한다.

하늘에 하느님 없고, 땅 밑에 지귀地鬼 없다.
귀신이 당당치 못한 까닭에 인성人性을 빌린다.
만약 인성조차 빌 것이 없어 당당치 못하면
빌려 당당할 것 없어 없을 것도 없을 것이다.

하늘이여 굽어 내려다 보라.
땅이여 닿는 곳에서 치켜 보거라.
굽고 치켜 보는 곳에 천지 조화로우매
하늘은 하늘에서, 땅에는 땅에서 숨바꼭질 한다.

---

141 Ἀρχή[arche]를 만물의 시원始原으로 알지 말라. 만에 하나가 매달리니 어깨 위에 두 머리다. 하나는 많을수록 하나인 것을 꿈이 못보고 철학의 우상은 꿈 깬 뒤에도 생각을 놓지 못한다. 탈레스Tales와 헤라클레이토스Heracleitos가 물불을 바로 보아 arche라니. 어리석은 이 원초를 잘못 알고는 나누어 따로 본다. 물과 불이 만물을 만 가지이게 한 확실한 실체라면 어이하여 지금도 물과 불이 이렇듯 타고 흐르는가?

받지도 탐하지도 않다 [不受不貪分]

1
천 강에 비추는 달빛

"수보리야. 예컨대 보살이 영원한 강 모래알 같은 세계를 칠보로 채워 줄지라도 다시 이르건대 어떤 이가 일체 법의 아없는 무생법인無生法忍을 증득했다면 이 보살은 앞의 보살이 얻는 공덕보다 수승하리라.

【經】 須菩提 若菩薩以滿恒河沙等世界七寶持用布施 若復有人知一切法無我 得成於忍 此菩薩 勝前菩薩所得功德.

칠보[七寶, sapta ratnāni]는 세간을 여의는 미美다.
장구長久로써 세간이 없는 여래의 명줄을 닮았고,
견고함으로써 무너지지 않는 큰 광명을 뿌리고
각양각색 많을수록 도리어 하나인 까닭이다.

가지가지 칠보로써 꿰고 차고 걸었다.
가지 수는 분명 셋도 넷도 아닌데 칠이다.
하늘은 투명하나 푸르고 바다는 맑고도 검으니
하늘의 구름 번개, 바다의 지평, 무생無生을 모른다.

채워 흔적 남기니 무생인無生忍 증득을 알 길 없다.
타고난 보살의 공덕이 한사람 없는 이만 못하다.

영원한 강 모래알이 다시 그 만큼 있을지라도
이 사람 아니면 뉘 있어 헤아려 흐르고 넘치랴.

일체 법은 곧 존재의 있음을 내재화 함이니
존재하는 것들이 자주성을 잃어 얻은 것이다.
볼 수 없는 빛을 통하여 유의 현상을 보이고
보일 것 없는 현상이 이름을 의탁하여 실재한다.

천 개의 강에 비친 달이 오직 달 하나이듯
천개의 달빛이라도 오직 한 햇빛인 것이며,
천만 억의 태양이 밝더라도 돌아보건대
오로지 이 한 쌍의 눈뜸을 비롯함이라.

첫 걸음이 눈앞에 분명하면
천만 갈 길이 입 안에 씹힌다.
사람이 다리를 건너는데
사람이 흐르고 물은 흐르지 않는다.

영원한 강이 없으므로 영원한 모래알이 없고
미세한 티끌먼지에 먼지만큼의 크기가 없어
깨달음의 크고 작은 땅과 그 시간이 없으며 시공이 없고,
없음도 없으므로 일체라 한다.

주는 자는 샐 그릇이 없고 메울 자리도 없다.
손가락 하나 쓰지 않고 모두 앗아 빠짐없이 챙긴다.
빈자리 찬 자리를 견주어 연연하지 말고
세계를 허공에 그리느니 허공을 세계에 매달라.

2

복과 덕은 마음의 속과 겉

무슨 까닭이겠느냐, 수보리야. 모든 보살이 복덕을 수용하지 않는 까닭이니라."
수보리가 부처님께 여쭙되,
"세존이시여. 어찌하여 보살이 복덕을 수용하지 않나이까?"
"수보리야. 보살은 짓는 복덕을 마땅히 탐착하지 않나니, 이 까닭으로 복덕을 수용하지 않는다고 설하느니라."

【經】何以故 須菩提 以諸菩薩不受福德故 須菩提白佛言 世尊 云何菩薩不受福德 須菩提 菩薩所作福德 不應貪著 是故說不受福德

복덕은 그 자체로 저를 부른 이름인데
저가 없으니 부를 이름이 떠돌게 되었다.
머리 돌려 찾는 저이가 누구인가?
비어 허공인가 허공이 빈 것인가?

복과 덕은 마음의 공덕이건만 찾을 길 없다.
어찌하여 그런가를 물으니 이 물음에서 그친다.
물음이 그치나 나오는 대답은 듣는 만큼이다.
들은 대로 대답하니 귀 없이 눈만 허둥댄다.

복덕이 클 제 모든 국토가 무너지고
복덕 없다 이를 제 마음도 무너졌다.
허공이 박수치며 루루라라 노래하니
돌계집이 노래 맞춰 쉴 새 없이 춤춘다.

중생을 탐착하니 부처의 욕심이요,
마魔로써 다스리니 중생의 바람이다.
이미 중생 아닌 까닭에 부처를 탐착하나
부처를 외면하니 중생을 문득 벗는다.

오직 중생이 아님을 이유로 공덕이며
존귀함조차 없는 까닭에 세존이다.
볼 것 없고 아니어서 '여래-응공-세존'이라니?
삼보리三菩提가 다만 산과 물과 모래알이다.

두 손으로 눈 가리고 무엇을 보며
일념도 일으킴이 없이 마음을 낸다.
태초의 과거세도 겪지 않았으면서
현세와 미래세를 마음대로 주무른다.

위의가 그윽하고 고요하다
[威儀寂靜分]

1
부처의 해탈, 중생의 번뇌

"수보리야. 여래가 혹 왔다거나 갔다거나 혹 좌정한다거나 누우신다고 말하는 이가 있다면 내 말뜻을 터득하지 못한 사람이니라.
【經】 須菩提 若有人言如來若來若去 若坐若臥 是人不解我所說義

'어떻게'를 설명하는 사람은 '이렇게' 모르는 이다.
'이렇게'를 남이 '그렇게' 하듯 제가 '이렇게'인 줄
'그렇게' 알면서 '이렇게' 알음알이 내는 것이다.
'이렇게'와 '그렇게'가 모두 남의 일일 뿐이다.
'오지 않음'이라니? 옳다, 간 적이 없다.
'머무르지 않음'이라니? 옳다, 떠난 것이다.

'눕지 않음'은
몸이 없어 비로소 옳다.
움직임 없고 앉음 없으니
일 없고 마음 없다.

십통十通 대승불이 억겁을 좌정坐定해 앉았으나

불법이 현전하지 않았다고 말한다.
임세臨濟가 일렀다.
"현전現前하더라도 그 역시 부처일 수 없을 것이다."

사모하여 공론의 마당에 뛰어드니 참여라 부르고
비판하며 질타하니 지도자라 부추긴다.
초연함을 빌어 세간을 여읜다 말하지 말라.
해탈과 열반은 부처조차 증득함을 건넨다.

행주좌와行住坐臥 없는 것이 부처라는 말인가?
그렇다면 일러라.
행주좌와 한다고 이르면 세존의 아상我相일 터이고,
행주좌와하지 않는다고 이르면 세존의 인상人相일 것이다.

이미 아와 인이 있다면 부처가 곧 중생상이며,
영원한 진리와 법체를 꾸미니 곧 수자상에 떨어졌다.

부처가 중생이 아니라거나 부처와 중생이 다르다거나
부처와 중생이 다름이 없다, 부처가 중생과 둘이 아니라고
한다.
둘로 나눈 그 자체가 허물이며,
둘의 이름이 이미 아·인·중생이며

둘이 없다거나 둘 없음도 아니라거나
모두 아·인·중생이므로 다시 수자상이다.

행주좌와 함이 곧 세존이로되 행주좌와 없음이 여래다.
오가면서 어찌 오고감을 알 것이며,
복없는 백성이 어찌 복덕을 알리오?
번뇌의 실체가 부처의 존재 이유이기 때문에 중생의 무가
부처의 무화無化로 복덕을 삼는다.

여래는 그 분상分相 없음으로 coming-to-be한다.
부처의 적정寂定 해탈이 중생의 산란散亂이요, 번뇌다.
세존은 자체에 있어서는 존재하지 않는다.
오직 대자對自인 인중생人衆生을 위하여만 존재한다.

2
올 곳 없고, 갈 곳 없음

어찌하여 그러한가? 여래라 함은 올 곳 없고 또 갈 곳 없어 이 까닭에 여래라 부르기 때문이니라."
【經】何以故 如來者 無所從來 亦無所去 故名如來

옴 그 자체가 없는 것이 중생인 까닭에
저 대신 부처를 빌어서 오라 이르더니
제 몫의 감은 도리어 부처에게 분부하고,
자신의 마법魔法을 휘둘러 자재유自在有라 부른다.

아인我人으로 부처와 신을 상주시켜 거주케 하니
하늘나라가 끝없이 펼쳐지며 중생만 살찐다.
불멸의 진리가 멸하여 참으로 멸이라 부르니
부처나 하나님의 초라함은 아직도 끝이 없다.

산과 구름을 있다 없다 부르지 않는다.
이다만 이와 같이 위에 떠 있다 이르지 말라.
있고 없음, 위와 높이가 모두 저가 아니다.
바라보는 그 얼굴 뒤에 역력히 숨은 이다.

해탈과 자유여.
나와 네가 더불어 이룬 일이며,
우리 모두가 함께 기뻐함이다.
궁궐에 송장 치우기 그동안 몇 번이던가?

연필과 붓, 종이조차도 없는 구담[Gautama]이
팔만 사천이나 되는 성언聖言을 지었다니?
쓰고 베낀 사람들은 제 이름까지 숨겼다.
어찌 부처의 뒤통수를 치는 것인가?

이치와 사상사상이 둘이 아니다
[二合理相分]

30

1
능인能仁의 적묵寂默

"수보리야. 만약 선남자·선여인이 삼천대천세계를 부수어 미세한 티끌먼지를 내었다면 그 뜻이 어떠하냐? 이 미세한 먼지를 많다 하겠느냐?"

수보리가 사뢰기를, "심히 많사옵니다. 삼세에 존귀한 이시여. 어찌하여 그러합니까. 만약 이 미세한 티끌먼지가 실로 있다면 부처는 이것이 미세한 티끌먼지라 설하지 않았을 것입니다. 무슨 까닭이냐 하면 부처가 설하는 미진덩이는 곧 미세한 티끌먼지가 아니므로 곧 이를 미진微塵이라 부른 것입니다.

【經】 須菩提 若善男子善女人 以三天大天世界碎爲微塵 於意云何 是微塵衆寧爲多不 須菩提言 甚多 世尊 何以故 若是微塵衆實有者 佛卽不說是微塵衆 所以者何 佛說微塵衆 卽非微塵衆 是名微塵衆

다시 눈 들어 위를 바라보니 제 일천一天,
눈 속으로 걸어 들어가니 아스라이 이천二天이다.
제 삼천三天을 묻지 말라. 질문 이전에 삼천三千이다.
부수어 먼지 되니 벌써 은산철벽銀山鐵壁에 막힌다.

크다 부르니 입과 코와 귀가 막히고,

작다 부르니 코와 귀와 눈이 닫힌다.
크건 작건 다 막고 닫으니 뉘 탓인가?
문풍지 떨듯 입에서 생각만 치달린다.

있는 듯 없기로 부처의 노름 밑천인데
없는 듯 있으므로 수보리가 웃돈 댄다.
달그림자 떨어진 텅 빈 계곡에 금오金烏는 기척도 없건만 바람이 밝아온다.

지난 생각이 무리지어 지금에 생각하고
다시 무리지어 때를 기다리니 미래다.
삼세에 시절이 없으므로 사생四相을 짓고,
내세울 것 없으므로 허상이라 웃는다.

암흑 덮인 천만년 동굴 속에
불 한 점 집힌 능인能仁 적묵寂黙이여.
한 번 횃불을 밝혀 드니
천만년 세월이 순간에 먹혔다.

웃고 또 웃으니 웃음소리 대천大天을 덮었고,
울고 또 우니 우는 소리 심연에 울린다.
부수고 또 부수니 먼지 이는 곳 없고,

뭉치고 뭉치니 덩이 내려놓을 곳 없다.

최초를 만들 때 어디에서 만드는가?
물질에 앞서 시간을 창조하는 이여.
시간에 앞선 공간을 접목시킨 이여.
눈과 귀 없는 콧구멍 밑의 입뿐이다.

근원(Ἀρχή, archaic)을 물으니 물과 불과 공기이더니
예수를 파는 이들은 태초라 불렀다.
옳고 그름을 묻지 말라.
태초부터 터럭조차 들 사이가 없다.

말할 수 없는 것을 말하므로 법의 문이요,
보지 못하는 것이 흔해 빠진 말거리 된다.
마음에도 없는 생각일 뿐이므로 실재하며
본래 알 수 없는 줄 깨닫기에 소외시킨다.

2
거꾸로 흐르는 강

삼세의 가장 존귀하고 거룩하신 이여. 여래께서 설하시는 삼천 대천세계는 곧 세계가 아닐 새, 그 이름이 세계입니다. 왜냐 하면 만약 세계가 실재하는 유라면 곧 합일한 상일 것이나, 여래가 설하시는 합일상은 곧 합일한 상이 아닐 새, 그 이름이 합일상입니다."

【經】 世尊 如來所說三千大千世界 卽非世界 是名世界 何以故 若世界實有者 卽是一合相 如來說一合相 卽非一合相 是名一合相

이와 같이 연극 중의 연극은 진짜 연극이니
어느 것이 일컬어 참 연극이란 말인가?
밥을 밥 같이 먹으니 "밥 같다." 이르거니와
밥 같지 않은 밥 먹어도 "공양 잘 들었다." 한다.

중생 중생이 끝없이, 가없이 많다니?
이와 같이 중생을 보는 이가 중생인가 부처인가?
세계가 세계보다 곱절 많아 억겁을 흐르더라도
하나의 허공, 이 텅 빈 하늘은 채우지 못한다.

30. 이치와 사상이 둘이 아니다 • 485

선현善現과 불타佛陀는 손과 발이지만
눈이 못 보고 귀가 듣지 못하는 것이다.
동정動靜과 어묵語黙이 한 몸 한 마음이다.
몸도 아니요, 마음도 아닌 것을 어찌하랴.

꽃을 본 사람은 세상에 없건만
모두 말하기를 "각각 꽃을 본다." 이르고,
꽃 볼 줄 모르는 사람은 없건만
낱낱이 되물으니 모두 다른 말이다.

고덕古德이 이르기를, "본 것을 눈에게 물어 보라. 들은 즉 귀에게 물어 보라."고 했다.

무엇이라 대답하더냐, 알겠느냐?
보고 들음 있다니?
무엇이 그리 있더냐?
눈과 귀는 한통속이나 입은 저들을 삼킨다.

없다고 말하면 성색聲色이 모두 거짓이요,
여실如實한 유有라면 존재와 개념이 허망하다.
탐진치 삼독三毒이 능히 천하를 다스리고도 모자라 사바세계가 되고,

그 사바세계는 거꾸로 그침 없이 흐르는 강의 끝없는 모래
알 같으며 낱낱의 모래마다 한없는 먼지가 합일한 것이다.

삼계에 쉬지 않고 흐르고 거꾸로 되돌아가니
문수文殊의 사자같은 용맹한 지智라 하고,
삼독심으로 점철된 이 허공 속 하늘에서
낱낱이 불보살을 친견하니 보현普賢의 원願이라 한다.

삼독이 삼세에 두루 하여 하늘 밖 하늘을 이루고
티끌 속의 티끌이 가없어 미진 중의 여래다.
흘러가고 되돌아감이여.
본래 한 곳도 얻지 못하여 고금古今 없다 일렀다.

한 터럭 속에 광대한 허공을 실어 나르고,
한 티끌 속에 끝없는 불찰佛刹이 현전現前한다
이 터럭과 이 티끌은 본래 어디 있느냐
여섯 창문이 각각 하나도 여닫음 없다.

고봉高峯[142]이 송頌을 했다.
"수미산 등에 업은 코끼리를 해오라기가 끈다."

---

142 고봉 법장(高峰 法藏, 1350~1428)은 고려 말 조선 초의 승려. 나옹懶翁을 스승으로 삼고 법맥을 이었다. 송광사를 중창한 공로와 그 도력으로 송광사 16국사의 열列에 올랐다.

3
무쇠나무에 핀 꽃

"수보리야. 합일한 상은 바로 설할 수 없는 것인데 다만 범부인 사람이 이 일에 탐착할 뿐이니라."

【經】須菩提 一合相者 卽是不可說 但凡夫之人貪著其事

보고 듣자 이와 같이 안 줄 앎은 눈과 귀로 인한 줄 알자마자 모두 잃는다. 혼합하고 복합하여 심왕의 통제를 받지만 칙령을 내리기도 전에 눈 안에 감관이 다 들었다. 170cm의 키와 양 쪽에 두 눈과 귀가 있고 수직으로 뻗은 코와 좌우로 찢어진 입이다. 하늘과 땅을 그린 뒤 먼 산이 코앞의 밭이며 마음속 해와 달이 뜨고, 대소 국가를 둘러쳤다.

일체 여섯 뿌리가 한 몸통 자연하니
어느 뿌리도 주인 없는 남 아니다.
이미 하나일 수 없어 여섯일진대
여섯이 각각일 수 없어 하나라니, 이름뿐이다.

사람은 하나도 없고 떼거리, 패거리뿐이다.
알아들을 수 없는 아우성을 언어라 부른다.

입마다 갖추어 다른 말로 얘기에 열중하니
듣는 이 허다하나 작가는 종적조차 없다.

온 곳 없이 이렇듯 오고,
사람은 없는데 무리를 지었다.
무쇠나무 가지마다 싱그러운 꽃 피니
듣는 이마다 그럴싸하다고 머리를 끄덕인다.

지견을 내지 않음
[知見不生分]

1
세존, 설한 바 없는 여래

"수보리야. 만약 어떤 사람이 말하기를 여래가 아견·인견·중생견·수자견을 설하시었다 한다면 수보리야, 그 뜻이 어떻다 여기느냐? 이 사람은 나의 설하려는 뜻을 터득한 것이겠느냐?"

"아닙니다. 삼세에 가장 존귀하신 이여. 이 사람은 여래께서 설하신 뜻을 터득하지 못한 것입니다. 왜냐 하면 세존께서 설하신 아견·인견·중생견·수자견은 곧 아견 인견 중생견 수자견이 아니라 그 이름이 아견·인견·중생견·수자견이기 때문입니다."

【經】 須菩提 若人言佛說我見人見衆生見壽者見 須菩提 於意云何 是人解我所說義不 不也 世尊 是人不解如來所說義 何以故 世尊 說我見人見衆生見壽者見 卽非我見人見衆生見壽者見 是名我見人見衆生見壽者見

나라는 이름과 인이라는 이름을 중생이라 이름하고 수자상이라 붙다.
이름하여 이름붙인 것이라니?
이름으로 이름 불러 이름으로 본체를 삼는다.
중생과 부처가 하나도 둘도 아니니 같이 다만 이름일 뿐이다.

이름만 보는 이 없고,

볼 수 없는 것으로 실체라 다시 이름으로 부르며
여전히 이름 속에서
이름을 벗어나려 의지한다.

이름과 명호 아래 이름과 명호를 여의니
부처와 중생이 이름을 여의고 있다 말라.
있다와 없다가 다시 이름일진대 없다고도 말라.
있음과 없음의 이름 여의고 무엇이 있고 없는가?

수보리는 공생空生이어서 들은 바 없고,
세존은 여래이시라 설하신 적 없다.
설한 뒤에 맑은 귀가 청정한 도량,
들은 뒤에 생각 없음이 서방 정토다.

앞산과 뒷산이요, 거울을 보는 것이다.
차례를 밟아 오르고 내려가듯 한다.
여래가 금강을 설하신다 이르지 말라,
두 쪽 내더라도 머리는 둘일 수 없다.

2
다만 이와같이 내가 들었다

"수보리야. 아뇩다라삼먁삼보리심을 일으킨 이는 일체 법에 응당 이와 같이 알며 이와 같이 보며 이와 같이 믿고 이와 같이 깨닫되 법이라는 상을 내지 말지니라. 수보리야. 여래가 설하시는 법상法相은 곧 법상이 아니니 그 이름이 법상이니라."

【經】 須菩提 發阿耨多羅三藐三菩提心者 於一切法 應如是知 如是見 如是信解 不生法相 須菩提 所言法相者 如來說卽非法相 是名法相

개념을 설정한 이가 그 개념을 버린다는 것은
눈에서 보고 귀에서 들은 대로 간직하지 않음이다.
본대로 들은 대로 간직하면 개념이지만 다시 보고 되돌아 살피면 듣는 것이 다르다.
다만 이와 같이 내가 들었다.

정확히 듣고 분명히 보았다면
알고 모름은 한갓 핑계요, 해석일 것이다.
무엇이 정확한 보고 들음인가?
달리 보고 틀리게 듣지만 여전히 견문見聞이다.

보았다고 이르면 안식眼識이요, 본다고 이르자마자 안진眼塵이다.
보는 것은 보는 줄을 모르니 필경 어디에 안계眼界가 있는가?
진塵과 입入과 식識이 모두 허명虛名이니
삼과三科가 텅 비었으되 법계를 가득 채웠다.

사상四相이 모두 거짓이로되
온통 마음이라 부른다.
거북이 나래 펼치는 곳에
문득 금강이 반짝인다.

응화는 참이 아니다 [應化非眞分]

1
남북을 오가며 숨긴 거짓말

"수보리야. 어떤 사람이 한량없는 아승지겁 끝없는 세계에 칠보로 가득히 보시하여 빈틈없이 채우더라도 한 선남자·선여인이 돈연頓然히 보리심을 발하여 이 경을 지니거나 또는 사구게라도 받아 지니고는 읽고 외워 다른 이에게 설하여 준다면 이 복은 앞에 이른 복들보다 더욱 수승하리라. 무엇이 남에게 펼치어 설한다는 것인가? 형상을 취하지 않음일 새 여여하여 부동한 것이니라. 어찌하여 그러한가? 일체 작위가 있는 법은 꿈이며 환이며 물거품이며 그림자이니라. 마치 새벽이슬 같고, 번개 같나니 마땅히 이와 같은 줄 관할지니라."

【經】須菩提 若有人以滿無量阿僧祇世界七寶持用布施 若有善男子善女人發菩薩心者 持於此經乃至四句偈等 受持讀誦爲人演說 其福勝彼 云何爲人演說 不取於相 如如不動 何以故 一切有爲法 如夢幻泡影 如露亦如電 應作如是觀

부처를 도둑에게 내어주고
여래는 줘 놓고 빼앗는다.
요란한 빗방울 뿌리며 대지를 적시건만
농부는 씨앗뿌리기도 잊은 지 오래다.

형상을 취하지 않으므로 여여하고 부동하다니?

세존이 자신의 이름을 숨기고 여래를 즐긴다.
높은 산골짜기에 천만년 흐르는 계곡 물줄기
더듬고 맛보나 사람의 심중으로는 알 길 없다.

있는 만큼 없고 없는 만큼 있다.
털끝만큼도 움직이지 않아도
여여하기 지극하므로 철륜鐵輪이 철철 녹고,
확탕鑊湯 불길이 얼어붙어 서늘해진다.

삼세에 가장 존귀하니 이것이 숨었고,
이와 같이 왔다니 이것을 숨기지 못했다.
천만년 계곡 물은 산 높음을 숨기지 않으나
높은 산허리에 기둥을 세워 가늠할 길 없다.

천 년, 만 년이여.
꿈속의 꿈이며, 허깨비의 손발이다.
본체 없는 그림자가 물 없는 거품 일구고
새벽이슬 맑은 하늘, 번갯불에 콩 볶는다.

진실한 예수는 거짓말에 승부 걸고,
여실한 부처는 은유隱喩로 드러낸다.
모두 그대의 휘둥그레진 눈에 맞추어

거짓말과 은유는 남북을 오가며 숨긴다.

이와 같이 관觀하라 일렀다.
안팎이 비었고 중간에도 있는 게 없다면서
어찌하여 허공으로 "허공을 본다."고 이르는가?
아·인·중생·수자가 모두 이 관하는 병이다.

산하대지가 있다 이르지 말며,
산하대지를 산하대지라 이르지도 말라.
산하대지를 없다 이르지 말며,
산하대지를 산하대지 아니라 이르지도 말라.

안팎으로 있다 하면 아상에 걸리고,
그것이라고 믿는다면 인상에 걸린다.
없다 부르자마자 중생상에 걸리고,
아니라 다시 믿으면 수자상에 걸린다.

있는 것은 모두 있음으로 없나니 거품이요,
있는 것이 없는 것인 줄 알면 꿈이요 그림자다.
없는 것을 없는 것인 줄로 보면 허깨비,
있는 것 있음으로 없는 것 없음으로 보면 번개다.

사상四相이 넷이 아닌 까닭에 넷으로 나누어 분별상을 지은 것이니 분별은 아요, 나눔은 인이며 넷은 중생이요, 상은 수자다.

이 경을 부처님 경전이라 부르지 말며,
이 말씀이 곧 부처라 이르지도 말라.
눈으로 읽으면 책은 존재하나 부처를 잃고,
마음으로 보면 상만 있고 여래를 잃는다.

갓 태어난 공생空生이 늙고 늙어 나이조차 잊으니
스승을 몰라보고 아이라 어른이라 마구 부른다.
사람 모인 곳에 밥 먹고 자리 펴기 전까지
얼마나 많은 세월 거슬러 흐르고 되돌아왔던가?

사상을 위하여 사구게四句偈를 설한다니?
사상으로 못 볼 것을 즉견卽見한다 이르고,
사상이 없는 것이므로 불능견不能見이라 일렀다.
사상을 일렀으니 여래는 과연 무엇인가?

남에게 말하고 설하니 실로 앎이 없구나.
안 것은 모두 사부대중이라 불러주겠지만
이름밖에 남지 않아 애석하기 이를 데 없다.
애석할수록 돌아오느니, 이 뭐꼬?

2
부처의 이름을 묻기 위한 말씀

부처님께서 이 경 설하기를 마쳤다. 장로 수보리와 비구·비구니와 우바새·우바니며 일체 세간·하늘·사람·아수라 등이 부처님 설하심을 듣고 모두 다 크게 기뻐하여 믿음으로 받들어 모셨다.

【經】 佛說是經已 長老須菩提及諸比丘比丘尼優婆塞優婆夷 一切世間天人阿修羅 聞佛所說 皆大歡喜 信受奉行

한 글자도 이른 적 없는 데 금강이라 부른 이것은 무엇인가? 빈 하늘에 새 날아 자취도 없는데 무엇으로 설 마친다 말하려는가? 부처가 설하니 모든 일체 중생이 귀를 막는다. 저들에게 귀가 없다면 어찌 막을 것인가? 설하는 업과 귀 막는 업이 다 한통속이다.

설하기 전이 겁 밖의 봄이요,
설하자 문득 입을 열고 꽃이 웃는다.[143]
한마디 설하지 않았으되 모두 환희하니
저들이 각각 32응신應身이 아닐진대 어찌 알랴?

---

143 說前劫外春 說後花開笑.[흰 옷 걸친 관세음Avalokitesvara, 병 속에 앉아 시봉하는 남순동자다.]

삼세의 온 세간을 뒤지더라도 어깨 위에 머리 달고 다닌 줄 어찌 보일까?
마음인 줄로 나를 보면 아상,
세상인 줄로 밖을 보면 인상,
부처 아닌 줄로 중생을 보면 중생상,
중생과 다른 줄로 부처를 보아 수자상이다.
중생이 중생이매 부처가 부처다.
중생이 아니라면 부처 또한 아니다.

중생을 공양하여 부처를 공양하고
부처를 공양하여 중생을 공양한다.[144]
중생은 누설이 두려워 부처를 외면하고,
부처는 중생을 사모해 부득불 하산한다.

금강과 반야가 일체 불설佛說이 아니니
부처가 설하는데 들을 중생이 어디 있으랴?
천둥 번개 밖에 홀연히 꽃피고 새 우니
아무도 듣는 이 없건만 흰 옷 입고 관음이 상설常說한다.

만일 이 책이나 문장의 한 부분 내지 내용으로 혹은 원본이나 한문본漢文本이 참으로 부처님 뜻에 가깝다고 이르는 이

---

144 해탈경계 보현행원.

가 있다면 그 이는 마구니다. 부처님을 뵙지도, 여래의 큰 뜻을 알 수도 없으리라.

32상 물으면 무엇을 가져 올까?
四八(32)이 모두 다 사라진 뒤의 일이다.
보지도 않고 수보리는 물었으련만
얼굴 없는 부처에 연지 찍고, 분 바른다.

무엇이 32응상應相을 드러내는가?
조주趙州를 만나 고불古佛을 묻는구나.
부처를 본 적 없는 이 다 알아 말하고,
본 이는 내버려두니 대답하자 꼬임에 빠졌다.

무엇이 아뇩다라인가?
하늘이 평평하고, 땅이 메말랐기 때문이다.
무엇이 삼먁삼보리인가?
같은 물에 두 번 들지 못하기 때문이다.

손으로 하늘을 쥐락펴락 발로 땅을 고른다.
우러르는 모습에 광채를 뿌려 더하고,
더듬고 지르밟는 경쾌하고 근엄함이여
감로의 빗방울 내리고 땅 속에서 꽃이 핀다.

눈으로 삼키고 코로 내뱉는 맵시를 보라.
삼키고 뱉으니 이마에 잔주름이 활짝 트인다.
뿌리치는 광명의 줄기마다 열뇌熱惱는 자취 없고,
일월을 거두어 무위의 집에 대들보를 삼았다.

무엇이 부처의 32가지 묘상妙相이냐?
생각하는 이보다 생각이 없고
보고 듣는 세상보다 많은 것을 보고 듣는다.
배워 터득한 것 하나 없이 그렇다는 말이다.

여래를 보았다니 무엇이 보는가?
보았다는 것이 어이하여 모습으로 나타나는가?
중생과 다른 상相은 무엇이 보아 아는가?
필경 여래로 이름을 지음은 어찌하여 가능한가?

본다는 상相이여. 본 것이라는 상이여. 안다는 상이여. 옳다는 상이여.
여래가 32상이라 거짓말을 했다. 전륜轉輪 성왕이 또한 32상을 갖추었다니?
누가 여래 그이며, 뉘 있어 전륜왕 아니리오?
아무도 그 하나를 본 적 없고 모를 이도 없다.

무식한 어미도 잘난 아들을 훈계하니
눈 속에 강물 소리 세차게 흐르고,
귀테에 천둥번개 요란하게 친다.
모양이 없다면서 빼어나게 엿본다.

산·바람·구름·물·바다를 삼켜 하늘에 감추었고,
삼천대천세계를 주장자 끝에 매달아 별에 부치니
해오라기 여린 날개 잦은 부채질에
하늘과 별, 고개 돌려 눈 한 번 껌벅일 제 자취조차 없다.

봉행奉行하는 이를 건너편에 따로 두지 말라.
경을 읽는 곳에 종이와 글자가 아니 보이니
솜씨 좋은 목수는 나무보는 일 하나로 족하고
믿어 의심 없으니 뒷일을 근심 않는다.

부처라 불러 8만4천 마군魔軍에 대항케 하더니
문득 여래로 만법萬法을 송두리째 낚아 올렸다.
아직도 미진하여 회포를 풀지 못하는 이에게
수보리를 내세워 묻게 한 허물이 크게 우습다.

선禪과 교敎를 심어두어 양 팔로 삼았으나

삼킬 제 한손 들고 토할 제 다른 손 내린다.[145]
편하게 곱씹자 모든 부모 근심을 떨치는데
뒤늦게 꽃 들자 웃으니 후대의 놀림감이다.[146]

금강이 다이아가 아닐 새 금강이라 부르거늘
어찌 경 아닌 것을 수다라라 불렀는가?
부처와 수보리가 여래와 선현善現을 버리지 않았던들
지금 사람들도 불상 모심이 불교라 불렀으리라.

이다, 아니다, 이면서 아니다, 시비是非가 틀렸다.
이도 아니며, 아님도 아니다.
그렇지도 않고 안 그렇지도 않다.
양 머리를 모두 없애 비로소 가까운 듯 멀어 보인다.

사대四大가 역연하다. 사상四相이 역연하다.[147]
사생四生이 본연本然이라 사구四句가 확연하다.[148]
보고 듣고 알지만 당당함이 하나 없다.[149]

---

145 지천指天 지지指地가 천상천하에 그대뿐이랴.
146 염화拈花하자 미소微笑하니 어찌 부처의 허물 뿐이랴.
147 하필이면 그럴까?.
148 오죽이면 아니랴.
149 상은 눈이 결정하지 않으니 눈 다르고 귀 다르고 알음알이 다르다.

32. 응화는 참이 아니다 • 507

보고 듣고 아는 그대로 당당치 못함이 없다.[150]

보고 듣고 앎이 보지도 듣지도 알지도 못한다.[151]
보고 듣고 아니 그대로가 본 것, 들은 것, 안 것이다.
가부에 상관없이 그대로 봄, 들음, 앎인 것이다.
다만 봄, 들음, 앎은 스스로 곧 무화된다.

보는 것과 본 것과
보여진 것과 본 줄 지각하는 것은
본래 본다는 것 그 자체와 상관이 없어
성성惺惺하게 인지하는 이만을 돌아볼 뿐이다.

금강경은 부처의 이름을 묻기 위한 말씀이다.
이름을 부처라 하되 말씀 스스로 반문했다.
부처가 스스로 이름을 버림으로써 여래로 되니
되어진 여래는 스스로를 소외할 수밖에 없다

부처는 중생의 시발점,[152]
중생은 부처의 종착역이다.[153]

---

150   상은 이미 충족되니 본 것이 어떤지 보는 일 자체가 합당한지 알 필요도 없다.
151   보고 듣고 앎을 고지한 상은 보고 듣는 당사자의 인식일 뿐이다.
152   본래 없다고 말해 얻는다.
153   보이는 대로 걸림이 없다.

처음 시작하자 존재가 태어나고[154]
마지막에 그치자 무가 없음으로 태어난다.[155]

● 고苦

모든 일체 존재와 유의 양상이 곧 상일진대
곧장 일체 유심에서 이는 개고皆苦로 규정된다.
유는 오직 마음 대 마음의 일이기 때문이며
존재는 오직 개념에 부응하여 태어나게 된다.

● 집集

존재와 유는 인과를 근거하여 자신의 이유理由가 되기에
이유와 원인을 자기실체로 받아들인다.
인과는 존재의 원인과 결과가 아니며 유의 실체도 아니다.
존재와 유는 마음의 일합이요, 유심의 실체다.

● 멸滅

존재와 유는 이미 낱낱의 개체가 아니므로 자기부정이 된다.
존재가 무화되고 유가 소진하기 때문에 멸이라 부른다.
무화된 멸은 자기소외를 체험하므로 유심 또한 멸한다.
멸한 것은 멸을 다시 멸하므로 자기 안에 타를 만든다.

존재는 멸하기 위한 존재다.

---

154   탄생하자 문득 그친다.
155   그치면 일체가 현전現前한다.

멸하기 위하여 존재하는 것이나
멸하지 않기 때문에 존재한다.
존재하지 않기 때문에 멸한다.

● **도道**

존재와 유를 소외되기 이전, 제일구第一句에서 구명하거나
일체 고와 집에 상관없이 말후구末後句에서 이르지 못하면
부처와 여래는 똑같이 불상佛相에 그치거나 이념에 떨어져
마음과 현실을 서로 분리된 실체로 보아 법도法道를 잃는다.

언어言語와 도언道言이 있자마자 도가 자유로이 자재自在하나
언도言道가 없어지더라도 자재하는 도는 여전히 남는다.
무화無化한 도는 명목뿐이지만 사념思念을 떠나 존재한다.
사념적 존재는 그리하여 말씀으로 생명을 유지한다.

말씀은 이렇듯 존재와 무를 남나들며 현실 존재가 된다.
현실 존재는 자신의 유무有無에 관계없이 존재한다.
실재한다는 것은 도를 구현하여 현존재를 구현한다.
구현된 도와 현존재는 자신의 능력[입과 귀]를 성聖에로 이끈다.

무엇이 법도인가?
존재와 유에도 떨어지지 않으며 마음처럼 걸림이 없되 육신처럼 면밀하여
일구一句로 희론戱論 따위를 불식시키는 진실한 말씀이다.
모든 사구게는 이렇듯 성제聖諦를 표방한다.

참고문헌

『금강경 언해』(간경도감, 1464)

『금강경삼가해 언해』(세종대왕기념사업회, 2007)

『몽산화상법어약록 언해』(세종대왕기념사업회, 2002)

『반야바라밀다심경 언해』(세종대왕기념사업회, 2009)

『범어 금강경』(권중혁, 퍼플, 2013)

『선문염송』(『한국불교전서』권5)

『선문촬요』(비움과 소통, 2012)

『선종영가집언해』(세종대왕기념사업회, 2007)

『육조 법보단경』(현문출판사, 1990)

『육조법보단경 언해』(세종대왕기념사업회, 2006)

『존재를 삼켜 허공을 뱉아라』(비움과 소통, 2013)

『천수경』(현암사, 2008)

『혜암 법어 - 바다 밑의 진흙소 달을 물고 뛰네』(비움과 소통, 2011)

『혜암 법어 - 조사선에로의 길』(선문출판사, 1987)

『Cookies of Zen』(EH BOOK, Seoul. Korea, 2008)

『Gateway to Patriarchal Zen』(Seoul. Korea, G to pat zen, 1987)

『Swallow all beings and Eject Emptiness』(Seoul. Korea, G to pat zen, 1984)

묘봉 운륵妙峯 雲勒

1942년 출생. 본관은 평산平山, 속명은 동욱東旭. 1977년 수덕사에서 만공 스님 제자 덕산悳山 화상을 은사로 축발했다. 1965년 동국대학교 불교대학 철학과를 졸업했다. 1970~1975년 동국대학교·상명여자사범대학에서 서양철학 불교 독일어 선학 교수를 지냈다. 해인사에서 토굴 수행한 뒤 1975년 미국(남가주·텍사스)으로 건너가 Alabama, Huntsville Zen Ctr 선원장, 1982년~1992년까지 Western Zen Academy 선원장을 맡아 포교를 펼쳤다. 1984년 덕숭총림 수덕사 초대 방장 혜암惠菴 스님으로부터 수법受法 제자가 되었다. 마곡사 매화당 국제선원 원장, 현문선원 초대원장, 계룡산 벽수선원Azure Headwaters Zen Center 선원장으로 외국 스님과 신도들을 제접했다. 상원암·동사·영평사 주지를 지냈다. 현재 청주 풍주사에 잠시 머물며 수행정진하고 있다.

저서에는 『철학의 파멸』(1972), 『혜암 법어 - 조사선에로의 길』(1987), 『육조 법보단경』(1990), 『눈 없는 돌사람이 글자 없는 책을 읽는다』(2004), 『천수경』(2008), 『Cookies of Zen』(2008), 『바다 밑의 진흙소 달을 물고 뛰네』(2011), 『무엇이 그대의 본래 얼굴인가』·『선문촬요』(2012), 『존재를 삼켜 허공을 뱉아라』(2013) 등이 있다.